潘恩

Tom Paine and Revolutionary America

Updated Edition

〔美〕埃里克·方纳（*Eric Foner*）著　杨钊 译

与革命时期的美国

的

北京大学出版社

PEKING UNIVERSITY PRESS

著作权合同登记号 图字：01-2019-2621

图书在版编目（CIP）数据

潘恩与革命时期的美国 /（美）埃里克·方纳著；杨钊译 . —北京：北京大学出版社，2022.9

（世界史图书馆）

ISBN 978-7-301-33139-2

Ⅰ.①潘…　Ⅱ.①埃…②杨…　Ⅲ.①美国–历史–研究–18 世纪　Ⅳ.①K712.4

中国版本图书馆 CIP 数据核字（2022）第 164043 号

书　　名	潘恩与革命时期的美国	
	PANEN YU GEMING SHIQI DE MEIGUO	
著作责任者	[美] 埃里克·方纳（Eric Foner）著　杨　钊 译	
责任编辑	修　毅　李学宜	
标准书号	ISBN 978-7-301-33139-2	
出版发行	北京大学出版社	
地　　址	北京市海淀区成府路 205 号　100871	
网　　址	http://www. pup. cn　　新浪微博：@北京大学出版社	
电子信箱	pkuwsz@163.com	
电　　话	邮购部 010-62752015　发行部 010-62750672	
	编辑部 010-62752025	
印　刷　者	大厂回族自治县彩虹印刷有限公司	
经　销　者	新华书店	
	880 毫米×1230 毫米　A5　11.875 印张　262 千字	
	2022 年 9 月第 1 版　2022 年 9 月第 1 次印刷	
定　　价	82.00 元	

为了纪念我的父亲

杰克·D. 方纳（1910—1999）

从我第一部出版的著作《常识》开始，我所有政治著作的动机和目标就是，将人们从政府的暴政、错误的体制和错误的原则中解救出来，使他们获得自由。

——托马斯·潘恩，1806

目 录

中文版序言（王希）   i

再版序   xix

导　论　托马斯·潘恩的问题   001

第一章　成为一名激进派   013

第二章　潘恩的费城   034

第三章　《常识》和潘恩的共和主义   094

第四章　潘恩、费城激进派和1776年政治革命   136

第五章　价格控制和自由放任主义：潘恩与美国民众的

　　　　道德经济   180

第六章　潘恩与新国家   225

第七章　尾声：英国、法国和美国   255

致　谢   321

索　引   325

中文版序言

2021 年 9 月，杨钊来信，告知他完成了方纳教授的《潘恩与革命时期的美国》（后文简称《潘恩》）一书的翻译，约我写一篇短序。我为杨钊在疫情期间仍能淡定自若地工作感到钦佩，同时也不由自主地生出一番感慨。30 多年前，我在哥伦比亚大学求学时，方纳是我的老师，第一次读到《潘恩》正是在他的"美国激进传统"的课上。这门课给我的印象极深，若干年后我在北京大学开"美国内战与重建史"课，"激进重建"是我讲得最投入的题目。正是在这门课上我认识了包括杨钊在内的新一代美国史学人。现在，已是北京外国语大学历史学院副教授的杨钊，希望通过他的翻译，将美国第一位激进改革者潘恩的故事传递给更多的中文读者。从方纳的原著到杨钊的翻译，辗转 40 多年，不同时代、不同国度的美国史学人，以并非事先设计的方式，构成了一种跨国的思想交流网络，非常不易。跨国思想网络是 21 世纪的一种生活方式，但它的起步却是在 18 世纪末，创建这种网络的先行者正是方纳著作的主角——托马斯·潘恩（Thomas Paine）。

潘恩不仅是跨国思想网络的先行者，也是我们当今所处的时代的先行者。我们今天面对的许多根本问题——包括人如何获得自由与幸福，如何争取平等与正义，如何使政府变得公正和有效，如何建构富有美德的和谐等——都是潘恩曾经面对的问题，我们为解决这些问题所进行的许多努力——包括启蒙祛魅、提倡科学、政教分离、追求共和与民主、以不断的改革来完善个人与民族等——仍然是在跟随潘恩的足迹。即便在个人经历方面，潘恩也走在我们许多人的前面：他在英国出生，却成为美国革命和法国革命的重要推手，并推动了英国激进改革力量的兴起。这些事件构成了18世纪大西洋革命时代的主体内容，而大西洋革命时代则带给了我们一个具有"现代性"的世界。

潘恩的出现更像是一连串偶然事件的结果。1737年，潘恩出生在英国诺福克郡（Norfolk）一个并不富裕的工匠家庭，父亲是贵格派教徒，母亲是英国国教徒，正规的学校教育仅到13岁为止，此后便一直在为生计奔波，先后做过女性胸衣作坊的学徒、工匠、海盗船的水手、小学教师、杂货店店员，最体面的工作则是王室政府的底层税务员，经济上虽然不是一贫如洗，但始终处于社会底层。然而，他在伦敦与北美殖民地代表本杰明·富兰克林（Benjamin Franklin）的相识给他的命运带来了第一次转机。同为工匠出身的富兰克林欣赏潘恩的聪明和对技术发明的热爱，建议他移民北美，并乐意写信推荐。1774年11月，已经37岁的潘恩只身一人，漂洋过海，来到费城，在富兰克林的帮助下，找到了一份杂志编辑的工作，结识了一批中下层的工匠改革者，并很快卷入北美殖民地与英国之间因税收问题而引发的政治争议之中。

1776 年 1 月，也就是抵达费城 13 个月之后，潘恩发表了后来举世闻名的《常识》(*Common Sense*)。在这份 47 页的小册子中，潘恩以辛辣的语言，对长期以来为北美殖民者尊奉的英国宪政进行了无情的批判，揭露了君主制的专横，抨击了世袭制的愚昧。他呼吁殖民者携起手来，摈弃争取英国臣民的特权的诉求，宣布脱离英国，利用北美的资源和商业优势，以共和主义为原则，创建一个属于自己的新国家，以追求永久的幸福与安全，并将未来的美国变成人类自由的避难所。此时，独立战争已经打响，但殖民地上层并没有放弃与宗主国和解的希望，殖民地与宗主国之间的"母子"关系、对英国的恐惧以及对 13 个殖民地是否能够联合起来的怀疑，令政治精英们犹豫不决，不敢喊出独立的口号。在这个关键时刻，《常识》像一阵飓风，横扫了压在殖民者心头的犹豫与恐惧，推动他们去大胆设想和追求一种新的可能——不再在旧世界中苟活，而敢于创造一个新世界。在前线作战的殖民地军队总司令乔治·华盛顿（George Washington）从大量私人来信中感受到，《常识》以"令人无法辩驳的说理让人清楚无误地认识到与英国分离的正当性"，并"正在有力地改变许多人的思想"。[1] 同年 7 月 4 日，13 个北美殖民地通过《独立宣言》宣布独立，随后在法国人的帮助下赢得了独立战争，迫使英国在 1783 年宣布放弃对原殖民地的一切权力要求。人类历史上第一个以追求自由为名而建国的国家得以诞生，潘恩的名字也随同《常

---

[1] George Washington to Joseph Reed, January 31 and April 1, 1776, in John Fitzpatrick, ed., *The Writings of George Washington, Vol. 4*, (Washington, D.C.: Government Printing Office, 1931), 297, 455.

识》一起被载入世界近代史的史册之中。

潘恩的政治生涯并未就此终止，而是随着大西洋革命时代的开启延伸到英国和法国。1787 年，潘恩前往欧洲，为他设计的拱形铁桥寻求资助，但 1789 年法国革命的发生改变了他的初衷。1791—1792 年，为回应英国政论家埃德蒙·伯克（Edmond Burke）对法国革命的批评和对英国体制的捍卫，潘恩写作了《人的权利》（*The Rights of Man*），批判英国的政治体制，支持法国革命，宣扬美国革命的成果。《人的权利》风靡一时，印数甚至超过了《常识》，成为英国激进改革派的思想指南。但《人的权利》的传播很快受到英国政府的压制，潘恩也以诽谤罪遭到起诉，并在受缺席审判之后，被禁止进入英国。被迫离开英国的潘恩于 1792 年底来到法国，受到一种英雄式的欢迎。法国革命者将他视为革命战友，国民公会授予他荣誉公民的称号，还有四个省推选他参与新宪法的制定。然而，不到一年时间，风云突变，法国革命中的温和派（吉伦特派）与激进派（雅各宾派）的合作破裂，后者占了上风，曾与吉伦特派结盟的潘恩在 1793 年 12 月被逐出国民公会，随后被投入卢森堡监狱。最终经美国驻法公使詹姆斯·门罗（James Monroe）的斡旋，于 1794 年底以美国公民的身份获得释放，得以保全性命。出狱之后的潘恩在 1795 年发表了《理性时代》（*The Age of Reason*）的小册子，对基督教进行猛烈的批判，逐条驳斥了《圣经》的教义。1796 年，潘恩发表了《土地正义论》（*Agrarian Justice*），重新定义共和制政府的责任，提出通过征收地产税的方式向穷人和老年人提供定期福利从而消除贫困的政府设想。

从《常识》到《土地正义论》，在 20 年的时间里，潘恩用自己的写作帮助创建了美国，改造了法国，催生了英国的激进主义，成为大西洋革命时代的重要人物。他曾在美国独立事业中如日中天，也曾在法国革命中险些丧命；他不仅对王权专制宣战，也敢于批判宗教专制；他不仅是一位政治鼓动家，也是一名醉心于新技术的发明家；在 18 世纪末的大西洋世界里，没有谁比他拥有更复杂的人生经历，提出过比他更激进的制度改革主张，对人类的未来做出过比他更具有乌托邦色彩的想象，更没有人具有他那样的勇气，以单枪匹马之力，跨越大西洋，挑战两个帝国，用热情与执着去谱写共和政治的历史篇章。1805 年，约翰·亚当斯（John Adams）曾在反思自己所处的时代后得出结论说："在过去 30 年里，我不知道还有谁比汤姆·潘恩对这个世界上居民的事务产生过更大的影响。"亚当斯虽然曾经欣赏《常识》对美国革命的贡献，但在内心深处从未将潘恩视为同类。一个无论在出身、教养、财富、学识和政治经验方面都无法与同代精英人物相提并论的人为何能够写出《常识》《人的权利》《理性时代》和《土地正义论》，而这些写作为何又能在北美和欧洲收获众多的读者，并深刻地影响了多个国家的历史走向，这一切在亚当斯看来都是极不可思议的。在他看来，这也许是一个光怪陆离、令竖子成名的时代，为此他宣称，这个时代绝不是一个"理性时代"，而是一个"潘恩的时代"。[1]

---

[1] John Adams to Benjamin Waterhouse, 29 October 1805, *Founders Online,* National Archives, https://founders.archives.gov/documents/Adams/99-02-02-5107. [Accessed 31 December 2021].

亚当斯的讽刺与挖苦不无道理。按 18 世纪的标准，潘恩无论如何都不具有成为呼风唤雨的人物的背景与条件。他没有华盛顿、杰斐逊（Thomas Jefferson）的财富（包括奴隶财产），没有亚当斯、汉密尔顿（Alexander Hamilton）的教育背景，也没有富兰克林的秉性与睿智，更缺乏其他"建国者"所拥有的政治经验与技巧。在担任邦联国会外交委员会秘书期间，潘恩曾因贸然揭露外交使团成员塞拉斯·迪恩（Silas Deane）利用职权徇私舞弊的丑闻而引发了一场外交危机。在参与宾夕法尼亚地方政治时，他在政治上与费城工匠阶层合作，推崇激进民主理念（一院制立法机构和基于纳税能力基础上的全民选举权），但在经济政策上却站在工匠阶层的对立面，与商人阶层合作，反对政府干预市场。面对法国革命的激进派，他公开反对处死国王，将自己变成了激进革命的敌人。因华盛顿未能在他遭到囚禁时及时伸以援手相救，潘恩出狱后于 1796 年写信公开指责华盛顿忘恩负义，而华盛顿则以沉默作答，与他的冲动形成鲜明的对比。《理性时代》的发表则让他在北美的处境变得更加艰难，最终陷入孤家寡人之境。1802 年，潘恩从法国返回美国，迎接他的不再是《常识》作者盛名之下的热情，而是政党政治时代的无止境的污名化。联邦党人视他为敌人，杰斐逊共和党人也与他保持距离，最终连普通的乡村选举官也公然质疑他的美国公民身份。1809 年，72岁的潘恩在纽约去世，参加他葬礼的只有 6 个人。如同他 1774 年来到北美时一样，他的离去也几乎是不为人注意的。

于是，潘恩在美国政治和 18 世纪末大西洋革命中的大起大落产生了一系列的问题：潘恩为何能够写出《常识》? 他的写作为何在当时能够产生强大的影响力？潘恩到底是什么人———一位真正的激进改革者，一位表面激进而实际保守的机会主义者，一位无政府主义的鼻祖，还是一位福利国家的预言家？更重要的问题是，后世学者应该如何评价他，他在美国和世界历史上应该占据什么样的位置？

关于潘恩的历史写作在他去世之后就很快开始了，而且从一开始就成为一场记忆争夺战。最早的潘恩传记充斥着联邦党人对潘恩的偏见，潘恩生活中的不良细节（如酗酒或不修边幅）被无限放大，而他对美国革命的贡献则被忽略。19 世纪在美国兴起的对"建国之父们"的颂圣文化也将潘恩排除在外。直到 20 世纪初前废奴主义者蒙丘尔·康威（Moncure D. Conway）整理出版了四卷本《潘恩全集》之后，潘恩的思想才开始得到比较完整的呈现。[1] 1945 年，由菲利普·方纳（Philip S. Foner, 埃里克·方纳的叔父）编辑的两卷本《潘恩全集》出版，收录了更完整的潘恩作品，并对潘恩的写作做了专业的背景介绍。如果说菲利普·方纳的《潘恩全集》开启了历史学家"重新发现"潘恩的进程，[2] 伯纳德·贝林（Bernard Bailyn）在 1973 年发表的研究《常识》的论文则关键性地推动了在美国国家记忆中恢复潘恩应有的历史地位的工作。贝林的论文是为国会图书馆召开的"美国革命的核心遗产"（Fundamental Testaments of the American Revolution）研讨会而撰写的。他将《常识》与《独立宣言》《邦联条例》和 1783 年《巴黎和约》并列为美国革命时期最重要的

---

[1]　Thomas Paine, *The Writings of Thomas Paine*, 4 vols., collected and edited by Moncure Daniel Conway (originally published), 1902.

[2]　Thomas Paine, *The Complete Wrights of Thomas Paine*, 2 vols. (New York: Citadel, 1945).

历史文献，赋予其崇高的历史地位。贝林称《常识》不仅是"美国革命中最出色的小册子"，也是"英语世界中最优秀的小册子"，它的卓越不仅在于它的语言富有感染力，更在于它包含了一种来自作者内心深处的"极其出类拔萃的"特质，而这种特质触动了殖民者政治意识中最敏感的神经，从而产生出革命需要的动力。[1] 虽然潘恩的观点在当时并不鲜见，但他讨论问题的方式却非常独到，迫使人们"用新的方式"来重新审视殖民地与英国的关系。[2] 贝林追溯了潘恩在英国的生活经历，指出《常识》表达了多种复杂的愤怒情绪，既有左翼自由意志者的极端主义，也有对英国的经济不公正和政府腐败的愤恨，还有根植于英国内战时期的改革诉求以及清教徒的道德诉求和贵格派的不妥协立场等。所以，就本质而言，《常识》"是一份针对美洲问题而写作的英国式小册子"（an English pamphlet written on an American theme），但它却深深地打动了殖民者，引发了一种感同身受的回应，激发了后者争取独立的决心。[3]

贝林的文章在方法论上带给同行一些重要的启示。他力图从潘恩的英国生活背景来探讨《常识》的思想渊源，扩展了潘恩研究和美国革命史研究的范围。在讨论《常识》为何能在殖民者中引发认

---

[1] Bernard Bailyn, "Thomas Paine: 'Prepared in Time as Asylum for Mankind," originally published in *Library of Congress Symposia on the American Revolution: Papers Presented at the Second Symposium, May 10 and 11, 1973* (Washington: Library of Congress, 1973), reprinted in Bernard Bailyn, *Faces of Revolution: Personalities and Themes in the Struggle for American Independence* (New York: Vintage Books, 1990),67-84, quotes at 11, 67, 76.

[2] Bailyn, *Faces of Revolution*, 76.

[3] Ibid., 81-84.

同和反响时，贝林提出了一个观察，即《常识》触动了革命时期殖民地社会存在的"一种社会成分"（a social component）。[1] 至于这种"潜在的"和"难以把握的"社会成分究竟是什么，它如何与《常识》的情绪发生了互动，贝林没有展开全面的讨论，只是以个别精英人生的经历为例，点到为止。或许，贝林承认美国革命具有"双重性"——即殖民地在反抗英国"暴政"的同时，内部社会的不同阶层也出现了要求获得更大自由的运动，但他不认为内部的社会革命是这场美国革命的主流。贝林的思路给历史学家带来进一步的挑战：潘恩的思想究竟是什么内容？如果说潘恩的思想是一种激进主义的话，那么这种激进主义是如何生长的呢？它又如何与当时殖民地的"社会成分"发生碰撞和互动呢？如果这种碰撞和互动存在的话，应该使用什么材料和方法从史学上来证明呢？

正是在这种背景下，方纳在 1976 年出版的《潘恩》占据了一个非常重要的位置：他是在尝试用一种新的方法和新的材料来推进"重新发现"潘恩的学术进程。方纳认为，传统的潘恩研究在范围上过于狭隘，分析过于片面，只注重潘恩的生涯描述，而忽略潘恩的思想分析，最大的缺陷则是将潘恩与他的时代相分离，这样的研究无法富有深度地展现潘恩对美国革命和 18 世纪大西洋革命的思想贡献。他提出，对潘恩的研究需要扩展为一种对潘恩所处时代的研究，具体到美国革命而言，就是要追踪和分析潘恩与"一种激进意识形态的独特类型"之间的关联，呈现潘恩与革命时代的"社会史

---

[1]　Bailyn, *Faces of Revolution*, 82.

和政治史"之间的联系。[1] 他同时认为，潘恩研究应注重讨论潘恩的写作所产生的影响力，关注潘恩如何通过"一种新的政治语言"制造了一个"大规模的读者群"，建构了"政治国民"的问题。方纳特别强调，潘恩研究要接受潘恩不是一个完美的人的事实，要能够解释他的思想与运动为何会出现自相矛盾和前后不一致的情况，而承认潘恩的不足并无贬低他的意思，反而凸显出他的真实。[2] 这些思考构成了《潘恩》一书谋篇布局的基本路线。

方纳的《潘恩》不是一部传统的潘恩传记，而是一部用传记的框架写出的潘恩思想演进史。方纳将潘恩的生涯分成三个阶段：英国阶段（1737—1774）、美国革命阶段（1774—1787）和欧洲革命阶段（1787—1802）。英国和欧洲阶段分别占第一章和结尾一章，位于两者之间的 5 章（第二至第六章）是本书的重点，集中讨论潘恩与美国革命的关系。在叙事的处理上，方纳以描述和分析潘恩的共和主义意识形态和激进主义世界观为主线，通过潘恩对具体政治事件的参与，展示他的思想与社会环境的互动。[3] 读者从这样的布局中，既可了解潘恩人生的全部轨迹，也能深入了解潘恩与美国革命的关系，以及美国经历如何影响了潘恩思想的形成与演变。

与贝林一样，方纳对潘恩的英国经历十分重视，也不否认英国生活的艰难与痛苦对潘恩的激进思想的影响，但他比贝林更强调英

---

[1]　Eric Foner, *Tom Paine and Revolutionary America* (New York: Oxford University Press, 1976), xiii-xv

[2]　Ibid., xiv-xvii, xx.

[3]　Ibid., xiii.

国生活的开放性。潘恩对启蒙思想家和英国反对派写作的接触，对科学——尤其是牛顿力学——的崇尚都影响了他的政治信仰。潘恩的精神世界也并不只是充斥着贝林所说的愤怒，同时带有希望出人头地的雄心。在方纳的描述中，对旧制度的痛恨和对自我完善的追求，是潘恩移民北美的主要动力，也成为潘恩式激进主义的两条基本路线。所以，当他来到北美这块"友好的土地"时，他不是白纸一张，而是怀揣着"激进主义"的种子。[1]

费城对潘恩的激进主义思想的孕育和《常识》的写作都非常重要。方纳用整整一章来描述独立前的费城，尤其是那里拥有的快速生长、政治独立，并具有高识字率的工匠阶层。随着抗英斗争的展开，工匠阶层积极参与反印花税和反进口等抵制活动，并通过加入民兵组织，将政治参与从"聚众活动"转向"组织化的政治"。[2]这一背景描述是为潘恩随后的《常识》写作和对地方政治的卷入做铺垫。方纳在这方面显然受到英国新劳工史学家 E. P. 汤普森（E. P. Thompson）对英国工人阶级政治研究的启发。

在对《常识》的解读与分析方面，方纳将注意力更多地放在对潘恩的"共和主义"（Republicanism）理念的分析上，并引入了与其他美国革命领袖的共和思想进行比较的视角。方纳认为，《常识》的成功不光因为它出现在一个"关键的时刻"，更是因为它是同时针对不同阶层和不同背景的殖民者而写作的，所以其成功反映了"一个

---

[1]　Foner, *Tom Paine and Revolutionary America*, 17.

[2]　Ibid., 64.

人与他所处的时代、一位作者与他的读者之间的完美结合"。[1] 方纳对潘恩的共和主义观的分析是全书的精华之一，也再度展现了他处理意识形态问题的研究技巧。在方纳看来，潘恩的"共和主义"不是一个严谨的哲学定义，而是一套政治目标和政治期盼——争取社会和政治平等，废除君主制和特权体制，提倡美利坚民族主义，对商业的美德和经济增长充满信心，正是因为它包含了多元的诉求，所以为动员和团结不同阶层的殖民者提供了重要的政治共识基础，也成为《常识》成功的重要原因之一。相对于麦迪逊注重对联邦政府权力设置、平衡共和体制下不同利益的共和思想而言，潘恩对共和主义的期待过于"乌托邦化"了，对维系不同利益的和谐一致抱有过高的期待。与杰斐逊拥有的基于英国乡村党共和主义之上的视野相比，潘恩更着眼于基于财产拥有之上的独立，将商业发展视为一种进步的力量。因深受牛顿科学观的影响，潘恩相信人类社会也始终遵循一种不可更改的自然秩序，而政府作为一种人为的产物，对经济的干预只会扰乱原本自然和谐的社会秩序，导致竞争和压迫。[2] 经过这种细致的讨论，方纳呈现了一个比较完整的潘恩的共和主义思想体系；他似乎在暗示我们：只有在懂得了潘恩共和主义观中多种成分并存的事实，我们才能理解他的不一致和自相矛盾的原因所在。

在第四、五、六3章中，方纳通过3个具体事件展示了作为共

---

[1]　Foner, *Tom Paine and Revolutionary America*, 87.

[2]　Ibid., 92, 105.

和思想践行者的潘恩的经历。1776 年制定的宾夕法尼亚州宪法是 13
个州中最为"民主"的，因为它建立了一个一院制的立法机构，并
将选民资格放宽到所有能够纳税的人（奴隶、契约奴和无能力纳税
的穷人不包括在内）。潘恩没有直接参与宪法的起草，但领导制宪的
"费城激进派"与他保持密切联系，采用了《常识》中建议的政府建
制（拥有很大权力的一院制立法机构），所以他实际上扮演了"醒目
的角色"。[1] 如果说潘恩在政治参与问题上坚持的是更为"激进"的
立场，在 1779 年宾州的物价控制问题上，他却被迫在传统"道德经济"
原则——主张为了公众的福利，政府有权控制物价——和"市场自
由"原则之间选边站队。潘恩最终选择以超越利益的方式，一方面
参与制定降低物价的方案，另一方面避免谴责操纵物价的商人，而
将各州滥发货币视为通货膨胀的主要原因。[2] 在 18 世纪 80 年代初
围绕北美银行——一家由商人和银行家组建的，但负责为联邦政府
的运作筹集资金的私人银行——合法性的争论中，费城的工匠阶层
产生了分裂，潘恩明确选择站在了商人和银行家利益一边，反对政
府废止银行的宪章，支持银行的存在和运转。[3] 方纳认为，在这件
事上，潘恩与代表商人利益的罗伯特·莫里斯（Robert Morris）虽然
是"同床异梦"的合作者，但两人在推进联邦事业方面所分享的共
识大于两人在其他问题上的分歧，[4] 不同意因此事将潘恩划归到保

---

[1] Foner, *Tom Paine and Revolutionary America*, 108, 132.

[2] Ibid., 174-181.

[3] Ibid., 201.

[4] Ibid., 190.

守派或机会主义者一边。相反，方纳用潘恩共和思想中拥有多元成分——共和主义、政治平等、强大的中央政府、鼓励商业和经济扩张等——来做解释。这些不同成分的共和主义思想有的时候会出现矛盾，前后与主次的排序不同，但总体来说，它们是能够兼容的。潘恩在这些问题上表现出来的不一致和矛盾，正好印证了他的思想是在不断演进，不断根据环境而变化和调整的。

1787 年，50 岁的潘恩离开费城，前往欧洲，寻求欧洲科学界对他设计的拱形铁桥的认可。他没有想到，这次重返欧洲的旅行会将他带入法国革命的风暴之中，并激发他写下三篇与《常识》齐名的作品——《人的权利》《理性时代》和《土地正义论》。方纳在结尾一章里用精炼的笔调勾画了潘恩在欧洲 15 年的活动与写作，细心的读者可以从中读到潘恩的共和主义观的变化。看得出来，方纳最初可能打算写一部潘恩思想的全传，但正如他"再版序"中提到的，他写完美国革命部分之后，篇幅已经很长，出版社认为这一部分已经构成了一本书的内容，而且赶在 1976 年出版也具有特殊的意义———纪念《常识》发表 200 周年。也许因为如此，方纳称《潘恩》一书只是一种重构潘恩思想的"早期的企图"。[1]

即便如此，方纳在最后一章中对几个重要问题做了极有见地的探讨，包括为什么潘恩的共和思想能够在美国革命时期引发共鸣、起到催化剂的作用，而在英国和法国革命中却遭遇了一波三折的命运；为什么美国革命的模式无法被复制到英国或法国；为什么作为

---

[1]　Foner, *Tom Paine and Revolutionary America*, viii.

跨洋激进派的潘恩在法国成了一场更为激进的革命运动的牺牲品。[1]
方纳的解释是：作为小册子的作者，潘恩在推翻旧制度的时候所发
挥的作用最大、最关键，也最有效，因为他能够对旧制度展开最猛
烈的攻击，能够提供必要的政治话语，但无论是在和平时期，还是
在革命发生的紧急时刻（exigencies），从"个人性格及思维习惯"来
看，潘恩并"不适合应对和处理政府的日常事务"。[2] 潘恩的共和
主义无法在欧洲复制是因为欧洲——无论是英国还是法国——并不
具备北美的社会和政治环境。18世纪90年代的英国内部并不存在
一场即将爆发的民族独立斗争，英国社会内部也没有北美殖民地那
样的长达一个多世纪的事实上的"政治自治"的实践，更没有一个
在费城政治中表现活跃、具有政治意识形态、力量相对集中的工匠
阶层。相反，英国的君主立宪制根深蒂固，特权制源远流长，渗透
在国家权力体制的每个层面和每个角落，制造出一大批特权利益的
享受者，激进劳工力量还没有机会形成与专制体制抗衡的组织化力
量。潘恩在法国的失败则有着更复杂的原因。他不懂法语，又是外
国人身份，社交范围局限在为数不多的讲英文和亲美的法国人小圈
子内，因而缺乏与底层群众接触和沟通的机会，这阻止了他与真正
的无产者阶层进行交流和合作，而后者应该是潘恩在法国的"天然
支持者"。[3] 此外，法国革命的情况更为复杂，除了反王权、反贵
族、去基督教化等国内的层面，法国还面临来自外部的战争困扰，

---

[1]   Foner, *Tom Paine and Revolutionary America*, 211.

[2]   Ibid., 212.

[3]   Ibid., 234.

温和派与激进派之间的权力之争更是潘恩无法应对的，所以，潘恩能够扮演的角色和发挥的作用实际上是非常有限的。[1]

但潘恩的欧洲经历并不是一种完全的失败。事实上，正是通过对英国激进改革和法国革命的参与，潘恩的共和主义思想得到修正，他的激进主义的范围得到扩展。他在《人的权利》中将"共和制政府"重新定义为一种"为公共利益而建立和组成的政府"，并提出共和国是"一位（提供）社会福利的使者"（an agent of social welfare）的思想。方纳认为，潘恩的这种共和思想激发英国的激进劳工运动提出更具体、更激进的改革主张。[2]《理性时代》的写作则将潘恩的激进主义从政治领域推进到宗教领域，从对王权的批判推进到对基督教及其所制造的迷信、愚昧和权力垄断的批判。潘恩的贵格教背景和对自然神教的推崇对他写作《理性时代》当然是有影响的，但同样不可否认的是法国革命中去基督教化的运动给他带来的冲击。正如方纳指出的，就理论的原创性而言，潘恩的写作与其他的自然神教信仰者（如杰斐逊和富兰克林）相比并无二致，但因为他的语言带有一种不可遏制的愤怒，对基督教竭尽讽刺与嘲笑，使得《理性时代》成为当时反基督教的最有力武器。[3] 然而，当他返回美国的时候，《理性时代》却将他置于一种十分尴尬的境地之中，那个曾经为他的反王权激进主义所激发的国家（美国）决定抛弃他的反基督教激进主义，选择拥抱正在来临的"第二次大觉醒"所带

---

[1]　Foner, *Tom Paine and Revolutionary America*, 241.

[2]　Ibid., 230.

[3]　Ibid., 246-247.

来的宗教复兴主义作为改进社会和批判社会的武器。

　　《潘恩》是方纳在 47 年前发表的著作，在今天读起来仍然带给我们多重意义上的启示。首先，它重新解读了潘恩之于美国革命、美国建国和美国早期史的意义，用当时正在出现的新社会史的研究方法证实了美国革命具有的"双重性"，以细腻和精湛的史料研究呈现了在费城出现的"内部革命"，展示了革命时期多种不同的"共和思想"的并存与博弈，创造了一个思想史、劳工史、社会史和政治史交叉结合的研究典范。其次，方纳以极富同情之理解的立场为我们展示了潘恩作为美国和18世纪末大西洋政治世界第一个真实的"公共知识分子"的形象，描述了启蒙时代位于社会底层的潘恩在社会产生巨变的时候，如何积极思考，如何抓住机会创造出新的政治语言，如何及时地将新的共和主义的价值观普及到普通民众之中。潘恩的独特之处并不在于简单地复述或转录他人的思想，而是利用自己的生活经历与观察来创造新的思想，用新的政治语言从读者中创造一批改革旧世界的支持者。最后，方纳有力地恢复了潘恩作为美国历史上一个积极的、共和主义的"激进派"（Radical）的形象，并赋予"激进主义"（Radicalism）以正面的解释。作为"激进派"的潘恩，不仅思考变革，而且也努力将变革的理念付诸实践。他不仅是思想和观念上的激进派，也是行动上的激进派。正如方纳指出的，潘恩不是当代意义上的激进派，他要摧毁的旧世界是前资本主义时代的君主制、贵族制和世袭权威等。用政治学家艾萨克·克拉姆尼克的话来说，"潘恩的激进平等主义是与资产阶级自由主义的利益捆绑在一起并为之服务的"。（Paine's radical egalitarianism served, and was bound up with, the interests of bourgeois liberalism.）[1] 然而，18 世纪末的革命时代是我们进入现代的一个重要进程，潘恩式的"激进主义"——敢于对旧世界、旧制度和旧思想说不，敢于对现行制度进行持续的批判，对人类掌握自己的命运始终抱有信心——是留给人类文明的重要的思想遗产。直到今天，这种激进主义也没有过时。生活在 21 世纪的我们，借用历史学家格林（Jack P. Greene）的话来说，在很大程度上仍然是 "潘恩的孩子"。[2]

王希

2022 年 6 月 15 日

---

[1] Isaac Kramnick, "Tom Paine: Radical Democrat," *Democracy* 1 (January 1981), 131.

[2] Jack P. Greene, "Paine, America, and the 'Modernization' of Political Consciousness," *Political Science Quarterly*, 93, no. 1 (Spring 1978), 73-92, at 92.

再版序

《潘恩与革命时期的美国》首次出版于 1976 年，与其他任何一本历史著作一样，是写作时所处时代的产物。这个新版本既是为了使作者个人满意，也是对时光流逝令人不安的提醒。它为思考该书如何反映了其所处时代的思想、政治和史学潮流提供了契机，也为思考关于潘恩及其时代的研究在过去 30 年中如何演变提供了机会。

《潘恩与革命时期的美国》探究了潘恩个人及其所处世界的历史局势，以及革命时期的政治思想和社会运动。我完成研究的方式反映了我在哥伦比亚大学所受的教育，20 世纪 60 年代动荡不安的政治氛围，英国新马克思主义社会史对我这代美国史家的影响，以及本国"新劳工史"的影响。

我在哥伦比亚大学完成了本科和研究生阶段的教育，有幸师从理查德·霍夫斯塔特（Richard Hofstadter）。他是那代人中最出色的历史学家，其著作引导我走向了贯穿我大部分研究生涯的课题——政治意识形态的历史，以及社会发展和政治文化之间的关联。我的博士论文《自由土地、自由劳动和自由人》完成于 1969 年，并于次年出版，考察了内战前共和党的意识形态。[1] 它在许多方面都为之后被称为"哥伦比亚学派"（Columbia School）的政治史和思想史研究提供了范例，该学派致力于对政治观念、符号和制度进行细致分析。

[xii] 　　我在学生时代深受 20 世纪 60 年代民权运动和反战运动的影响，所以决定自己的下一部著作将研究美国激进主义的历史。我部分仿照霍夫斯塔特的经典著作《美国的政治传统》，把章节分配给废奴主义者、女权主义者、激进共和党人、爱尔兰裔土地改革者、社会主义者，以及新旧左派的领导人。托马斯·潘恩是书中第一章的主角。我的目标是阐明组成美国激进传统的不同面相，为当今的社会活动家提供一个"可用的过去"。

　　在美国学术团体协会（American Council of Learned Societies）的资助下，我得以在 1972—1973 学年去英国访学，并在那里完成了关于潘恩和爱尔兰裔美国人等章节的研究。随后我首次接触了英国社会史和劳工史领域的研究，这是我研究生教育阶段所缺失的。我也开始结识一些该领域的顶尖学者——比如 E. P. 汤普森、埃里克·霍布斯鲍姆（Eric Hobsbawm）和乔治·鲁德（George Rudé），他们慷慨地向我分享了自己对于潘恩及其时代的观点。我清楚地记得参加霍布斯鲍姆每月在伦敦历史研究所（London's Institute for Historical Research）举办的具有探索性质的劳工史研讨课，并且用一整天的时

---

[1]　Eric Foner, *Free Soil, Free Labor, Free Men: The Ideology of the Republican Party Before the Civil War*（New York, 1970）.

间与汤普森待在他邻近伍斯特（Worcester）的家中，他时常打断我们关于潘恩的谈话，然后冲进隔壁房间观看电视直播的英国和新西兰队的"国际板球锦标赛"。在回到美国之后，我任教于纽约城市学院（New York's City College），该校的赫伯特·G. 古特曼（Herbert G. Gutman）致力于复原从矿工到奴隶这样被遗忘的美国人的经历，这位坚持不懈的鼓吹者在此已经集结了一批年轻的社会史和劳工史学者。

今天，当我们认为历史理应包括那些之前被忽略的群体（少数族裔、妇女、劳工和其他边缘群体）的经历时，很难体会那种首次接触"自下而上看历史"时的智识上的兴奋感。在英国学习，以及与纽约城市学院的同事并肩工作的经历，深深地影响了我伏案书写潘恩章节时的研究方法。与我的处女作一样，这本书很大程度上是对政治观念的研究，但是这次我试图从社会史和潘恩所处不同环境的政治运动（尤其是伦敦和费城的下层民众）的角度来审视他的著作。当我写完这一章时，已经超过了 100 页。我应当如何精简内容？随后沃伦·苏斯曼（Warren Susman）同意阅读我的初稿并提供建议，这位杰出的历史学者敦促我将这篇冗长的文章扩充成一部关于潘恩与革命的著作。他认为我的这种分析无法压缩成一个章节，并且明智地指出美国独立二百周年即将到来，一部关于潘恩的书将吸引大量读者。谢尔顿·迈耶（Sheldon Meyer）是牛津大学出版社的编辑，他欣然同意为一部关于激进主义的书做这样的调整。《潘恩与革命时期的美国》出版于 1976 年 1 月，大概是在潘恩那部伟大的小册子《常识》在费城首次出版二百周年的纪念日。

[xiii]

　　《潘恩与革命时期的美国》的导论指出，它"并不是又一部潘恩传记"。这部书并没有细致地讲述潘恩的一生，因为其生平已经广为人知。它主要探究潘恩思想在18世纪英国的源头，潘恩的观念在美国得到的阐发，以及他与美国革命时发生的具体事件（独立的决定，政治民主的扩大，控制价格与自由放任之争，以及围绕北美银行的争论）之间的关系。尾声一章描绘了潘恩1787年回到欧洲后的生涯，包括他在18世纪90年代创作那些伟大的小册子——《人的权利》《理性时代》和《土地正义论》。这部书虽然聚焦于潘恩生涯的美国阶段，但也体现了我在英国的研究成果，即探讨了潘恩对英国18世纪90年代激进运动的影响，以及那些运动对他观点演变的影响方式。书的结尾简要回顾了潘恩的思想遗产在他去世后如何由自由思想者、劳工运动者和激进主义者发扬光大。

　　这部书认为，潘恩最大的贡献在于他是创造一种新的政治语言和政治话语风格的先驱。潘恩在扩展后来学者们所谓的"公共领域"——政府直接控制之外的政治争论场所——方面扮演了关键性[xiv]的角色。为了使语言能够吸引广大的普通读者，潘恩消解了君主制和世袭特权的传统正当性。他也明确阐明了美国革命的世界历史意义，将这个新的国家称为"人类的避难所"，在这个充满压迫的世界充当自由的灯塔。

　　《潘恩与革命时期的美国》是一部观念的社会史著作。在某种意义上，它代表了一种克服被批评者称为"碎片化"的早期努力，"碎片化"使美国的过去被划分成政治史、社会史和思想史等独立的子领域。这部书将潘恩的思想观念与政治语言，尤其是将他对社会平等主义和改善经济的激情，与他前半生在英国生活的经历，以及为美国独立进行的政治斗争联系在一起。最后，这部书强调了潘恩的"现代性"。许多潘恩的同时代人对一种想象的"古老宪法"或原始的农业社会充满怀旧情绪。身处这样的时代，潘恩的观点富有远见，将自然权利、政治民主和同情穷人与通过商业发展而获得经济进步的信念联系在一起。

直到 1976 年美国独立二百周年纪念活动结束时，潘恩研究的复兴都没有减弱，我的书是这股热潮的组成部分。确实，到 20 世纪末，潘恩获得了被一位学者称为"近乎名人"（near celebrity）的地位。[1]（理查德·艾登堡 [Richard Attenborough] 导演现在甚至声称计划拍摄一部关于潘恩生平的好莱坞电影。）由于潘恩的观点并不完全适合当代的政治分野，所以他已经成为抱有不同政治目的的个人与运动的鼻祖。他的民主和平等观点，与他对既存权威的蔑视，使他成为左派的英雄；他对政府是恶的来源的认同，他对自由放任经济日益增长的支持，以及他主张低税收，对当代的右派很有吸引力。

在 20 世纪 80、90 年代，许多保守派确实言必称潘恩。从 1980 年接受共和党提名的演讲开始，罗纳德·里根（Ronald Reagan）经常引用潘恩关于人类事务激进变革的可能性的话语："我们有权让世界重新开始。"尽管基督教福音派由于潘恩在《理性时代》一书中攻击启示宗教而长期反感他，但是国会中一些最保守的议员却带头倡 [xv]

---

[1]　哈维·凯耶（Harvey Kaye）即将出版关于潘恩的著作，他欣然允许我阅读了书的手稿，他将潘恩的出现称作"近乎名人"，并为此提供了许多例证。

议为潘恩在首都立像。在 72 名支持法案的参议员中包括北卡罗来纳州的杰西·赫尔姆斯（Jesse Helms）和爱达荷州的史蒂夫·西姆斯（Steve Symms）这样的极端保守派。（1992 年，国会批准修建潘恩纪念碑。但是为了符合时代精神，它将完全由私人出资修建，"不花纳税人的钱"。直到本文写作时，私人资金并未到位，华盛顿仍然没有一个潘恩的纪念碑。）[1]

另一方面，潘恩继续得到既定权威批评者的引用。乔恩·卡茨（Jon Katz）称赞万维网（World Wide Web）是一种革命性的公共论坛，思想观念在那里自由流动，不受政府的干预和公司的控制。他称潘恩是"互联网的守护神"。"他使我们的行为变得可能。我们需要让他复活，并再次聆听他的教诲，"卡茨声称，"托马斯·潘恩应当成为我们的英雄。"[2]当自由派对现存公共政策的变化进行批评时，他们创办了一个线上"公共利益杂志"来表达自己的观点，并称其为TomPaine.com。

学者们也继续关注潘恩。虽然有关潘恩的著作还没有像有关其他建国之父的著作那样达到畅销书的地位，[3]但是过去 30 年见证了潘恩新传记的不断涌现，更为细致的潘恩研究，以及潘恩著述的结

---

[1]　Steve Symms to Eric Foner, March 19 and June 22, 1992, 我拥有的信件。

[2]　Jon Katz, "The Age of Paine," *Wired*, 3（May, 1995）.

[3]　Joseph Ellis, *Founding Brothers: The Revolutionary Generation*（New York, 2000）; David G. McCullogh, *John Adams*（New York, 2001）; Walter Isaacson, *Benjamin Franklin:An American Life*（New York, 2003）.

集出版。[1]这些著作为本书只是有所触及的主题提供了许多洞见，尤其是潘恩在英国和法国的生涯，但是我认为它们并没有根本改变我在书中所描绘的潘恩形象。[2]

也许最新的潘恩传记是由英国政治学者约翰·基恩（John Keane）所写，他查阅了潘恩在大革命时期的法国的大量新材料。基恩将潘恩视为现代民主的先驱，并且是"现代为公民权利而斗争，反抗战时国家、专制政府、社会不公和思想偏执"的先驱。[3]格雷戈里·克莱斯（Gregory Claeys）对潘恩思想的细致研究也聚焦于他的欧洲经历。这本书很少提及美国革命，但在呈现潘恩如何通过调和商业社会与坚持自然权利、追求公共利益，来影响英国的大众激进主义方面，比我的研究更加深入。[4]潘恩思想的一种不同要素出现在小杰克·弗鲁克特曼（Jack Fruchtman, Jr.）的两部著作中，重点 [xvi]

---

[1]　近年来的结集包括我本人主编的 *Paine*（New York, 1995）；Bruce Kuklick, *Political Writings: Thomas Paine*（New York, 2000）；Mark Philp, eds., *Rights of Man, Common Sense, and Other Writings*（Oxford, 1995）；and Michael Foot and Issac Kramnick, eds., *Thomas Paine Reader*（New York, 1987）。

[2]　一位作者最近称赞《潘恩与革命时期的美国》推动了"对潘恩主流的现代解释"。David Wootton, ed., *Republicanism, Liberty, and Commercial Society, 1649–1776*（Stanford, 1994），32.

[3]　John Keane, *Tom Paine: A Political Life*（Boston, 1995），ix-xiv.

[4]　Gregory Claeys, *Thomas Paine: Social and Political Thought*（Boston, 1989）. 对潘恩思想观念的其他研究包括 A. Owen Aldridge, *Thomas Paine's American Ideology*（Newark, Del., 1984），该书对潘恩 1775 年到 1778 年间的作品进行了文本细读，但是缺乏历史语境意识；A. J. Ayer, *Thomas Paine*（New York, 1988）是一部奇特而简要的著作，作者是 20 世纪最受尊敬的一位哲学家，这本书辟出专章研究托马斯·霍布斯、约翰·洛克和大卫·休谟的著作，看起来与潘恩本人无关；此外还有 Mark Philp, *Paine*（Oxford, 1989）。

解释了潘恩对自然的宗教理解（虽然是非教条的）（if non-doctrinal）和对人类完美的信念。[1] 一些学术文章阐述潘恩破坏了笃信世袭继承的政治思想，塑造了一批新的美国读者，概括了"理想主义的国际主义"的基本原则，形塑了建国之父们的外交观点，从而在美国政治意识的"现代化"方面扮演了重要角色。[2]

如果说历史学者描绘的潘恩形象在过去 30 年里没有发生巨大的变化，那么关于潘恩所处的思想和政治环境的史学著作则大大增加。本书试图沟通政治思想史和社会史，这两个子领域在 1976 年之后经历了巨大的变化和发展，从而使重新理解潘恩及其时代成为可能。

从 20 世纪 80 年代开始，思想史开始受到"语言学转向"的支配。正如一位学者所言，思想史家惧怕被社会史家"征服和殖民"，越来越聚焦语言本身，将其作为史学研究的主题，同时拒绝将语言降低为只是表达反映政治与社会现实的观念的透明模式。语言学转向的极端实践者认为"意义之外空无一物"，抑或认为历史学中的阶级、

---

[1] Jack Fruchtman, Jr., *Thomas Paine and the Religion of Nature*（Baltimore, 1993）和 *Thomas Paine: Apostle of Nature*（New York, 1994）。

[2] Jack P. Greene, "Paine, America, and the 'Modernization' of Political Consciousness," *Political Science Quarterly*, 93（Spring, 1978）, 73–92; Edward Larkin, "Inventing an American Public: Thomas Paine, the Pennsylvania Magazine, and American Revolutionary Discourse," *Early American Literature*, 33（1998）, 250–276; David M. Fitzsimmons, "Tom Paine's New World Order: Idealistic Internationalism in the Ideology of Early American Foreign Relations," *Diplomatic History*, 19（Fall, 1995）, 569–582. 另见 Alfred Y. Young, "*Common Sense* and the *Rights of Man* in America", in Kostas Gavoglu *et al.*, eds. *Science, Mind, and Art: Essays on Science and the Humanistic Understanding in Art, Epistemology, Religion and Ethics in Honor of Robert S. Cohen*（Boston, 1995）, 411–439, 该书对《常识》在美国的传播以及反响进行了细致的研究。

政治和意识形态等范畴只有通过语言才能得到理解，并且必须主要通过语言学分析来实现。一般而言，研究观念的学者认为政治语言有其自洽性，至少能够相对独立于社会因素。思想史家的任务不是将观念放在具体的历史时刻，而是文本写作的重构概念框架、内在逻辑和语境。[1]一些有关潘恩的新著作采用了这种视角，试图依据他所利用的意识形态来源和既存政治语言，以及他的小册子如何用于政治辩论，来理解其著述。[2]

相比于美国思想史，语言学转向在欧洲思想史领域更为明显。在英国，这使得新社会史和新劳工史领域的许多观点遭到了普遍质 [xvii] 疑，包括"政治力量是社会力量的简单派生"，以及扩展工人阶级意识的潜在历史轨迹。[3]（这部分反映了一种意识，即1979年玛格丽特·撒切尔执政后阻止了曾经看来不可逆转的劳工的"前进"。）在美国，学者没有停止寻找观念的根源，但是他们越来越想寻找文本的意义，要么在"话语"的自我模式内（文本自身表达的假设和模式），要么在文化背景中，而不是在社会史中。因此，历史学者开始

---

[1] John E. Toews, " Intellectual History After the Linguistic Turn: The Autonomy of Meaning and the Irreducibility of Experience," *American Historical Review*, 92（October 1987），879–907（引用了第881、882页）。

[2] 例如，Claeys, *Thomas Paine:Social and Political Thought*; Philp, *Paine* 和 Robert A. Ferguson, " The Commonalities of *Common Sense*," *William and Mary Quarterly*, 3ser., 57（July, 2000），465–504,对潘恩著名小册子的修辞、语气和文学风格进行了细致的研究。

[3] Gareth Stedman Jones, *Language of Class:Studies in English Working Class History 1832–1982*（Cambridge, 1983），2. 另见英国社会史杂志 *History Workshop* 1980 年秋季号的编者导论，题目为"Language and History"，以及关于"History and Post-Modernism"的辩论，*Past and Present*, 133（November, 1991），204–213。

越来越依赖艺术史、语言学、文化人类学和其他学科的方法来解释政治观念，而不是社会史和劳工史的方法。社会现实如何体现在文化中，而不是语言如何反映潜在的阶级利益，成为思想史的主导模式。[1]

语言学转向的一个重要发现就是大量的"话语"能够在任何历史时刻，甚至是一个文本中共存。在《潘恩与革命时期的美国》写作的时代，美国革命的观念史学者局限在革命者应当被描述为"共和派"还是"自由派"的争论之中。共和主义歌颂道德高尚、经济独立的公民积极参与公共生活，并将其作为政治的最高目标和政治自由的本质。追根溯源到文艺复兴时期的佛罗伦萨和古典世界，共和主义认为，人作为一种社会存在，能够搁置自我利益，追求公共利益，从而获得最大的成就感。自由主义强调，自由需要限制政府权力，从而使个人能够实现各种各样的私人目标，不受外界的干预。共和主义对资本主义经济发展深表怀疑，因为它损害了热心公益的美德；自由主义将公共利益与个人品格分开，不怕自私的个体追求个人利益。

在 20 世纪 40 年代末和 50 年代，像理查德·霍夫斯塔特和路易

---

[1]　例如，T. J. Jackson Lears, *No Place of Grace: Antimodernism and the Transformation of American Culture* (New York, 1981)；Richard J. Fox and T. J. Jackson Lears, eds., *Power of Culture: Critical Essays in American History* (Chicago, 1993)；Kenneth Cmiel, *Democratic Eloquence: The Fight over Popular Speech in Nineteenth-Century America* (New York, 1990)。一些美国史学家继续试图勾连思想史、社会史和经济史，如 Nancy Cohen, *The Reconstruction of American Liberalism, 1865–1914* (Chapel Hill, 2002) 和 James Livingston, *Pragmatism and the Political Economy of Cultural Revolution, 1850–1940* (New York, 2001)。

斯·哈茨（Louis Hartz）这样的学者将自由主义描述为从殖民地时期至今的美国主流意识形态。当一些学者称赞这种公认的自由主义共识时，哈茨和霍夫斯塔特对这种社会的产物表示哀叹，它看起来既无法产生原创性观念，也无法理解现代世界的社会现实。然而，当我开始写作《潘恩与革命时期的美国》时，伯纳德·贝林、戈登·伍德（Gordon Wood）和 J. G. A. 波考克（J. G. A. Pocock）已经依次将共和主义的变种作为革命时期的主流话语。虽然我的著作强调潘恩支持经济进步和自由放任主义经济学，而且他在《常识》中对社会和政府做了明确区分（典型的"自由主义"观点），但是仍然试图将其纳入共和传统之中。因此，这本书成为之后将共和主义的变种与美国历史上的社会冲突联系起来的大批著作的一部分。

《潘恩与革命时期的美国》将潘恩的共和主义标签与大西洋两岸激进工匠的社会政治史联系在一起。在这本书出版数年之后，肖恩·威伦茨（Sean Wilentz）将"工匠共和主义"（artisan republicanism）的概念扩展为描述 19 世纪初纽约市劳工运动的意识形态。其他劳工和社会史学者发现了共和主义存在于像民粹主义这样的社会运动中的证据。共和主义一度成为任何拒斥 19 和 20 世纪美国市场资本主义的政治运动或意识形态的简称。[1] 与此同时，政治

---

[1] Sean Wilentz, *Chants Democratic: New York City and the Rise of American Working Class, 1788–1850*（New York, 1984）. 我对这部著作的讨论参见写于 1984 年的 "Why Is There No Socialism in America?"，并收入 *Who Owns History? Rethinking the Past in a Changing World*（New York, 2002），119-124。Daniel Rodgers, "Republicanism:The Career of a Concept," *Journal of American History*, 79（June, 1992），11-38，是对共和主义争论的一个极有影响的总结和告别辞。

理论家对政治自由主义过度强调个人主义，以及缺少公德心而深表不满，重新发现作为一种意识形态的共和主义能够推动对普遍公共目标的一种更加值得称赞的追求。[1]

部分由于这种过度延伸，部分由于共和主义—自由主义争论越来越明显的图解性质，共和主义解释的潮流最终消退。一些学者过于强调作为革命时期思想重要成分的自由主义根源，尤其是强调个人权利和抵抗暴政的权力。其他学者强调自由主义和共和主义内部的共同趋向，或者重新界定这些观点，使自由主义变得既支持个人利益，又关心公共利益，而共和主义现在则包括鼓励商业和物质进步。革命一代美国人明显不认为自己遇到了两种相互冲突或排斥的意识形态，也不相信所有政治辩论都能被解释为共和主义的延伸或对共和主义的反对。此外，两种政治意识形态都激发了对宪政、言论和宗教自由，以及限制专制权力的承诺。

到 20 世纪 80 年代末，思想史家之前激烈的辩论已经结束，参与者都开始认同他们先前对手的观点。今天，革命一代已被广泛视为兼具自由派和共和派色彩。(一位学者称建国者为"自由的共和派"。)[2]也许更为重要的是，历史学者已经更加意识到其他政治"语言"的存在独立于二者。政治学者艾萨克·克拉姆尼克（Issac Kramnick）在最近一篇文章中指出，至少 6 种话语共同塑造了革命时期的思想

[1]　Michael J. Sandel, *Liberalism and the Limits of Justice* (New York, 1982) ; Sandel, *Liberalism and Its Critics* (New York, 1984) .

[2]　Lance Banning, "The Republican Interpretation:Retrospect and Prospect," *Proceedings of the American Antiquarian Society*, 102, pt.1 (1992) , 162.

[xix]

史——除了共和主义和自由主义，他还列举了新教、功利主义、苏格兰道德哲学和启蒙理性主义。[1] 这种对革命时期政治意识形态复杂性及其来源多样化的新认识有助于更好地理解潘恩，他采用了所有克拉姆尼克列出的政治语言的成分。

尽管这篇观念史论文很有价值，但是修辞意义与社会经验的关系看起来仍然难以解释。许多书只是简单地依赖革命时期主要政治人物的著述，奇怪地脱离了过去30年史学领域第二重要的发展，即美国革命社会史的繁荣。对革命"自下而上"的研究现在已经蓬勃发展，而我写作《潘恩与革命时期的美国》时还处于刚刚起步的阶段。这些研究确认了本书将革命时期的图景描绘成社会冲突和政治民主化是合理的，但将描述的历史人物扩展到我重点研究的殖民地时期的城市和工匠阶层之外。

在20世纪60年代，像汤普森和霍布斯鲍姆这样的学者已经将工匠视为前工业化时期欧洲政治激进主义的主要拥护者。《潘恩与革命时期的美国》将这种解释延伸到美国，追溯革命时期费城工匠阶层政治意识的觉醒，民兵服役中对"下层民众"的动员，以及潘恩与费城社会和政治分歧的关系。自本书出版以来，关于革命时期城市政治的著作已经再次证实了下层阶级在争取独立的过程中全面参与政治并且催化政治民主扩展的图景。[2] [xx]

---

[1]　Isaac Kramnick, "Ideological Background," in Jack P. Greene and J. R. Pole, eds., *A Companion to the American Revolution* (Oxford, 2000) , 88–93.

[2]　Gary B. Nash, *The Urban Crucible: Social Change, Political Consciousness, and the Origins of the American Revolution* (Cambridge, 1979) ; Richard A. Ryerson, *The Revolution* （转下页）

然而更为引人注目的是，关于革命时期的社会史研究已经扩展到乡村社会，那是大多数美国殖民定居者的居住地。政治参与的动员和恭敬服从的政治文化的衰落不仅出现在城市，也出现在乡村，类似我所发现的城市工匠秉持的平等主义观念也在美国乡村中盛行。在所有的殖民地，关于政府基本原则的自由争论随之产生，年度选举、成年男性普选权、宗教宽容，甚至废除奴隶制等议题都在工匠、小农和劳工中间得到讨论。[1]

1774 年和 1775 年，所有殖民地都建立了地方安全委员会（Local Committees of Safety），该机构已经开始将选举的政治权力从现政府转移到法外的草根手中。这一事实有助于解释美国人是否接受潘恩在《常识》中关于独立的观点和在争取独立的斗争中扩大选举权的要求。这种大众政治化有助于我们更加全面地理解潘恩在建立一个扩大的公共领域中所扮演的角色，并且强调了为什么在包括宾夕法尼亚在内的许多殖民地中，精英惧怕争取独立的斗争会导致无政府状态，削弱传统

（接上页）*Is Now Begun: The Radical Committees of Philadelphia, 1765−1776*（Philadelphia, 1978）; Steven Rosswurm, *Arms, Country, and Class: The Philadelphia Militia and "Lower Sort" During the American Revolution*（New Brunswick, 1987）.

[1] 关于乡村政治动员的著作包括 Alan Taylor, *Liberty Men and Great Proprietors: The Revolutionary Settlement on the Maine Frontier, 1760−1820*（Chapel Hill, 1990）; Albert H, Tillson, Jr., *Gentry and Common Folk: Political Culture on a Virginia Frontier 1740−1789*（Lexington, 1991）; Alfred F. Young, ed., *Beyond the American Revolution: Explorations in the History of American Radicalism*（DeKalb, 1993）; Ray Raphael, *The First American Revolution*（New York, 2002）; Alan D. Watson, "The Committees of Safety and the Coming of the American Revolution in North Carolina, 1774−1776," *North Carolina Historical Review*, 73（April, 1996）, 131−155。

的服从形式和地方权力结构。[1]

　　近期关于美国的社会转型和社会思想的著作，从强调等级制和庇护制转向更民主、平等和具有竞争性的文化，更加突显了潘恩在为大众读者建构一种平等主义意识形态方面所发挥的重要作用。许多美国人既反对君主制和世袭贵族制的原则，也拒斥人类不平等的观念以及体现特权、庇护制、阶层固化等传统的社会。如戈登·伍德所言，如果"平等事实上是美国革命中产生的最激进和最强有力的意识形态力量"，那么潘恩比其他人更加拥护平等，而且向大众阐释平等。[2] 与许多同代人不同，潘恩意识到了市场意识形态的解放意义，因为美国人的社会地位原本不取决于个人美德，而是由一个人在特权和庇护制的复杂网络中的位置所决定。 [xxi]

　　同样重要的是，越来越多的研究将非裔美国人、印第安人和女性的经历纳入历史叙述中，这些群体没能完全分享革命时期的民主潮流。这些研究使我们对美国革命的理解更加复杂。他们强调"自由的蔓延"，同时指出变革的限度。对散布在各个殖民地不同群体的研究表明，到革命时期结束，许多黑人获得了自由，白人契约奴几乎消失，妇女获得了更高的社会地位，普通男性拥有了更大的政治权力。但另一方面，奴隶制仍然地位稳固，效忠派和那些被指责不够爱

---

[1]　　Joseph S. Tiedermann, *Reluctant Revolutionaries: New York City and the Road to Independence, 1763–1776* (Ithaca, 1997).

[2]　　从等级制到民主制的社会秩序转型是 Gordon Wood, *The Radicalism of the American Revolution* (New York, 1992) 一书的主题（引用了第 232 页）。Marc W. Kruman, *Between Authority and Liberty: State Constitution Making in Revolutionary America* (Chapel Hill, 1997) 讨论了选举权的扩大。

国的人士遭到了迫害，印第安人成为残酷的边疆战争的牺牲品，其土地继续遭到侵占。[1] 革命在今天比 30 年前看起来更加复杂和多面。

大量关于革命时期的社会史著作已经展现了一些革命时期政治思想的分歧与缄默，包括潘恩本人的著述。我的这本书写于妇女史刚开始成为一个有活力的研究领域之时，几乎没有讨论潘恩思想或革命时期历史中性别所扮演的角色。从那时开始，历史学者们清楚地了解到，当革命在一定程度上改善了美国女性的社会地位时，性别也形成了一个不可逾越的边界，把那些完全享有美国自由的人与那些没有享有的人区别开来。女性主义政治理论家强调革命时期的政治语言如何将公民视为家庭的男性主人。依附对男性的地位来说是非法的，但仍然是女性的"自然"角色，社会分成公共领域和私人领域，并将女性排除在政治承认之外。[2]

[xxii]

与之相似，现在非常明确的是，不论一些建国者的个人观点如何，革命一代没能应对奴隶制的挑战，的确将奴隶制比以往更深地嵌

---

[1]　Woody Holton, *Forced Founders: Indians, Debtors, Slaves, and the Making of the American Revolution in Virginia* （Chapel Hill, 1999）; Jean B. Lee, *The Price of Nationhood: The American Revolution in Charles County* （New York, 1994）; Francis S. Fox, *Sweet Land of Liberty: The Ordeal of the American Revolution in Northampton County, Pennsylvania* （University Park, 2000）; Barbara Clark Smith, "Food Rioters and the American Revolution," *William and Mary Quarterly*, 3 ser., 51 （Jan., 1994）, 3–38; Colin G. Galloway, *The American Revolution in Indian County* （New York, 1995）.

[2]　Linda K. Kerber, " 'I Have Don……much to Carrey on the Warr': Women and the Shaping of Republican Ideology," *Journal of Women's History*, 1 （Winter, 1990）, 231–243; Carol Pateman, *The Sexual Contract* （Cambridge, 1988）; Wendy Brown, "Finding the Man in the State," Feminist Studies, 18 （Spring, 1992）, 7–34.

入美国的经济和政治生活中。杰斐逊曾经被视为废奴主义的先驱，但已经由于他没能采取行动反对奴隶制，对一名黑奴女性进行性剥削，以及未能将美国锻造成一个跨种族社会而饱受诟病。潘恩自己的反奴隶制证据已经受到质疑。他不支持奴隶制并希望废除它，而且他当然不认同像威廉·科贝特（William Cobbett）这样同时代的英国激进派的仇外心理和种族观点。但是潘恩很少提到奴隶制，而且未能采取重要的公开行动来反对它。[1]潘恩的语言和他坚持人类拥有政府不得侵犯的自然权利的观点，为被剥夺选举权的妇女甚至奴隶挑战对其自由的限制打开了大门。但与此同时，潘恩及其同时代人的共同语言模糊了一个事实，那就是排斥的界线是革命视野本身所固有的。

社会史家和经济史家也将新的注意力转向 18 世纪的"消费者革命"——英国及其北美殖民地廉价、批量生产的消费品大量出现，繁荣的大西洋贸易兴起。一些学者现在的确将 18 世纪视作英国化的时代，因为北美殖民地的文化规范与英国模式越来越接近。这种趋势在殖民地精英中表现得非常强烈，他们经常把自己的子女送往伦敦参加社交活动，并且模仿英国的服装和建筑风格。但是共同的消费品味在中下阶层中也很流行。大西洋看起来更像是英国与美国之

---

[1]　Ira Berlin and Ronald Hoffman, eds., *Slavery and Freedom in the Age of the American Revolution*（ Charlottesville, 1983 ）l; Gary Wills, " *Negro President": Jefferson and the Slave Power*（Boston, 2003 ），是对杰斐逊与奴隶制关系的最新评击。Linda Colley, "I Am the Watchman," *London Review of Books*, November 20, 2003, 16–17, 讨论了科贝特。关于潘恩和奴隶制，参见 James V. Lynch, "The Limits of Revolutionary Radicalism: Tom Paine and Slavery," *Pennsylvania Magazine of History and Biography*, 123（ July, 1999 ）, 177–199。

间的桥梁而非障碍，是商品、文化和人员流动的大型场所。[1]

这些著作有力地强调了潘恩在《常识》中对英国宪政的全面攻击所体现的激进色彩，同时也有助于理解他认为自由贸易是美国独立的题中应有之义的观点。总体而言，当越来越多的学者开始采用"跨大西洋视角"来研究革命时期的历史时，潘恩由于其生涯跨越国界，影响力纵横交错于大西洋两岸，看起来比以往更有助于我们理解美国革命。

[xxiii]

我从未完成关于美国激进主义的著作，潘恩理应在书中出现，尽管其中关于撒迪厄斯·史蒂文斯（Thaddeus Stevens）和爱尔兰裔美国人激进主义的两章最终分别发表。[2] 当我正在完成《潘恩与革命时期的美国》一书，我的学术生涯突然发生转向。理查德·莫里斯（Richard Morris）让我为"新美利坚国家"丛书（New American Nation series）撰写关于重建的一卷，我花费了十几年的时间来完成它。随后，我开始对美国自由观念的历史产生了兴趣，然后撰写了

---

[1]　关于消费者革命，参见 T. H. Breen, *The Marketplace of Revolution: How Consumer Politics Shaped American Independence*（New York, 2004）; Margaret E. Newell, *From Dependency to Independence: Economic Revolution in Colonial New England*（Ithaca, 1998）; Cary Carson *et al.*, eds., *Of Consuming Interest: The Style of Life in the Eighteenth Century*（Charlottesville, 1994）。P. J. Marshall, "Britain and the World in the Eighteenth Century: II, Britons and Americans," *Transactions of the Royal Historical Society*, 6 ser., 9（1999）, 1–16; Peter Linebaugh and Marcus Rediker, *The Many-Headed Hydra: The Hidden History of the Revolutionary Atlantic*（Boston, 2000）讨论了观念的跨大西洋交流。

[2]　"Thaddeus Stevens, Confiscation, and Reconstruction," 和 "Class, Ethnicity and Radicalism in the Gilded Age: The Land League and Irish-America"，都收入了 *Politics and Ideology in the Age of the Civil War*（New York, 1980）, 128–200。

一部从欧洲殖民者征服和定居的早期岁月一直到 21 世纪初的美国历史的教科书。[1] 这些和其他一些著作关注新的议题和历史时期，反映了过去 30 年来新的研究方法对历史分析的影响。但是在某些方面，我研究的主要关注点仍然与 30 年前相同——美国政治文化的演变，美国民主的本质，政治观念与美国社会经济发展的关系，以及激进社会运动在塑造现代世界中的角色。《潘恩与革命时期的美国》是 20 世纪 60、70 年代的产物。今天的读者无疑会对潘恩提出与 30 年前的读者不同的问题与假说。但是潘恩多变的思想与对政治和社会变化富有远见的观点将会使 21 世纪的美国人与潘恩去世后的每代人一样，继续发现他仍具有现实意义、挑战性和启发性。

---

[1] *Reconstruction: America's Unfinished Revolution, 1863–1877*（New York, 1988）; *The Story of American Freedom*（New York, 1998）; *Give Me Liberty! An American History*（New York, 2004）.

导论：托马斯·潘恩的问题

[xxvii]

1776 年 1 月 9 日，英语写作史上最引人注目的政治小册子在费城出版。《常识》对美利坚殖民地从英国独立和共和政府优于世袭君主制的观点做了有力而巧妙的辩护，对之后独立的决定产生了巨大的影响。到当年年底，这本书出版了不少于 25 个版本，成千上万的美国人阅读了它。《常识》传播的具体情况还无法知晓，但每一位研究美国革命的学者都认为这在 18 世纪的美国完全是空前的。在一个小册子占主导地位的时代，《常识》无论在读者的范围还是对事件的影响力方面都是独一无二的。

《常识》的作者是托马斯·潘恩。正如约翰·亚当斯描述的那样，潘恩是"一位绅士"，"大约两年前从英格兰来到这里，是一位……眼中充满智慧的人"。《常识》标志着潘恩作为革命时期最伟大的小册子作者的出现。在之后的生涯中，潘恩在美国写作了《美国危机》系列文章，在欧洲写作了《人的权利》《理性时代》和《土地正义论》，以及其他无数的小册子和报纸文章。亚当斯在 1806 年[xxviii]评论道，"我不知道过去 30 年里在世界上是否还有谁对一国的居民或事务拥有比托马斯·潘恩更大的影响力"。[1]

尽管对于潘恩著作的重要性大家已经达成共识，但是潘恩本人及其生涯仍然笼罩着巨大的谜团。《常识》本身就充满悖论：一份本能地认同美国革命的文献是由一位在美国经历极为有限的人所撰写的。直到现在，历史学者还是不能解释潘恩思想的独特影响和来源。

然而，《常识》的问题只是托马斯·潘恩问题的一个方面。潘恩的传记作者总是面对着一项艰难的任务，这不仅由于潘恩个人性格的复杂，而且因为他的大部分信件和文件在一百多年前被意外烧毁了。对潘恩的完整描述需要了解革命时期美国、英国和法国的历史知识，并且要熟悉18世纪的科学、神学、政治哲学和激进运动。潘恩的人际网络不仅应当追踪到欧洲和美国的权贵，而且要在伦敦和费城具有政治意识的工匠的小酒馆世界中寻找。事实上，理解潘恩生涯的关键问题不能局限在传统传记的范围之内。

毫无疑问，现存的许多潘恩传记并没有解决关于这个杰出人物的令人困惑的问题。潘恩思想观念的复杂性确实未能得到完整地揭示，也没有被成功放置在他所处时代的社会语境中来理解。一些作者只是看到了潘恩思想中的个别面相——牛顿科学、自然神论、政治平等主义、促进商业发展——并将其中的一个方面当作潘恩思想观念中的"关键"，但是未能揭示这些不同的面相为何、何时以及如何组成一种完整的意识形态，因为至少对潘恩来说，它们都是自己

---

[1] Charles Francis Adams, ed., *Familiar Letters of John Adams and His Wife Abigail Adams*（New York, 1876）, 167; David Freeman Hawke, *Paine*（New York, 1974）, 7.

思想的组成部分。[1]潘恩一方面拥护革命时期最民主的州宪法，另一方面与反民主的费城商业利益群体结盟，共同支持 18 世纪 80 年代的北美银行，这种明显的矛盾仍然隐含着不确定性。潘恩著作在 [xxix] 欧洲和美国的巨大影响从未得到充分解释，潘恩与大众政治参与扩大——革命时期的一项主要成就——的关系仍然模糊不清。潘恩被排除在 19 世纪大众文化中尊奉的革命领袖名单之外的原因也不得而知。

本书将探讨这些问题，并且与一部传统的潘恩传记相比，在某些方面做减法，在某些方面做加法。做减法是因为无需对潘恩的生平进行详细介绍，也不用再来研究潘恩的复杂性格。[2]做加法是因为本书尝试描述一系列特殊的过程：一个独特的个人与其所处时代的关系，一种激进意识形态的独特类型与革命时期美国社会史和政治史的关系。

与传统的传记不同，本书致力于探究潘恩生平中的关键时刻，同时研究潘恩时代美国的具体面貌。随着潘恩一生的展开，本书的主题涵盖了潘恩思想在 18 世纪英国的源头与他在美国时的共和意识形态的本质，以及主导他美国革命时期生涯的具体事件——独立运

---

[1]　对单独研究潘恩思想某个方面有帮助的著述有 Joseph Dorfman, "The Economic Philosophy of Thomas Paine," *Political Science Quarterly*, LIII（September, 1938）, 372–386; Howard Penniman, "Thomas Paine-Democrat," *American Political Science Review*, XXXVII（April, 1943）, 244–262; Harry Hayden Clark, "Toward a Reinterpretation of Thomas Paine," *American Literature*, V（May, 1933）, 133–145。

[2]　Hawke, *Paine* 是目前最好的一卷本潘恩传记，尽管 Audrey Williamson, *Thomas Paine: His Life, Work, and Times*（New York, 1974）包含了一些 Hawke 著作中没有的信息。两部传记都没有完全取代 Moncure Conway, *The Life of Thomas Paine*（2 vols.: New York, 1892）。

动和围绕 1776 年宾夕法尼亚州宪法的争论，1779 年控制价格的大众运动，18 世纪 80 年代关于北美银行的斗争。全书的尾声讲述了潘恩生涯的剩余部分——他 18 世纪 90 年代在英国和法国的经历，他最后完成的著名小册子《人的权利》《理性时代》和《土地正义论》的影响，他从 1802 年到去世时的 1809 年在美国的岁月，并且简要思考了他在激进派和美国社会中的名声的历史。革命时期费城的历史——这个城市与潘恩在美国岁月的命运密切相关——在本书的分析中占有特殊位置。也许读者会感到，潘恩本人经常从本书的叙述中消失。我这样做的主要原因是坚信对潘恩以及成就与排斥他的美国的全面理解，需要对潘恩生活的环境进行深入研究。

这是一个"初步的尝试"，因为尽管关于美国革命的历史著作汗牛充栋，但是我们关于这一时期的社会史知识仍然在许多方面不够成熟。我们甚至不能拥有描述革命时期美国社会的共同语言。当然，在 18 世纪寻找现代意义上的"工人阶级"（working class）并不合适；历史学者宁愿使用像"下层阶级"（lower class）这样的术语来描述这一时期的社会秩序。[1] 最近关于美国革命最有影响力的著作——由伯纳德·贝林和他的学生完成——大部分局限在思想史领域。我并不想贬低这些研究，因为它们使我们对革命一代的共和意识形态的理解更加深入，没有这些理解，是无法弄懂潘恩本人的思

---

[1]　参见 Bernard Friedman, "The Shaping of Radical Consciousness in Provincial New York," *JAH*, LVI（March, 1970）, 781–801, esp. 795–796。然而，尽管 Friedman 恰当地反对将 18 世纪的激进主义与"无产阶级的阶级利益"联系起来，但他本人将许多不同的社会愿望和价值观用过时的术语"中产阶级目标"来概括（796）。

想的。[1]可是这些著作虽然成功地描述了美国人的共同认知，却没能有力地阐明他们之间的根本差异，也没有详细地勾勒共和思想中的不同面相。[2]

本书并未回归认为观念只是"宣传"——狭隘的经济利益的面具——的传统观点，而是发展了对美国革命时期观念和社会结构关系更加有机的理解。换句话说，对潘恩的全面理解不仅是对观念的研究（虽然潘恩思想确实值得进行细致的分析），更是对思想动员和政治交流的社会史研究。当然，正如一位这类研究的优秀学者 J. G. A. 波考克所言，"应当在观念的社会和政治语境中研究观念的口号……有变成陈词滥调的危险；太多鼓吹这种观点的人经常无意识地假定他们已经知道观念和社会现实的关系是什么……"正像波考克提醒我们的那样，观念和语言的表达并不仅仅是对"现实"的简单反映：它们不只是社会现实的一部分，也是社会的制度和阶级结构的一部分。"语言既是历史的产物，也拥有它自身的历史"；的确，社会变化的一个关键就是语言自身性质的变化，包括新词汇的出现和旧词汇具有新的意义。[3]（任何经历过 20 世纪 60 年代的人应当理解表达和交流方式的变化作为社会变化标志的重要性。）

[xxxi]

---

[1]　Bernard Bailyn, *The Ideological Origins of the American Revolution*（Cambridge, 1967）；Gordon S. Wood, *The Creation of the American Republic, 1776–1787*（Chapel Hill, 1969）；Pauline Maier, *From Resistance to Revolution*（New York, 1972）.

[2]　J. G. A. Pocock, "Virtue and Commerce in the Eighteenth Century," Journal of Interdisciplinary History, III（Summer, 1972），119–134，这篇重要文章指出了这一点。

[3]　J. G. A. Pocock, *Politics, Language, and Time*（New York, 1971），12, 38, 105 和 *passim*。参见 Walter J. Ong, *Rhetoric, Romance, and Technology*（Ithaca, 1971）。

为了理解潘恩，我们必须从他作为革命小册子作者的身份开始。"美国革命和法国革命"，埃里克·霍布斯鲍姆写道，"可能是世界历史上最早的大众政治运动，它们以一种世俗理性主义，而非传统宗教的方式来表达其意识形态和理想"。[1] 潘恩是革命世俗语言的创造者之一，这种语言以崭新的词汇来表达永远的不满、千禧年理想和大众传统。与 18 世纪末的革命相联系的口号和信念来自潘恩的著作：《人的权利》《理性时代》《革命时代》和《考验灵魂的时代》。潘恩促成了政治话语中关键词汇含义的转变。在《常识》一书中，他是首批从褒义而非贬义的角度使用"共和"一词的作者；在《人的权利》一书中，他放弃了"民主"的传统经典定义，即每个公民直接参与政府，并创造了该词更加宽泛、更为有利的现代意义。甚至"革命"一词的含义在他的著作中也发生了变化，从一个来源于行星运动并表示循环史观的术语，转变为象征着巨大而不可逆转的社会和政治变革的术语。[2]

潘恩的重要性不仅仅在于他的政治哲学，他甚至并不是一位政治哲学家，承认这一点不会损害他的名声。许多 18 世纪政治作家的思想更加复杂和具有原创性。潘恩的独特之处在于他创造了一种新的政治语言。他不仅改变了词汇的含义，而且创建了一种能够将信息传递给最广大潜在读者的文学风格。他的修辞清晰、简明和直

---

[1] E. J. Hobsbawm, *Primitive Rebels*（New York, 1965）, 126.

[2] 参见本书第三章和 R. R. Palmer, *The Age of the Democratic Revolution*（2 vols.:Princeton, 1959–64）, I, 19–20。18 世纪末和 19 世纪初词语变化含义的极端重要性也可参见 Raymond Williams, *Culture and Society,* 1780–1950（Penguin ed., London, 1951）, 13。

接，他的论点植根于大众读者的普遍经验。潘恩将政治讨论扩大到18 世纪"政治国民"（积极参与政治的阶级，之前的大多数政治著述都是面向他们的）的狭窄定义之外。通过这种新的语言，他传递了一种新视野——对一个平等主义的共和社会的乌托邦想象。

同时代人中对潘恩的美德和缺陷最为敏锐的评价来自法国大革命时期的罗兰夫人（Madame Roland）：[1]

> 他思想的大胆，风格的创新，将尖锐的真相无畏地扔到他们攻击的人面前，无疑创造了一种伟大的感觉；但是比起为政府的建立奠定基础或做好准备，我发现他更适合播撒火种。潘恩更擅长为革命点亮道路，而不是制定宪法。他理解并确立那些伟大的原则，吸引每个人的注意，醉心于俱乐部活动并在小酒馆组织聚会；但是对于开展那些毫无激情的分组讨论或一位议员的日常工作，我认为 [英国改革家] 大卫·威廉斯（David Williams）绝对比潘恩更适合。

正如罗兰夫人所言，潘恩的性情和才能不适合创建和管理政府——他作为大革命时期法国国民公会议员的不愉快经历，和他对美国政府结构细节相对的漠不关心和态度转变可以证明这个判断。他在革命处于危机的时刻状态最佳，此时他对未来的乌托邦设想激励人们付诸行动。1776 年在美国，然后 1791—1792 年在英国，绝对

---

[1] *Mémoirs de Madame Roland*（2 vols.:Paris, 1834 ed.），II, 295.

是正确的人处于正确的时刻：潘恩明确表达了被大多数同时代人只是朦胧地感知到的观念，通过改变人民思考政治和社会的术语来推动革命。

[xxxiii]但是潘恩与时代的契合甚至比这个更为复杂。潘恩的著述有助于塑造革命时期的历史，但是它们本身又由潘恩自己的经历，以及革命时期美国经历的快速的社会和政治变化所塑造。在英国和美国，潘恩的共和意识形态在工匠中得到了最大程度的拥护；由于这个原因，这一时期工匠阶级的历史将是本书的主要关注点。在18世纪末，大西洋两岸的工匠在政治意识上觉醒，并使自己成为民主和平等观念的"摇篮"和传输者。他们刚拥有政治意识，就发现自己的声音出现在潘恩的著述中——一种关于未来的新视野，一种表达政治和社会不满的新方式。

要想完全理解潘恩在美国的生涯，必须包括他的工匠听众和其他之前被排斥在有意义的政治参与之外的群体突然成为"政治国民"的过程。这种研究必须参考欧洲学者的重要著述，尤其是爱德华·汤普森，因为他们相当出色地梳理了这一时期英国和法国下层阶级的政治和社会史。[1]

当然，美国革命整体上由殖民地统治阶级的联盟——北方殖民地的商人、律师和大土地所有者，南方殖民地的蓄奴种植园主来实施和控制。但是像所有殖民地的独立运动一样，反抗英国的斗争从

---

[1] 本书第二章引用了 E. P. Thompson, *The Making of the English Working Class*（London, 1963），以及 George Rudé, E. J. Hobsbawm 和 Albert Soboul 的著作。

一开始就席卷了范围很大的社会群体，他们中的一些人要求将其转变为一场兼顾内部变革的斗争。在 1776 年 4 月一封著名的信中，约翰·亚当斯解释道：

> 我们已经被告知，我们的斗争已经削弱了各地政府的联系；孩子和学徒变得不再顺从；中小学和大学变得躁动不安；印第安人开始蔑视他们的守护者，黑人对他们的主人越来越粗野无礼。

亚当斯在这里回应了他的妻子阿比盖尔提出的温和建议，那就是大陆会议在起草"新法典"时应当"记着女性"。亚当斯描述的是美国革命的激进一面，即要求美国政府和社会的性质发生深远的变化，其中的一些得到了实现，另一些（包括阿比盖尔·亚当斯的请求）在 18 世纪 70、80 年代未能实现。亚当斯本人对潘恩进行了严厉抨击，因为伴随独立运动产生了许多社会动荡。他在 1776 年投入写作，对抗《常识》产生的"民主"影响，在 18 世纪 90 年代，他将平等观念在大西洋两岸的传播讽刺为"潘恩的黄热病"。[1] [xxxiv]

当然，在讨论引起亚当斯警惕的激进冲击时，极为重要的是记住"过去的过去性"[2]——避免用 19、20 世纪激进主义的定义来

---

[1] Adams, ed., *Familiar Letters*, 149–150, 155; Page Smith, *John Adams* (2 vols.: Garden City, N.Y., 1962) , II, 845.

[2] Warren I. Susman, "History and the American Intellectual: Uses of a Usable Past," *American Quarterly*, XVI (1964) , 257.

解读 18 世纪。不应当先设定一个激进主义的抽象概念，然后再为过去搜寻激进主义谱系中的前辈——一种存在于美国史上几乎所有激进团体中的倾向。激进主义应当在每一个具体的历史语境中得到界定。许多采取"激进"措施反抗英国，并在 18 世纪 70 年代中期支持独立的人——比如约翰·亚当斯和塞缪尔·亚当斯（Samuel Adams）——在政治观念上经常是"保守"的。正如一位历史学者所写，塞缪尔·亚当斯是"一位革命者，并不是一位激进派"。[1]许多坚定的辉格派和共和派的确对伴随独立斗争而来的大众政治的迸发感到失望。

毋庸置疑，潘恩是一位激进派，如果我们对这个术语的理解是指那些很早就强烈地思考变革既有制度的可能性，并努力将这些观念付诸实践的人。但是潘恩是一位 18 世纪的激进派，并不是当代的激进派。潘恩的观点比他同时代的大多数人（包括塞缪尔·亚当斯和帕特里克·亨利这样的人，他们通常被视为革命的"激进派"）都更加民主，但就连他都没有完全拒绝当时的这样一种观念，那就是投票者应当有一些个人独立的证明。与此相似，潘恩的共和主义设想一个社会应当受到一种单一而和谐的共同利益的引导，而不是被分裂成相互冲突并具有自我意识的阶级。他的观点牢固地植根于一个还未经历工业革命进程的社会，但正是工业革命催生了现代的激进意识形态。

[xxxv]

潘恩的思想并不是革命时期美国或欧洲最激进的声音。他在法

---

[1]　William Appleman Williams, *The Contours of American History*（London ed., 1961），111; Cecelia M. Kenyon, "Republicanism and Radicalism in the American Revolution:An Old-Fashioned Interpretation," *WMQ*, 3 ser., XIX（April, 1962），153–182.

国大革命中不愉快的经历广为人知（尽管不一定得到很好地理解）。在英国和美国，一些人使用潘恩的新政治语言，但与潘恩不同，他们将其锻造为反对现有财产分配的武器。但这完全是因为潘恩开启了全面变革的可能性，他的观念才能够以这种方式被使用。贯穿潘恩社会观念的是他对过去的完全拒斥。潘恩作为一位 18 世纪的人，在观念、语言和社会角色方面仍然非常现代。他的现代体现在坚持共和主义、民主和革命——按照他著作中的重新定义，体现在他的世俗主义，体现在他对人类完美性和不断进步可能性的信念，体现在他将国际主义（他称自己是"一位世界公民"）与捍卫民族国家的权力（他很早就主张美国建立一个强大的中央政府）结合起来。在美国，潘恩是第一位职业的小册子作家，[1] 第一位全心全意促使公共舆论支持独立战争的作者，第一位联邦政府的有偿宣传者。

可以肯定的是，潘恩的思想中存在张力和模糊，这种张力在急速变革的时期不可避免。但凝聚潘恩意识形态的是他支持这些年美国出现的双重转型——大众政治参与的出现与经济和社会中市场关系的扩张。许多政治观点"激进"的人在维护农业自给自足的社会秩序和反对如银行、公司和国债这样的资本主义制度的发展方面非常"保守"，或至少有怀旧情绪。这一时期的许多民众抗议活动在保持传统风俗和价值，抵御巨大社会变革的冲击方面的确非常保守，体现了"保守"一词的字面含义。讽刺的是，潘恩的现代性有时使

---

[1] 殖民地时期有一些"职业的小册子作家"，但大部分人是学校教师，政治领导人付钱给他们，让他们为选举临时写作小册子，这不是他们的主要职业。Gary B. Nash, "The Transformation of Urban Politics, 1700–1765," *JAH*, LX (December, 1973), 618–619.

[xxxvi] 他与自己著作所鼓励的大众政治相分离。另一方面，像大商人罗伯特·莫里斯那样促成经济生活的革命性变革，并且与潘恩一样支持美国商业扩张的人，在政治观点上则具有明显的精英色彩。

潘恩的激进主义与今天密切相关，不仅是由于他观念的具体内容，而且是因为他的思维方式——对过去不能容忍，对现有制度持批判性态度，相信人能够掌握自己的命运。潘恩发明一种新的政治语言与创作出最早的铁桥设计之一是相互联系的：它们象征着他从事的革命和迎来的现代世界的双重本质。

第一章 成为一名激进派

塞特福德镇（Thetford）是 18 世纪英国乡间的一个市场中心。 [1]
它位于诺福克郡，在伦敦东北 70 英里，几个世纪以来都是乡村制造
业的中心。该镇 18 世纪时的大部分居民是农民，许多人仍然在家中
为仅仅 20 英里远的诺里奇（Norwich）繁荣的纺织工业纺细纱。但
根据一份当时的统计，塞特福德"每周六有很好的市场，5 月 1 日有
集市"，至少可以说不合常规。一位地方史家列出了该地在 18 世纪
发生的主要事件，包括建造了一座桥梁，关闭了一个市场，以及"在
密尔湖（Mill Pond）抓到了两条肥美的鲟鱼"。[1] 一位出生在塞特福
德的孩子将成为 18 世纪的世界知名人物，做出这样的预测确实是非
常莽撞的行为。

托马斯·潘恩 1737 年出生在塞特福德一个卑微但绝不贫困 [2]
的家庭。他的父亲是一位贵格会教徒，还是制作胸衣鲸骨的匠人

---

[1] *A Description of the Diocese of Norwich: or, the Present State of Norfolk and Suffolk*（London,
1735）, 56-57; A. Leigh Hunt, *The Capital of the Ancient Kingdom of East Anglia*（London,
1870）, 49; Daniel Defoe, *A Tour Thro' the Whole Island of Great Britain*（2 vols: London,
1968−orig.pub., 1724−1726）, I, 61−63.

（staymaker）和小农，母亲是一位英国国教徒，是一位地方检察官的女儿，他们尽管有所牺牲，但是有能力将潘恩送到当地文法学校学习。潘恩在那里学习了7年。他在18岁时离开学校，成为他父亲所在行业的学徒，这个行业主要制作支撑胸衣的鲸骨。[1]

潘恩在接下来的12年里，按照传统的路径，从学徒变为熟练工，再成为制作胸衣鲸骨的高级工匠，但他对这份工作并不满意，因为这个行业要求很好的体力，以及与女性打交道时"良好的信誉"，并不需要教育背景或智商。他16岁时离开家，在国外的武装民船上服役，但他很快回国，并在1756年成为莫里斯先生手下的一名熟练工，成为伦敦一位"非常有名的制作胸衣鲸骨的工匠"。两年之后，潘恩移居海边的多佛镇（Dover），再次成为熟练工。1759年，他向老板借了10英镑，在旁边的三明治镇（Sandwich）开了一家属于自己的店铺。潘恩在那里遇到了玛丽·兰伯特（Mary Lambert），并与她结婚，她是当地一位店主妻子雇佣的女仆。几个月之内，这对夫妇搬到了邻近的马盖特（Margate），玛丽·潘恩1760年在那里去世，距他们结婚还不到1年时间。[2]

玛丽·兰伯特的父亲是一位税务官员，鼓励潘恩放弃原来的工作。潘恩回到塞特福德，准备税务官员的考试，这要求一定的数学

---

[1]　Williamson, *Paine*, 11–59 是对潘恩在英国早期生活的最好叙述。还可以参见 Hawke, *Paine*, 7–21。这些年的所有论述主要参考了 Francis Oldys（pseud. G. Chalmers）, *The Life of Thomas Pain*（London, 1793 ed.）。

[2]　R. Campbell, *The London Tradesman*（London, 1747）, 224-226; *A General Description of All Trades Digested in Alphabetical Order*（London, 1747）, 200; Oldys, *Pain*, 9–12.

基础和良好的英文写作能力。1762 年，他成为在林肯郡（Lincolnshire）
阿尔福德镇（Alford）征收消费税的低级职员。但是 3 年之后，他
由于犯了很常见的"全程盖章"（stamping his whole ride）的错误而
被解雇，也就是没有真正检查货物就填写了报告单。在诺福克短暂
地重新从事制作胸衣鲸骨的工作后，潘恩移居伦敦。1766 年和 1767
年，潘恩在一所地方学院教授英语，每年挣刚超过贫困线的 25 英镑
工资，是他之前当税务官时工资的一半。一位早期的传记作家声称 [3]
潘恩也在伦敦的住所向一小群人传经布道。

1768 年，在经历了 3 年近乎贫困的生活后，潘恩的境况得到了改
善。他为自己之前的违法行为写了一封谦卑的道歉信，税务机构原谅
了他。潘恩随后在萨塞克斯（Sussex）的刘易斯镇（Lewes）获得了一
个职位，这个集镇在伦敦以南 50 英里。潘恩居住在塞缪尔·奥利夫
（Samuel Ollive）家里，他是一个烟草商，还是刘易斯镇的一名显赫人
物（他在 18 世纪 60 年代被选为该镇两名维持当地秩序的治安官员之
一）。当奥利夫 1771 年去世时，潘恩娶了他的女儿，并在完成税务官
员的职责之余经营烟草店。但是潘恩并不感到满足。1772—1773 年的
那个冬天，他在伦敦领导了税务官员要求涨薪的运动。这场运动最后
失败了，之后 1 年潘恩的生活几乎崩溃。他再次被政府的税务部门解
雇——这次是因为他弃职参加伦敦的运动。他在刘易斯的商店也倒闭
了，还与妻子离了婚。1774 年，37 岁的潘恩决定在美国开始新的生活。

这就是我们对潘恩前半生的简要了解，这是一段几乎不断失败的
时期。潘恩在自己的才华得到认可之前已经步入中年，但我们有理由
认为在他抵达美国的时候，他的思想观念已经定型。他曾经把自己早

期写作的成功归因于他为美国带来了"关于英国的知识"。[1] 在英国的生活教给了潘恩什么？什么对他的思想产生了持续重大的影响？

可以肯定的是，潘恩父亲的贵格主义思想影响了他拒斥教会和国家中的等级制，支持从反奴隶制到废除决斗的改革。同样很自然的是，一位贵格会教徒之子总是批评将基督教中的异见人士排斥在国家机构、大学和许多职业之外的法律，并且支持政教分离。但是由于对潘恩的早年生涯知之甚少——大部分信息来自 18 世纪 90 年代受英国政府委托写作的充满敌意的传记，任何超越这些的回答一定具有某种程度的不确定性和猜测性。

[4]

似乎可以很有把握地说，凭借潘恩对英国多个地区的熟悉，通过他担任税收官员并为涨薪向税务机构和议会请愿，他对英国社会和政府的运作非常了解。他曾经在塞特福德、多佛、三明治和刘易斯镇生活，议会代表权体系的不平等和土地贵族在政治生活中的支配地位在这些地方都表现得非常明显。这些小镇分别向议会下院派出两名代表——议会中塞特福德镇的议员由一个仅由 32 位投票者组成的封闭的团体选出，他们都听命于当地权贵格拉夫顿公爵（Duke of Grafton）——而拥有 6 万名居民的曼彻斯特市在议会中则没有代表。[2]

此外，正如潘恩之后所言，担任税务官员把他置于一个独特位置，"能够观察当时税收的负担所导致的大量且多样的困窘"。[3] 潘恩

---

[1]　Philip S. Foner, ed., *The Complete Writings of Thomas Paine*（2 vols.: New York, 1945），II, 1189.

[2]　Williamson, *Paine*, 19–20.

[3]　Foner, *Complete Writings*, II, 464.

很难避开 18 世纪英国东南部地区到处存在的经济上的困窘与衰退。三明治镇是"一个古老、衰败、贫穷、痛苦的城镇",多佛镇是一个"年久失修、危险和一无是处的港口"。萨塞克斯这一时期的经济史被描述为"一种贫穷、灾难和无法无天的记录"。[1]潘恩 18 世纪 60、70 年代在伦敦及其附近居住,当时人口增长与作物歉收同时发生,导致物价上涨、实际工资下降、食物骚乱和工业竞争。1766 年,政府被迫禁止小麦、面粉和谷物出口,以缓解民众由于食品价格上涨所产生的不满情绪。1773 年,伦敦一群织布工人向国王请愿,希望其"同情穷 [6] 人,罢免那些没能降低粮食价格的邪恶大臣,并安抚我们"。[2]尽管潘恩作为一名资深胸衣匠、政府低级官员和老师,并不想把自己与非熟练工人和生活在城市社会底层的贫民看作一个阶级,但是他了解自己的贫穷,并曾住在考文特花园(Covent Garden)地区,那是 18 世纪伦敦最"糟糕的地方"之一,以悲惨、犯罪和无序闻名于世。潘恩的作品总是表达一种对英国穷人苦难的发自内心的同情。[3]

---

[1] Defoe, *A Tour*, I, 61-63, 120-22; William Page, ed., *The Victoria History of the County of Sussex*(London, 1905–), II, 199.

[2] *Calendar of Home Office Papers of the Reign of George III, 1773–1775*(London, 1899), 39-42; John Bigelow, *The Complete Works of Benjamin Franklin*(10 vols.: New York, 1887), IV, 163; George Rudé, *The Crowd in History*(New York, 1964); T.S. Ashton, *An Economic History of England: The Eighteenth Century*(London, 1955), 225–227, 239.

[3] M.Dorothy George, *London Life in the Eighteenth Century*(New York, 1965 ed.), 41– 42, 83; Oldys, *Pain*, 9–12; George Rudé, Hanoverian London, 1714–1808(London, 1971), 82–84. Cf. Richard Hofstader, *America at 1750*(New York, 1971), 134:"打开英国历史学者撰写的 18 世纪通史,你将很快对小农持续不断的贫穷或城市贫民有害而致命的肮脏留下强烈而必要的印象。"

"那个时期伦敦背街小巷的恐怖使一切想象都变得苍白",历史学者玛格丽特·乔治
(Margaret George)写道。威廉·霍加斯(William Hogarth)的名画《杜松子酒巷》
(1751)对潘恩时代伦敦下层阶级的悲惨生活提供了讽刺性的画面。(Library Company
of Phiadelphia)

潘恩在英国时曾经这样回忆，"我具有科学方面的天赋"。与许多其他 18 世纪的人物一样，潘恩关于政治和社会世界的思想受到牛顿科学的影响。牛顿理解的宇宙和谐而有序，受到自然法的支配。这似乎很容易推论出，人们能够建立一种社会科学，即所有人类的制度能够也应当得到理性的检验。然而事实上，英国政府体制的基本原则被潘恩描述为"遵循惯例"，与探索、批判和改革这些激励 18 世纪科学的精神相对立。这种矛盾使流行的牛顿主义成为激进政治的温床，尤其是当英国的政治精英在 18 世纪下半叶越来越将思想的理性主义框架视为对传统和现有制度的威胁。正如潘恩从前的朋友和在费城的政治伙伴本杰明·拉什（Benjamin Rush）所言，科学"向来崇尚自由"，这对许多人来说似乎是不证自明的。[1]

潘恩曾经写道，也许根据自己的经验，科学研究将"一位岛民的灵魂"提升到普遍性问题的高度，超越了对日常生活的关切。住在伦敦时，潘恩购买了一些科学仪器，并且参加了本杰明·马丁（Benjamin Martin）和詹姆斯·弗格森（James Ferguson）的讲座。这 [7] 两人是巡回演讲者，将科学知识传播给那些没有机会接受高等教育的普通民众。这些演讲中没有明显的政治内容，但是听众主要由宗教异见人士、自学成才的工匠和店主组成，他们中的许多人倾向于

---

[1]　Foner, *Complete Writings*, I, 496; J. H. Plumb, *In the Lights of History*（London, 1972）, 9, 15–21; Rush quoted in Whitfield J. Bell, "Science and Humanity in Philadelphia, 1775–1790"（unpublished doctoral dissertation, University of Pennsylvania, 1947）, 302. Cf. Daniel Boorstin, *The Lost World of Thomas Jefferson*（New York, 1948）, 206, 209; Harry Hayden Clark, "Toward a Reinterpretation of Thomas Paine," 133–145.

自然神论和政治激进主义。一位这一时期的学生写道,"经常以科学好奇心开始,以政治和道德思考结束"。[1]

潘恩在余生中保持了对科学的兴趣——在之后的岁月中他将研究黄热病的原因,试验一种内燃机和无烟蜡烛,并将花费多年时间完善和改进他对铁桥的设计。牛顿科学深深影响了潘恩的批判性思维方式,并使他开始接触口齿伶俐的英国政府批评者。通过在伦敦的"科学联系",潘恩开始认识天文学家约翰·贝维斯(John Bevis)和知名数学家、税务委员会高级官员乔治·刘易斯·斯科特(George Lewis Scott),并通过斯科特的介绍,认识了本杰明·富兰克林。[2]

我们只能推测潘恩与不服从国教的工匠、神职人员和知识分子的小圈子的联系,这些人组成了富兰克林在伦敦的"诚实的辉格派俱乐部"(Club of Honest Whigs)。这个群体是科学、宗教和政治思考的中心,并在围绕英国政策的冲突中支持美洲殖民地。这个群体的成员中有3位作者影响了潘恩:詹姆斯·伯格(James Burgh),一位伦敦学校的校长;理查德·普莱斯(Richard Price),一位持异见的牧师和教师;约瑟夫·普利斯特利(Joseph Priestley),一位持异见

---

[1]   Foner, *Complete Writings*, I, 164, 387; F. W. Gibbs, "Itinerant Lecturers in Natural Philosophy," *Ambix*, VIII(1960), 111–117; Nicholas Han, *New Trends in Education in the Eighteenth Century*(London, 1951) , 145–146, 152-53, 160-161; Plumb, *In the Light of History,* 13–16.

[2]   Foner, *Complete Writings*, II, 1131, 1162, 1384; "George Lewis Scott," *Dictionary of National Biography*, XVII, 961.

的神职人员和科学与政治实验者。[1]

　　这些人属于英国 18 世纪政治和社会批判传统的第三代人。他们将自己的思想来源追溯到像詹姆斯·哈林顿（James Harrington）这样的 17 世纪共和理论家、18 世纪初的咖啡馆激进派和反对派政治家，以及像著名政治作家亨利·圣约翰（Henry St. John）、博林布鲁克子爵（Viscount Bolingbroke）这样心怀不满的土地贵族。这样的早期宣传者以"共和主义者"（Commonwealthmen）、"乡村派"（Country party）或"激进辉格派"的名目为人所知，他们对英国社会生活中出现的"腐败"进行了全面的批判，这种"腐败"是 18 世纪政治和财政改革的结果。他们抨击内阁制政府的发展，以及国王和大臣通过庇护制、控制选举以及在议会下院增加政府任命者和军官数量的方式，实现对议会的操纵。他们称赞平衡政府的理想，要求将"获赠官禄者"（placemen）从议会中驱逐出去，并且选举"独立"的人——土地贵族——而不受到政府部门的控制。他们谴责见证了大型国债、英格兰银行以及其他大型金融公司兴起的财政革命，对于"股票经纪人""投机商"和其他由于官职、养老金或投资公共基金而依赖政府谋利的人大量增加，他们也感到非常失望。共和主义者非常怀念一个想象中的个人和政府美德的时代，那时的社会地位和政治影响力并不取决于对依附大贵族或重要大臣的某种议会"利益"的效忠，乡绅的完全独立成为英国人自由的基础。18 世纪中叶的英国

[8]

---

[1]　　Verner W. Grane, "The Club of Honest Whigs: Friends of Science and Liberty," *WMQ*, 3 ser., XXIII(October, 1966), 210–233. 潘恩在《美国危机》中的一篇文章里引用了普莱斯：Foner, *Complete Writings*, I, 133. 关于伯格和普利斯特利的影响，参见下文第 23 页注 [2]。

共和主义者要求更短的议会任期，议会下院议席分配的改变，选举权范围的扩大以及其他类似的改革，打算增强议会下院的独立性，以对抗行政权力的扩张。[1]

尽管共和主义者的呼吁非常有力，但是他们在英国几乎没有获得成功。"他们行动的规模很小，对重要政治人物的冲击很有限，对普通民众的影响力微不足道。"[2] 但是他们的作品，尤其是像普利斯特利、普莱斯、伯格和著名历史学者凯瑟琳·麦考莱（Catherine Macaulay）这样的第三代反对派作家的作品在美洲殖民地得到如饥似渴地阅读，帮助塑造了英国的自由和美德迅速恶化的英国国家形象。除了支持之前乡村派的意识形态，这些 18 世纪 60、70 年代的作者要求给予 18 世纪英国的基督教异端完全的政治和公民权利，这个诉求逐渐扩展到关心个人良心在世俗和宗教事务上的自由。异端的激进主义强调个人自由、思想自由、反抗暴君的权利、宗教宽容和议会改革，在那些独立于支配英国乡村的家长式等级制度的人群中非常流行——这些人包括伦敦和北方新兴工业城市的工匠和商人，以及社会的中间阶层，他们"既不穷也不富"。这些人非常欢迎对政治体制的批评，因为这个体制剥夺了他们靠才能与财富赢得的政治

---

[1]　Caroline Robbins, *The Eighteenth-Century Commonwealthman*（Cambridge, 1959）; Bailyn, *Ideological Origins*, chs. 2–3; Lance G. Banning, "The Quarrel With Federalism: A Study in the Origins of Republican Thought"（未出版的博士论文，Washington University, 1972），63–90, 103–108, 124; Pocock, "Virtue and Commerce in the Eighteen Century," 119–134; Isaac Kramnick, *Bolingbroke and His Circle*（Cambridge, 1968）. 关于财政革命，还可以参见 Sidney Homer, *A History of Interest Rates*（New Brunswick, 1963），147–153。

[2]　John Cannon, *Parliamentary Reform*, 1640–1832（Cambridge, 1973），45.

影响力。[1] 潘恩本人也一定读过约瑟夫·普利斯特利的《论政府的首要原则》（*Essay on the First Principles of Government*，1771）和詹姆斯·伯格的《政治研究》（*Political Disquisitions,* 1774—1775），这两本书将强调个人良心自由和要求议会改革结合起来，他也认识改革者约翰·霍恩·图克（John Horne Tooke），他分享了这些作者对英国政治制度的批判态度。[2]

　　尽管有人怀念 17 世纪 40、50 年代克伦威尔共和国的岁月，但是大部分"激进辉格派"发言人坚决拥护英国国王、议会上院和议会下院组成的"平衡"宪政。他们的目标是防止这个体制退化而非取代它。詹姆斯·伯格从理论上指出，共和主义在许多方面优于"君主"政府，但他紧接着强调自己"一点也不想"建立一个　　[10]

---

[1]　Anthony Lincoln, *Some Political and Social Ideas of English Dissent*, 1763–1800(Cambridge, 1938) ; Russell E. Richey, " The Origins of British Radicalism: The Changing Rationale for Dissent," *Eighteenth-Century Studies*, VII（Winter, 1973–1974）, 179–192; Staughton Lynd, *Intellectual Origins of American Radicalism*（New York, 1968）, 19–25; Harold Perkin, *The Origins of Modern English Society*, 1780-1900（London, 1969）, 34.

[2]　现在并不完全清楚——也许不是非常重要——潘恩在英国或抵美后不久是否读过伯格和普利斯特利的著作。他在《常识》中提到了伯格（Foner, *Complete Writings*, I, 38），关于普利斯特利对这本著作的影响可以参见 Felix Gilbert, "The English Background of American Isolationism in the Eighteenth Century," *WMQ*, 3 ser., I（April, 1944）, 156–158。潘恩之后写道，富兰克林在 1775 年给了他一些材料，对《常识》的写作很有帮助。但是，根据潘恩的说法，"我那时形成了《常识》的框架，并几乎完成了第一部分"——这部分深受普利斯特利《论政府的首要原则》的影响（Foner, I, 88–89）。如果确有其事的话，看来潘恩在英国就阅读了普利斯特利的小册子，因为根据 Charles Evans, *American Bibliography*（14 vols.:Worcester, 1941–1959 ed.）的说法，它 1771 年在英国首次出版后就从未在美国出版。另外，潘恩在纽约 *Public Advertiser*, August 22, 1807 中提到他在赴美之前就知道图克。

共和国。[1]

在美国，这种激进辉格派意识形态最终将转变为共和主义——虽然不乏托利党的异议者和温和爱国者中的许多人赞同对英国"腐败"的批判，但是不能放弃18世纪的政治公理，那就是英国宪政是世界上最完美的政治体制。在英国，共和主义直到18世纪90年代才变为公共的政治运动——这很大程度上是受美国和法国革命以及潘恩的著名小册子《人的权利》的影响。在18世纪60、70年代，英国共和主义主要作为发端于17世纪40、50年代英国内战时期反君主思想的一种潜在传统而存在。"旧事重提"（Good Old Cause）的传统存在于持异见的工匠和18世纪在政治经济方面受到剥削的人中间，但其对潘恩的影响程度仍然不得而知。[2] 一些作者声称找到了潘恩的思想风格、他对英国政治制度的拒斥与17世纪40年代拉平派（Levellers）激进民主主张之间的关联。的确，一位潘恩同时代的批评者指出，潘恩在《常识》中对君主制的攻击不过是克伦威尔派作家约翰·霍尔（John Hall）观点的翻版，而霍尔17世纪50年代反君主制的小册

---

[1]　Robbins, *Eighteenth Century Commonwealthman*, 8; Ian R. Christie, *Wilkes, Wyvill, and Reform*(London, 1962), 2; James Burgh, *Political Disquisitions*(3 vols.: London, 1774−1775), I, 9; II, 18.

[2]　Christopher Hill, *The World Turned Upside Down* (New York, 1972) , 308; Christopher Hill, " Republicanism After the Restoration," *New Left Review*, III (May-June, 1960) , 48; Thompson, *Making of the English Working Class*, 28−31; J. H. Plumb, "The Fascination of Republican Virtue Among the Known and the Unknown," in *The Development of a Revolutionary Mentality* (Washington, 1972) , 57−61; J. H. Plumb, "Political Man," in James L. Clifford, ed., *Man Versus Society in Eighteenth Century Britain* (Cambridge, 1968) , 15−16.

子在 1771 年的伦敦重新出版。[1]

如果潘恩确实接触了发端于 17 世纪的地下激进思想观念，这很可能发生在伦敦和刘易斯，他在那里度过了 6 年时光，然后才去美国。两地都是政治不满的中心。伦敦拥有长期反对政府的历史传统，它植根于中等阶层商人、店主和工匠的怨恨。由于首都的选举权范围很大，这些人控制了地方的政治生活，但却对土地贵族支配的政府影响甚微。当然，大部分批判者效忠于国王，但是"几乎没有共和派和激进派分布在伦敦及其郊区"。[2]　[11]

伦敦的市民比农村的民众更加高度政治化。这里有无数的讨论俱乐部在酒馆聚会，学徒和工人与大批伦敦人在那里参加公共辩论，詹姆斯·伯格等人的思想得到传播。"尊重并不是伦敦生活中的杰出品质"，一位历史学者写道。"威尔克斯与自由"（Wilkes and Liberty）民众运动更加证实了这个判断，它支配了 1768 年到 18 世纪 70 年代中期的城市政治，并且证明了潘恩居住时期伦敦激进主义的本质。

威尔克斯运动在投入政治精力以及扩大工匠、店主和底层职业者的政治教育方面发挥了重要作用，潘恩就在这些阶层中活动。在 1762 年和 1763 年，约翰·威尔克斯出版了《英国北方人》（*North Briton*）杂志，它大胆讽刺政府，导致政府以叛乱的罪名逮捕了威尔

---

[1]　J. G. A. Pocock, *Politics, Language, and Time*, 145, 230; Charles Inglis, *The True Interest of America*（Philadelphia, 1776）, 22; John Hall, *The Grounds and Reasons of Monarchy Considered...*, in *The Oceana and Other Works of James Harrington*（London, 1771）, 3–30.

[2]　Lucy Sutherland, "The City of London in Eighteenth-Century Politics," in Richard Pares and A. J. P. Taylor, eds., *Essays Presented to Sir Lewis Namier*（London, 1956）, 49–74; Rudé, *Hanoverian London*, x–xi, 98–99; Plumb, *In the Light of History*, 74.

克斯。在多年的流亡之后，威尔克斯于 1768 年回到伦敦，并先后 3 次被选入议会，每次都由于他之前的"罪行"而被拒之门外。威尔克斯在伦敦逐渐闻名遐迩，因为他精明地在出版自由、政治腐败和议会改革等议题上发声，这还归功于更加普遍的"生而自由的英国人"的反专制传统，这是城市大众政治文化的核心。虽然威尔克斯运动与 18 世纪 90 年代自觉自发的激进主义并不相似（呼喊"威尔克斯与自由"的民众受到威尔克斯代理人的精心引导），但的确允许地下共和思想以"要威尔克斯，不要国王"的群众口号的方式浮出水面。[1]

[12] 现在并不完全清楚潘恩自己的共和理念究竟源于生命中的哪个具体时刻。1777 年，潘恩发现他并没有"由于迄今为止的理念而困扰其他人"，他非常"反感君主制，因为它严重损害人的尊严"。[2]这种观念极有可能源自于潘恩在政治气氛紧张的伦敦的经历，但更有可能来自他在刘易斯镇的岁月。刘易斯镇是 17 世纪 40、50 年代共和派的一个中心，其中的一位主要领导人属于千禧年第五王国派（millennial Fifth Monarchist）——信奉在地球上立刻建立一个上帝的王国的理念。17 位新教烈士在玛丽女王时期在那里被处决，所以 18 世纪该地的反天主教传统仍然十分强大。刘易斯镇对盖伊·福克斯日（Guy Fawkes' Day）的纪念在萨塞克斯地区最为著名；它包括

---

[1]　Robbins, *Eighteenth-Century Commonwealthman*, 18; Plumb, " Political Man," 17; Christie, *Wilkes, Wyvill, and Reform*, 6–10; George Rudé, *Wikes and Liberty*（Oxford, 1962）; *Making of the English Working Class*, 69–70, 80; S. Maccoby, *English Radicalism*, 1762–1785（London, 1955）, 110.

[2]　Foner, *Complete Works*, I, 172.

精心准备的盛典、反天主教演讲、庆祝篝火和狂欢节氛围。潘恩在美国的早期作品包含了对反天主教情绪，以及对全面改善人类境况的千禧年观点的支持，后者激励了 18 世纪英国和美国的大众激进主义，这很可能受到他在刘易斯岁月的影响。[1]

刘易斯人民在潘恩居住的时候和整个 18 世纪都相当桀骜不驯。18 世纪 80 年代对纪念盖伊·福克斯日的压制导致了当局和大批抗议者的激烈冲突。当约翰·威尔克斯这个反政府的象征人物在 18 世纪 70 年代访问刘易斯镇时，"大批民众"聚集起来与他见面。[2]潘恩几乎一定会阅读的当地报纸（他妻子在报纸上为她面向年轻女性的寄宿学校登广告，报纸出版者还刊登了潘恩要求提高税务官员工资的请愿书）大幅报道了威尔克斯在伦敦的事件，并刊文谴责乔治一世和乔治二世为"自由的公开敌人"（同时谨慎地对现任国王乔治三世保持沉默）。报纸还刊登了神秘的"朱尼厄斯"（Junius）的信件，他是政界内部圈子的一位匿名成员，巧妙地将流言蜚语、怨恨情绪和政治批判结合起来抨击政府。潘恩之后将在自己的作品中提到朱尼厄斯的信件。[3]

[13]

---

[1]　J. M. Connell, *Lews, Its Religious History*（Lewes and London, 1931），101−03, 110; Jacqueline Simpson, *The Folklore of Lewes*（London, 1973），134-136. 关于千禧年主义，参见 Ernest Lee Tuveson, *Redeemer Nation: The Idea of America's Millennial Role*（Chicago, 1968），有关讨论和著作见本书第四章。

[2]　Simpson, *Folklore*, 134-135; *Sussex Weekly Advertiser, or Lewes Journal*, August 27, 1770.

[3]　*Sussex Weekly Advertiser, or Lewes Journal*, January 16, 30, March 20, August 7, 1769; Walter H. Godfrey, *At the Sign of the Bull, Lewes, with an Account of Thomas Paine's Residence...*（London, 1924），28; Oldys, *Pain*, 29. The issues of June 5, October 23, 1769, June 4, 1770, and April 29, 1771, 包括了朱尼厄斯的信件。还可参见 J. Steven Watson, *The Reign of George III*, 1760−1815（Oxford, 1960），145; Williamson, *Paine*, 36。

刘易斯的政治独立精神也以其他方式展现。1734 年，实现"居民普选权"的努力导致议会警告只有房屋所有者才能合法投票。刘易斯镇是佩勒姆－纽卡斯尔（Pelham-Newcastle）家族的势力范围，其代理人包括地方官员、旅店老板和地方神职人员，但是就在潘恩到刘易斯之前的一场激烈竞选中，纽卡斯尔公爵精心挑选的议员候选人被击败。选举结果使震惊的公爵命令管家驱逐未按其意愿投票的租客，并且下令"召集受我雇佣的刘易斯商人，如果有人未按要求投票，将不再受到雇佣"。[1]

对于支付地方税这个议题，刘易斯仍然有持续不断的"反对派精神"[2]。邻近地区是走私的中心，这使潘恩税务官员的工作成了苦差。18 世纪 40 年代，一场事实上的"游击战"在当局和武装走私团伙间展开，当许多团伙遭到镇压后，走私活动仍然持续到了 18 世纪 70 年代。在潘恩的任期内，许多邻近城镇的税务官员被走私者击败，走私者经常得到那些反感消费税的居民的私下同情。消费税实行极端的递减税制，主要针对普通消费品，比如啤酒、麦芽酒、盐和肥皂。大部分英国人都会同意塞缪尔·约翰逊（Samuel Johnson）博士的观点，这是"一种令人讨厌的针对商品的税种，不是根据商

---

[1]　William D. Cooper, *The Parliamentary History of the County of Sussex* (Lewes, 1834), 24; Basil Williams, *Carteret and Newcastle* (Cambridge, 1943), 32–34, 223; Page, ed., *Victoria History of Sussex*, I, 530-531; *A Poll, Taken by Samuel Ollive, and Thomas Scarce, Constables of the Borough of Lewe*s... (Lews, 1768). 这次不寻常的选举竞争可以参见 Newcastle Papers, British Museum Add. Mss 32, 988–989。

[2]　*Ancient and Modern History of Lewes and Brighthelmston*... (Lewes, 1795), 211–213, 270–273.

品的性质来决定，而是由税务官雇佣的坏蛋来决定"。[1]

　　刘易斯是政治不满的中心，的确对潘恩产生了明显的影响，但是对于他的大部分早期生涯来说，这种影响的具体细节仍然很成问题。我们知道的他在刘易斯的活动有些前后不一。潘恩有一次写道，在刘易斯的时候他"对被称为政治的东西没有兴趣"，而另一次他则声称18世纪70年代在刘易斯时，他已经开始思考"政府体制"的问题。18世纪90年代，潘恩在对刘易斯人民的演讲中说道，"你们中的许多人能够记得，当我生活在你们中间的时候，没有人比我更加坚定而公开地支持自由的原则"。[2] 潘恩在这里也许指的是他参加定期在刘易斯怀特哈特酒馆（White Hart Inn）聚会的辩论俱乐部，这是英国汉诺威王朝时期的众多辩论团体之一，有助于像潘恩这样的人明确他对广泛的政治和社会议题的态度。潘恩以辩论中的固执和政治上的辉格派观点而知名。他有一次为邻近地区的辉格派议员候选人创作了一首竞选歌曲并挣了3几尼[3]（这个行为违反了税务官员禁止参加任何形式的政治选举的规定）。潘恩也参与了一些刘易斯的公共事务；他的名

[14]

---

[1]　William D. Cooper, "Smuggling in Sussex," *Sussex Archaeological Collections*, X（1868）, 69–94; Charles Fleet, *Glimpses of Our Ancestors in Sussex*（Brighton, 1878）, 73–75; Edward Carson, *The Ancient and Rightful Customs*（London, 1972）, 60; *Sussex Weekly Advertiser, or Lewes Journal*, March 20, 1770, May 31, 1773; Customs 48/18/278-79, Customs House Library, London; Malachy Prostlethwayt, *The Universal Dictionary of Trade and Commerce*（4th ed., 2 vols: London, 1764）, I, Excise（未标页码）。

[2]　Foner, *Complete Writings*, II, 464, 466; New York *Public Advertiser*, August 22, 1807.

[3]　英国旧时货币单位，1几尼价值21先令，现值1.05镑。——译者注

字出现在地方政府会议和教区救济穷人活动的记录中。[1]

除了这些细小的证据，对潘恩到达美国之前思想的仅有的直接证明是《税务官事件》(*The Case of the Officers of Excise*)，这是他在英国写作政治小册子的唯一经验。潘恩自称是要求涨薪的税务官运动的"主要推动者"，他也是 8 位在提交税务委员会的文件上签字的人之一。《税务官事件》印刷了 4000 份，包含了潘恩之后许多思想的萌芽，并且反映了对 18 世纪英国社会的强烈不满，这成为他之后许多作品的特征。潘恩抱怨英国"普遍贫穷的声音"，"贫穷和痛苦"源于日益上涨的物价，他将其归咎于"王国收入的增加"。此外，潘恩表达了对贫穷将影响请愿者道德的担心。"没有什么比贫困的状况更能导致规矩与原则的腐败"，潘恩写道。他警告说，低工资是税务部门腐败的诱因："贫穷和机会腐蚀了许多诚实的人。"作为一名了解贫困的人，潘恩从未将其浪漫化。但他也会对"舒适和富足的有钱人"表示敌意，认为他们的财富是"其他人的不幸"，这看起来与"卑微的"请愿格格不入。[2]

[15]

---

[1]　Godfrey, *At the Sign of the Bull*; Plumb, *In the Light of History*, 19; Richard Burn and John Burn, *The Justice of the Peace, and Parish Officer*（4 vols.: London, 1797）, II, 42; Verena Smith, ed., "The Town Book of Lewes 1702–1837," *Sussex Record Society*, LXIX（1972）, 57–62; St. Michael's Parish, Vestry Minute Book, 1770–1773 entries, East Sussex Record Office, Lewes.

[2]　Foner, *Complete Writings*, I, 441; II, 4–11, 1129; Customs 48/18/415–416, Customs House Library. Cf. Henry Collins, "Paine's Economic Ideas," Bulletin of the Thomas Paine Society（England）, IV（Autumn, 1967）, 5–6.

通过《税务官事件》，潘恩确立了他余生中都用来界定自己的社会角色——政治小册子作者。18 世纪时，识字率在英国中间等级和工匠阶层中稳步增长。一群新的"有阅读能力的公众"的出现，可以解释像笛福（Defoe）和理查森（Richardson）这样的小说家，斯威夫特（Swift）、艾迪生（Addison）和斯蒂尔（Steele）这样的政治小册子作家，以及威尔克斯和匿名的朱尼厄斯这样攻击 18 世纪 60、70 年代的政府当局的报纸作者为何广受欢迎。书商和印刷商在数量和影响力上的增加，以及公共舆论作为政治独立力量的出现，反映了机会在向潘恩这样的人开放，因为他们能够利用印刷文字的力量。同事要求潘恩起草请愿书的事实表明，他的作家才能在去美国之前就已经广为人知了。[1]

潘恩 1772—1773 年冬季在伦敦度过，努力为请愿争取支持。但是，正如一位时人所言，"税务官很少得到民众的支持，所以他们的反叛不足为惧"。最终，税务委员会无动于衷，议会则忽略了请愿，同时增加了对国王费用的拨款。在一年之内，潘恩第二次被税务部门解雇，他的婚姻结束，而且"托马斯·潘恩的所有家具、资本和其他财产"都在刘易斯被拍卖。[2]

---

[1] Ian Watt, *The Rise of the Novel* (London, 1957), 36–48; Leslie Stephen, *English Literature and Society in the Eighteenth Century* (London, 1963 ed.), 60–61, 116; H.A.Innis, *Empire and Communication* (Oxford, 1950), 192-195; Levin L. Schücking, *The Sociology of Literary Taste* (London, 1944), 18; Joseph A. Schumpeter, Capitalism, Socialism, and Democracy (3rd ed.; London, 1950), 146–149.

[2] Foner, *Complete Writings*, I, 441; Hawke, *Paine*, 17; *Sussex Weekly Advertiser, or Lewes Journal*, April 11, 1774.

[16]　　到 1774 年，潘恩已经在英国生活了 37 年。他在一个经济上普遍贫困的时代成长，并在政治不满的中心度过了大部分时光。他游走在英国政府和社会的批评者之中，并很可能熟悉了共和思想和宗教千禧年主义的潜流。潘恩具有专门技能和科学知识，并且有足够的智力水平成为一名教师和税务官，但他的经历充满了失望和沮丧。《税务官事件》的一段话提到了他自己的经历：[1]

　　　　首次接触税务的人们对其形成了完全不同的看法，并延续到了后来。那些希望升职的人很快任期届满。工作的持续、职责的严格和工资的微薄很快会导致忽视和冷漠……

　　这样一位 18 世纪的人去美国开始一段新生活并不让人感到奇怪。在潘恩时期的英国，尤其在英国社会的批评者眼里，美国是一块富足和平等的土地，人们的成就取决于个人能力而不是社会地位。[2] 潘恩与无数其他的 18 世纪移民一样，分享了新世界的乌托邦形象——他的作品之后自然会有助于提升这种美国形象。

　　然而，潘恩在一个方面比大多数普通移民都要幸运。甚至在 18 世纪 70 年代，大多数移民都是契约奴（或者是奴隶）。但由于潘恩从妻子那里得到了 35 英镑离婚费，他能够坐轮船的头等舱——这艘船也运送了 100 多位德国契约奴，到美国之后也不用为任何人工

---

[1]　Foner, *Complete Writings*, II, 11–12.

[2]　Wood, *Creation of the American Republic*, 98–99; Michael Kraus, *The Atlantic Civilization: Eighteenth Century Origins*（Ithaca, 1949）, ch. 9.

作。[1] 大部分移民到美国前与新世界没有任何联系，但是潘恩则带着本杰明·富兰克林的介绍信。潘恩到美国时，既怀有对英国政府体制的怨恨，也有机会实现直接的自我提升与自我表达，这是一种独特的结合。潘恩就像一粒种子从一个敌对的环境移植到了友好的土壤，他在英国经历的滋养下潜藏的激进主义，将在新世界突然绽放。 [17]

---

[1]　Hawke, *Paine*, 25.

第二章　潘恩的费城

　　　潘恩于 1774 年秋抵达费城，那里是"新世界的首都"。[1] 费城拥有大约 3 万人口，是英属美洲殖民地最大的城市，其中有各种各样的包括贵格会教徒、英国国教徒和英裔天主教徒在内的居民、德裔路德派和门诺派教徒，以及苏格兰－爱尔兰裔长老会教徒。许多像潘恩这样的公民刚到这里不久；在 1764 年后的 10 年时间里，单是从德国和爱尔兰港口出发，就有超过 215 艘载有契约奴移民的船只到达费城，到革命前夕，这两个族裔组成了费城一半的人口。由于这轮涌入，费城的人口在 1750 年到 1770 年间增长了 2 倍多，到 1790 年联邦政府第一次人口普查时超过 4.2 万人。[2] 以现在的标准来看，

---

[1]　L. H. Butterfield, *Letters of Benjamin Rush*（2 vols.:Philadelphia, 1951）, I, 450.

[2]　David F. Hawke, *In the Midst of A Revolution*（Philadelphia, 1961）, 40−45; John K. Alexander, "The Philadelphia Numbers Game: An Analysis of Philadelphia's Eighteenth-Century Population," *PaMHB*, XCVIII（July, 1974）, 314-324; Abbott Smith, *Colonists in Bondage*（Chapel Hill, 1947）, 335-336; *Return of the Whole Number of Persons Within the Several Districts of the United States*（Philadelphia, 1791）, 45. 亚历山大的文章是对殖民地时期费城人口这个令人困惑的主题的最新分析。稍低一些的估计参见 Gary B. Nash, "Slaves and Slaveholders in Colonial Philadelphia," *WMQ*, 3 ser., XXX（April, 1973）, 233。

费城面积很小——它占地面积不到 1 平方英里，且在特拉华河以西只延伸了大约 7 个街区。但是作为殖民地的金融和商业中心，同时也是艺术、戏剧、教育和慈善机构所在地，费城更接近一座欧洲大都会，而不像其他的美国城市。潘恩很快发现，费城适合自己的一个特点是对科学的广泛兴趣。"几乎所有的费城人看起来都有一些科学的兴趣或事务"，与伦敦一样，科学主题的公开讲座吸引了大量的听众。[1]

[20]

从 1774 年到 1787 年返回英国，潘恩一直住在费城。这一时期的费城将经历巨大的政治、社会和经济变革。新的阶级，特别是城市的工匠，将产生政治意识，挑战之前已经站稳脚跟的精英的控制，并且经常在潘恩的著作中发现他们的声音。独立战争将破坏旧的经济形态和社会关系，并建立新的财政制度，为经济革新创造机会。一些变革在潘恩抵达时已经在进行之中，一些变革是争取独立的斗争和革命时期战争的直接后果，其他变革也许只是恰好发生在革命期间。但是所有这些变革将打乱费城民众的生活，影响塑造潘恩个人生涯的政治议题。由于潘恩在身居费城时深深卷入了震动该地的政治和社会动乱，所以只有首先研究他抵达时费城的社会结构，以及美国革命时期费城变革的本质，才能理解潘恩的思想与角色。

---

[1]　Grant Miles Simon, "Houses and Early Life in Philadelphia," *Transactions*, American Philosophical Society, n.s., XLIII（March, 1953）, 282; Whitfield J. Bell, "Some Aspects of the Social History of Pennsylvania, 1760-1790," *PaMHB*, LXII（July, 1938）, 282-284; Bell, "Science and Humanity," *passim*.

一

"美国所有城镇的规模，"一位敏锐的爱尔兰参观者在 18 世纪 90 年代观察到，"迄今为止与该地的贸易相称，尤其是与其周边地区展开的贸易相称。"费城是这项经济规律的主要例证，因为该地的繁荣取决于城市控制的一片安定的乡村地区，包括宾夕法尼亚州东部、特拉华河谷、新泽西州西部和马里兰州北部——这是 18 世纪最富裕的商品农业地区。该地区经济的关键角色是费城的商人，他们组织收集农产品，为乡村商店的店主提供进口商品，为乡村的客户提供贷款。[1]一部分农产品在费城本地销售；1769 年，一位参观者对费城市场"所有农产品的丰富和优质"留下了深刻印象。但是大部分小麦、面粉、面包和肉类出口到其他殖民地、南欧和西印度群岛。费城商人参与了一系列三角贸易；他们收集英属加勒比种植园的奴隶生产的糖、朗姆酒和糖蜜，并用与岛屿贸易的利润购买从母国进口的大量制成品。[2]

[1] Isaac Weld, *Travels Through the States of North America*（2 vols.: London, 1800），I, 53; Jackson Turner Main, *The Social Structure of Revolutionary America*（Princeton, 1965），18, 25, 34; John F. Walzer, "Transportation in the Philadelphia Trading Area, 1740−1775"（未出版的博士论文，University of Wisconsin, 1968）; James T. Lemon, *The Best Poor Man's Country: A Geographical Study of Early Southeastern Pennsylvania*（Baltimore, 1972）; James T. Lemon, "Urbanization and the Development of Eighteenth-Century Southeastern Pennsylvania and Adjacent Delaware," *WMQ*, 3 ser, XXIV（October, 1967），505−506.

[2] Carl Bridenbaugh, ed.," Patrick McRoberts' Tour Through the Northern Provinces of America, 1774-1775," *PaMHB*, LIX（1935），167n.; Arthur L. Jensen, *The Maritime Commerce of Colonial Philadelphia*（Madison, 1963）; James L. Henretta, *The Evolution of American Society, 1700-1815*（Lexington, 1973），45−48.

　　到 1774 年时，费城成为美国最繁忙的港口，停泊的船只吨位数
仅次于英国的伦敦和利物浦。商业支配了费城人的生活。不仅作为
主要创业者和经济革新者的城市商人，就连许多工匠和劳工的生活
也与贸易息息相关，从造船工、细木工、制帆工和其他建造与装备
轮船的人，到马车夫和装卸工，再到面包师、酿酒师和将面粉与糖
制成重要商品面包与朗姆酒的磨坊主都是如此。宾夕法尼亚总督托
马斯在 1744 年写道，整个城市"以这样或那样的方式依靠商人，如
果他们不能在贸易上占优势，所有人都会立刻感受到"。30 年后依然
如此。城市经济利益的相互依赖使亚历山大·汉密尔顿认为（我们
将会看到，这不够准确），城市工匠在竞选中将会投票支持商人："他
们知道商人是其天然的靠山和朋友。"[1]

　　虽然费城的富商缺少英国上流阶层的头衔和世袭法律特权，但　[23]
是他们控制了城市的经济、政治和社会生活，理当被称为"贵族"。
1775 年，费城最富有的 10% 人口拥有城市超过一半的财富，是紧随
其后的 10% 人口拥有财富的 3 倍多。（最穷的 40% 人口只拥有整个
财富的 4%。）[2] 城市精英越来越模仿英国贵族的时尚和引人注目的消

[1]　Jensen, *Commerce*, 3-5; Henretta, *Evolution of American Society*, 78-79; Carl Bridenbaugh, *The Colonial Craftsman*（New York, 1950），89-94; John J. McCusker, "Sources of Investment Capital in the Colonial Philadelphia Shipping Industry," *Journal of Economic History*, XXXII（ March, 1972），151-154; Jacob E. Cooke, ed., *The Federalist*（Middletown, 1961），219.

[2]　Robert F. Oakes, "Philadelphia's Merchants and the American Revolution, 1765-1776"（未出版的博士论文, University of Southern California, 1970），11-13. 对费城财富分配的最新分析是 Henretta, *Evolution of American Society*, 105-106（基于遗嘱检验和其他 Alice Hanson Jones 所做记录收集的数据）。1774 年，10% 最富有的人拥有 54.7% 的（转下页）

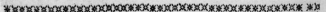

[22]　这份 1772 年的书面抨击罕见地展示了费城商店的内部场景，并列出了一些城市拥有的欧洲和西印度物品。（Library Company of Philadelphia）

费。除了拥有一套舒适但通常很朴素的城市住宅，位置离费城滨水区不远，典型的费城商业精英还拥有一套离城市不远的乡村房产，在那里举办的奢华晚宴与娱乐活动成为上流社会生活的焦点。一份1752 年出版的城市地图展示了超过 150 个这样距城市 12 英里内的"乡村席位"。这些别墅的奢华设施——红木家具、四轮马车和银质餐具等等——为远离普通费城民众的富商确立了生活方式。

由于商业联系和亲属关系，精英阶层控制了费城的市政机构，到 18 世纪 70 年代已经"背离了广大市民的利益"。[1] 但是对于商人中的上层阶级，这种政治控制只是他们的应得之物。他们厌恶所谓的"拉平原则"，以"粗暴的傲慢"和"无礼的粗鲁"对待不如自己的人。革命只是强化了这种态度。一位 18 世纪 90 年代的访问者将会发现，"在费城的上流圈子中，得意、傲慢和炫耀显而易见；没有什么比建立贵族的秩序更让他们开心，这使他们能够居于普通公民之上，满足自己的自负之情"。[2]

（接上页）净财产，下面 10% 的人拥有 14.6% 的净财产。对 18 世纪 90 年代费城财富分配更加不公的分析参见 Richard G. Miller, "Gentry and Entrepreneurs: A Socioeconomic Analysis of Philadelphia in the 1790's," *Rocky Mountain Social Science Journal*, XII（January, 1975）, 71–84。

[1]　Carl Bridenbaugh, *Cities in Revolt*（New York, 1955）, 139, 145; Frederick B. Tolles, "Town House and Country House: Inventories from the Estate of William Logan, 1776," *PaMHB*, LXXXII（October, 1958）, 397–410; Carl Bridenbaugh and Jessica Bridenbaugh, *Rebels and Gentlemen: Philadelphia in the Age of Franklin*（New York, 1942）, 182; Judith M. Diamondstone, "Philadelphia's Municipal Corporation, 1701–1776," *PaMHB*, LC（April, 1966）, 183–201; Robert A. East, *Business Enterprise in the American Revolutionary Era*（New York, 1938）, 13–14.

[2]　Frederick B. Tolles, *Meeting House and Counting House*（Chapel Hill, 1948）, 112–114; Leonard Labaree *et al.*, eds., The Papers of Benjamin Franklin（New Haven, 1959—）, XI, 324n.; Weld, *Travels*, I, 13.

[24]　　很难确切地知道如何概括革命时期美国经济生活的特点。在某种意义上，正如一位历史学者所言，在美国"资本主义占据最重要的位置"。在北方殖民地，大部分公民是自耕农，他们拥有自己的土地，不受仍在欧洲实行的封建土地法律的复杂限制。即使在最偏远的乡村地区仍有工匠、店主和地方商人，很少有农民能够完全远离现金交易和商业市场。[1]

　　另一方面，殖民地经济中的商业组织和市场发展仍然处于初级阶段。交通和交流极为原始，无论是农业和制造业技术，还是经济对农业的依赖，在18世纪都没有发生显著变化。以现代标准来衡量，经济生活的节奏极为缓慢。商业生活根据季节来调整；即使在国际贸易方面，冬季和夏季的交易也很少。城市商人也许会参与国际资本主义市场，但是他们不必在账房花费很多时间。学徒和文书负责维持账目和誊写信件；相当多的商人完全从城市隐退，或在他们的乡村住所度过大部分时光。[2]

---

[1]　Carl N. Degler, *Out of Our Past*（New York, 1959）, 1; George Rogers Taylor, "American Economic Growth Before 1840: An Exploratory Essay," *Journal of Economic History*, XXIV（December, 1964）, 432–433; Rowland Berthoff, *An Unsettled People*（New York, 1971）, 48–52. 也许要说一下我对"资本主义"一词的理解。我在这里用它不只是描述一种受利益驱动、金钱交换、商品生产和市场关系所支配的经济，而且指一种具体的社会体制和一套社会关系，劳动本身在其中也成为一种商品。正如我们所见，革命时期在费城出现了一个自由劳动市场，尽管小商品生产的前资本主义体制持续到了19世纪，许多劳工自己拥有生产资料。参见 Carl Marx, *Capital*（3 vols.: Moscow, 1961）, I, 714, 767, 774; Maurice Dobb, *Studies in the Development of Capitalism*（New York, 1963 ed.）, 7–8。

[2]　Curits B. Nettels, *The Emergence of a National Economy*（New York, 1962）, 39; E. James Ferguson, *The American Revolution*（Homewood, III., 1974）, 15; Bridenbaugh, *Cities in Revolt,* 71; Thomas C. Cochran, *Business in American Life*（New York, 1972）, 19–24; Elisha P. Douglass, *The Coming of Age of American Business*（Chapel Hill, 1971）, 24–26.

一项关于波士顿商业活动的富有洞见的研究表明，那里的商业生活更接近于中世纪而非现代世界。费城在经济上比波士顿发达，但是也几乎没有公司制企业（corporate enterprises）——由一位单独的企业家或松散的合伙人运作的典型的商业活动。大部分商业关系是由熟人进行的面对面交易，商人的地位更多是由其家庭和宗教关系，以及个人的名声决定，而非取决于商业上的精明。即使是最富有的商人也并不专门从事一项单一的经济活动。他们不仅从事多种商品在多个地区的贸易（虽然只有最富有的商人参与来自英国的进口贸易），而且必须为自己的商业活动扮演银行家、保险承保人、批发商、零售商和船主的角色。[1]

[25]

尽管一些费城商人拥有大量财富，但是他们的商业活动经常处于不稳定状态。英国的《航海条例》（Navigation Acts）限制了大部分与英帝国的贸易，由于缺乏有关海外市场条件的可靠信息，个人货物经常亏本销售。许多商人的资本来自英国贷款。费城的商人的确经常只是伦敦商人的代理人或代理商，后者需要宾夕法尼亚的小麦和面粉，并且要为英国的制造业产品寻找市场。在18世纪60、70年代，伦敦议会不仅限制贷款，而且鼓励通过拍卖以及与店主直接

---

[1] W. T. Baxter, *The House of Hancock: Business in Boston*, 1724–1775（Cambridge, 1945）, 294–95; East, *Business Enterprise*, 23–26; Jensen, *Commerce*, 10; William S. Sachs, "The Business Outlook in the Northern Colonies, 1750–1775"（未出版的博士论文，Columbia University, 1957）, 22; Tolles, *Meeting House and Counting House*, 89–91; Robert A. East, "The Business Entrepreneur in a Changing Colonial Economy, 1763–1795," *Journal of Economic History*, VI（1946）, Supplement, 20; Jacob M. Price, "Economic Function and the Growth of American Port Towns in the Eighteenth Century," *Perspectives in American History*, VIII（1974）, 139.

交易的方式向美国市场倾销大宗商品，完全绕开传统商人。这种发展自然会导致费城商人群体的巨大恐慌。他们努力抑制拍卖，而这种行为深受城市贫困居民的怨恨，因为后者喜欢拍卖中达成的低价。[1]

　　另一个对商业发展的限制源于硬币和可靠纸币的长期短缺，这一直困扰着18世纪的殖民地。美洲殖民地没有银行。尽管宾夕法尼亚在发行和稳定纸币价值方面比其他殖民地更为成功，但是包括费城在内的许多贸易也利用诸如个人本票（promissory notes）、赊购甚至实物交易等方式来代替货币。宾夕法尼亚殖民地缺乏银行体系，并且利率很高（平均6%到10%，而英国则平均3%到4%），这使利用商人积累的财富作为生产性资本进行投资变得极其困难。可以肯定的是，一些商人的确投资轮船制造、钢铁生产、面粉和木材加工，以及其他这样的产业，但是他们更多地投资于房地产或英国政府发行的债券，如果他们获得硬币的话，会由当地银匠制成银盘。推动这类活动的部分原因是，商人们希望用更稳定的投资来抵御海上贸易的巨大风险。[2]

[26]

---

[1]　Marc Engal and Joseph A. Ernst, "An Economic Interpretation of the American Revolution," *WMQ*, 3 ser., XXIX（January, 1972）, 15–20; Douglass, *Coming of Age*, 20, 43; Marc Engal, "The Economic Development of the Thirteen Continental Colonies, 1720 to 1775," *WMQ*, 3 ser., XXXII（April, 1975）, 215; Price, "Economic Function," 160; Charles H. Lincoln, *The Revolutionary Movement in Pennsylvania*, 1760—1776（Philadelphia, 1901）, 81–85.

[2]　Joseph A. Ernst, *Money and Politics in America*, 1755–1775（Chapel Hill, 1973）; Baxter, *House of Hancock*, 193, 204; East, *Business Enterprise*, 18-22; Wilbur C. Plummer, "Consumer Credit in Colonial Philadelphia," *PaMHB*, LXVI（October, 1942）, 389–400; Henretta, *Evolution of American Society*, 182; Homer, *History of Interest Rates*, 155, 161, 274–275; Richard B. Morris, "The Organization of Production During the Colonial Period," in Harold F. Williamson, ed., *The Growth of the American Economy*（New York, 1951）, 72–73; Bridenbaugh and Bridenbaugh, *Rebels and Gentleman*, 206; Cochran, *Business*, 21–22.

在革命前夕，资本主义发展仍处于早期阶段，市场并没有像 19、20 世纪那样支配经济生活。许多经济关系基于生存、实物交易或个人关系，而非现金交易。费城进口商品的价格似乎由供求关系决定，但是除很短的时期之外，几乎没有发生通货膨胀，"公平价格"的传统观念继续存在。[1] 强制劳动力——奴隶、契约奴和学徒——如我们所见，仍然占劳动力的很大比重，从我们了解有限的这一时期的工资水平来看，它不仅取决于供求关系，也受风俗习惯的影响。[2]

对经济史的简要回顾，不仅是为了概括潘恩抵美时费城经济生活的本质，也是为了表明独立战争时期及其之后，城市生活中的资本主义制度和市场导向将得到扩大和发展。战争经历极大地开阔了商人阶层的视野，使他们能够在之前受到英国《航海条例》限制的地区开展贸易。为了供应军队和得到法国援助，政府发行纸币和国债以资助斗争，这促进了大规模商业活动的出现和全国性商业阶层的发展。费城大商人罗伯特·莫里斯利用战争形势，通过在供给、 [27]

---

[1] Anne C. Bezanson *et al.*, *Prices in Colonial Pennsylvania*（Pennsylvania, 1935）; Morton J. Horowitz, "The Historical Foundation of Modern Contract Law," *Harvard Law Review*, LXXXVII（March, 1974）, 935–936. Bezanson, pp. 18–19, 46–47 表明 1749 年到 1775 年间费城的面包价格本质上很稳定，虽然在 1763 年和 1772 年有暂时的严重通货膨胀。

[2] Donard R. Adams, Jr., "Wage Rates in the Early National Period: Philadelphia, 1785–1830", *Journal of Economic History*, XXVIII（September, 1968）, 406 表明在英国传统的前工业时代的工资等级制中，熟练工人能够得到普通劳工的两倍工资，这是 18 世纪 80 年代费城工资率的特征。还可以参见 Eric Hobsbawm, *Labouring Men*（London, 1964）, 346–47。卡尔·马克思关于经济发展水平的评论指出："商人资本的独立发展……与社会普遍的经济发展成反比。"Marx, *Capital* III, 322. 这个引用来自"关于商人资本的历史事实"一章（III, ch.20），它与殖民地时期的美国经济非常契合。

保险和贸易领域的企业中组织一大批合伙人的方式来积累财富。

此外，在殖民地时期几乎不为人知的资本主义制度出现在 18 世纪 80 年代，推动了在战争期间积累投资和从海外借贷资本。18 世纪 80 年代，银行在费城、波士顿和纽约建立，大约 33 个公司在那时获得特许状。18 世纪 90 年代初，联邦政府发行的国债得到巩固和投资，标志着殖民地时期的私人监管投资行为最终转变为更为现代的金融制度。与此同时，战争期间纸币发行的浪潮和部分由其造成的通货膨胀，使美国人更加熟悉市场竞争和货币流通。[1]

当然，这些发展并没有一夜之间使美国经济从欠发达转变成现代化。在某种程度上，它们只是加剧了殖民地晚期就已经很明显的趋势。18 世纪 60 年代末和 18 世纪 70 年代，面粉贸易的巨大利润已经促使像著名的维灵和莫里斯合伙企业（partnership of Willing and Morris）这样的大型企业出现，其代理人和通讯员都分布在欧洲的主要港口。[2] 战争提供了一系列新的商业条件，商人们借机涉足新的商业项目，并拥有新的组织形式和信贷机制。18 世纪 70、80 年代的许多社会冲突——潘恩深度卷入其中——将聚焦财富的大量积累对美国人生活的负面效应，纸币、市场以及像银行、国债这样诞生于独立战争期间的新兴金融机制对传统价格观念的破坏。

---

[1]　Henretta, *Evolution of American Society*, 159；Nettles, *Emergence of a National Economy*, 22；Douglass, *Coming of Age*, 32; East, *Business Enterprise*, 43-46, 127, 285, 322-323; East, "Business Entrepreneur," 26.

[2]　Price, "Economic Function," 152–154.

二

商业贵族支配着费城的经济生活，但他们无疑只占城市人口的一 [28]
小部分。在社会层面居于商人之下的是城市工匠，他们大概占费城的
一半人口。历史学者们无法就工匠（artisan）的经济和政治地位达成
共识，甚至都无法统一使用正确的术语来描述这一群体。一些学者将
这个术语限制在独立经营的工匠（craftsmen），而另一些学者则用它
或其同义词"mechanic"来指代整个城市的劳动人口，包括技艺精湛
的高级工匠（skilled master craftsman）、挣工资的熟练工（journeyman）、
劳工（laborer）、学徒工（apprentice）和契约奴（indentured servant）。
在他们自己和同代人的意识中，这个定义也许太过宽泛，高级工匠和
熟练工——拥有一项技能，拥有自己的工具，并且通常要经历一个学
徒期——与位居其上的商人和专业人员，以及位居其下的前工业化、
前无产阶级的海员和劳工阶层有明显区别。[1]

---

[1] Price, "Economic Function" 对费城的人口做了最广泛的职业分析。他利用1774
年税单的数据，提供了4407位男性户主和单身男性的职业，我将其中48.1%的职业归
为工匠。（普莱斯对数字的使用有些不同。）加州大学洛杉矶分校的加里·B.纳什向我
慷慨提供了1772年税单的数据，展示了一幅相似的图画：税单上的3251名男性中
的50%是工匠。我将工匠定义为拥有财产的商品生产者（但是工匠的"财产"包括技
能和工具）或是拥有自己工具的熟练工，但是为承包商工作，就像在建筑行业一样。
我包括了高级工匠和熟练工，没有包括学徒工和劳工。关于其他定义，参见 Charles S.
Olton, "Philadelphia Artisans and the American Revolution"（未出版的博士论文, University
of California, Berkeley, 1967）, 4–13; Staughton Lynd, *Class Conflict, Slavery, and the United States
Constitution*（Indianapolis, 1967）, 82–84; Alfred F. Young, "Some Thoughts on Mechanic Participation
in the American Revolution"（Third Annual Conference on Early American History 上提交的论文,
Newberry Library, November, 1974）。我对18世纪工匠的理解深受下列著作的启发：（转下页）

　　然而，即便我们把工匠的范围限制在高级工匠和熟练工，这个群体的一个关键特点是其经济上的异质性。工匠包括一些像造船厂和酿酒公司这样高度资本化企业的企业家；也包括一个更大的高度技能化的工匠群体，他们工作在一些很有声望的行业，如钟表业、工具制造业和金银器制造业；还包括大量相对贫穷的"低级工匠"，像裁缝、鞋匠和织布工，他们的工作不需要太专业的技能，只需要使用一些便宜的工具，并且他们的队伍由于掌握技能的移民的到来而持续扩大。技艺高超的木匠能将力学和建筑知识与自己的木工技能结合起来，许多熟练工就工资来看并没比无技能的劳工好到哪里去。[1] 18 世纪 70 年代，费城一半男性居民的职业可以被归为工匠，而且这个宽泛的人口范围占有了 30% 到 40% 的城市财富。许多工匠虽然很贫穷，但是他们大部分人能够避免匮乏，获得一些财产，并能使自己的子女接受教育。[2]

（接上页）Thompson, *Making of the English Working Class*; Albert Soboul, *The Sans Culottes*, trans. Rémy Inglis Hall（New York, 1972）; and Arno. S. Mayer's 未发表的文章，"The Lower Middle Class as Historical Problem"。

[1]　Main, *Social Structure*, 74−83, 133, 274−275; Bridenbaugh, *Colonial Craftsman, passim*; Jackson Turner Main, *The Sovereign States*, 1775−1783（New York, 1973）, 71−80; Blanche E. Hazard, *The Organization of the Boot and Shoe Industry in Massachusetts Before 1875*（Cambridge, 1921）, 32; Charles E. Peterson, "Carpenter's Hall", *Transactions*, American Philosophical Society, n.s., XLIII（March, 1953）, 97; Bridenbaugh, *Cities in Revolt*, 268−269.

[2]　Henretta, *Evolution of American Society*, 105−106. 加里·纳什编辑整理的 1772 年税单上 10% 的工匠是费城的"官方"穷人——由于没有财产而免于纳税，或接受城市和教会慈善机构的帮助。拥有最多穷人的职业是织布工（26%）、马夫（20%）、瓦工（20%）、鞋匠（16%）。这些数字不包括那些只交 1 或 2 英镑税，或者接受行业协会帮助的人。还可以参见 Alice Hanson Jones, "Wealth Estimates for the American Middle Colonies, 1774," *Economic Development and Cultural Change*, XVIII（July, 1970）, 97−103。

殖民地时期的费城是美洲殖民地手工业的中心。费城生产了比其他美洲城市更多的商品，其他地方的工匠也经常在费城培训。但没有任何一个行业能够支配城市——建筑业聚集了数量最多的工匠，但也只占全部工匠的五分之一。重要性次之的是各种服装行业（裁缝、织布工、制帽者等），接下来是制革业、食品加工业（屠夫和面包师）、船舶制造业和金属工艺业。[1]

在革命前夕，费城只有少数手工业大规模组织起来。典型的工匠要么在一个小作坊中工作，通常是自己家里，并雇佣 1 到 2 个熟练工、学徒工和契约奴，要么是 1 名独立的工匠，如泥瓦匠，拥有自己的工具但是靠工资为生。工匠这个职业既需要手工劳动，也需要具备做出行政和商业决策并管理资本的能力。一些工匠根据需求为市场生产，一些工匠甚至参与了出口贸易（比如，1771 年，1500

[1]　Bridenbaugh, *Colonial Craftsman,* 141–142. 雅各布·普莱斯（Jacob Price）使用的数字和加里·纳什提供的数字（参见上文第 45 页注 [1]）与费城不同行业的相对规模非常一致：

	普莱斯（1774）		纳什（1772）	
列出的全体男性的职业	4407		3251	
全体工匠	2121		1618	
建筑业	433	20.4%	343	21.2%
服装业	407	19.2	278	17.1
皮革业	313	14.8	208	12.9
食品加工业	304	14.3	194	12.0
轮船制造业	257	12.1	227	14.0
金属加工业	1909.0	124		8.6
家具业	74	3.5	67	4.1
其他行业	143	6.7	177	10.8

双鞋从费城出口到西印度群岛）。但是尤其在服装业，大批工匠为订单工作，亲自为顾客量尺寸，并在做好衣服后送货上门。[1] "当我年幼时"，一个费城人在革命结束很久之后回忆到：

[32]

> 没有人以现在的批发方式经商，并且努力实行垄断。在商业的任何领域，店主都要亲自劳动——通过雇佣大量熟练工来获得利润……因此，所有的鞋匠和裁缝都为自己工作；锡匠、铁匠、制帽匠、车轮修造工（和）织布工都是如此……

大部分参与这些行业的人也许是挣工资的熟练工，但大多数人在受雇数年之后，利用合适的机会成为独立的店主。[2]

工匠制造业的本质反映了资本主义经济的萌芽状况。城市制造业的市场极为有限，因为大量的乡村家庭生产满足自己需要的产品，英国的进口则满足了其他很多美国人的需求。企业需要广阔

---

[1] Sam Bass Warner, Jr., *The Private City*（Philadelphia, 1968），5–6, 16n.; Richard B. Morris, *Government and Labor in Early America*（New York, 1946），42; Morris, "The Organization of Production," 74–75; Charles S.Olton, "Philadelphia's Mechanics in the First Decade of Revolution, 1765–1775," *JAH*, LIX（September, 1972），315n.; Hazard, *Boot and Shoe Industry*, 29n.; Sachs, " Business Outlook," 12-13; John F. Watson, *Annals of Philadelphia*（3 vols.: Philadelphia, 1887），I, 174–176.

[2] Watson, *Annals*, I, 241. 遗憾的是，很难指出工匠中有多少是高级工匠，有多少是熟练工。一个线索是在 1788 年 7 月 4 日为了庆祝联邦宪法批准而举行的游行中，官方统计列出了两个单独计算高级工匠的行业：16 位高级木匠与 100 位 "学徒工和熟练工"，10 位高级瓦工与 100 位 "工人" 一起参加了游行。"Account of the Grand Federal Procession in Philadelphia," *American Museum*, IV（July, 1788），57–75.

这些描绘 19 世纪早期工匠工作的版画说明了工匠作为一个群体,内部存在着巨大的差异。 [30]
银匠和珠宝匠跻身于最有声望、最富有的工匠之列,而鞋匠和织布工则代表了更多卑微
的工匠。注意服装与工具复杂程度的差别,以及纺线和梳理工作通常分配给妇女,她们
是织布工的家庭成员的事实。(Library Company of Philadelphia)

[31]　潘恩时期费城的另外四种手工行业。酿酒业是少有的在一个工作场所雇佣大量人员的行
　　　业，制帽业代表了更典型的只与年轻学徒工一起工作的工匠行业，制桶匠的命运直接与
　　　费城海上贸易的成功联系在一起，马具制造者代表了城市中重要的制革业。（Library
　　　Company of Philadelphia）

的市场，像 1770 年在费城郊区萨瑟克（Southwark）建立的大型瓷器制造厂确实是具有风险性的企业；这个工厂倒闭了，厂主也破产了。资金短缺、高利率、大量廉价土地使城市居民移居乡村地区，美国与欧洲相比劳动力价格偏高，所有这些因素都进一步阻碍了制造业的发展。技术停滞不前，市场容量有限，价格相当稳定，信贷经常不足。在这样的情况下，工匠很少有机会存储金钱、积累财产或开办大型企业。熟练工只需很小额的资本就可以建立属于自己的企业，在繁荣时期，小型企业的数量迅速增长。但是由于同样的原因，工匠的经济命运极易受到贸易波动的影响。在衰退时期，许多人破产，还有许多人被债主囚禁。[1]

尽管财富悬殊，但是一个错综复杂的经济和社会关系网将工匠和商人联系起来，建立了一个表面上的利益共同体。工匠控制了生产方式——能够使用自己的工具和技能，在这个意义上，他们获得了经济上的独立，但是他们高度依赖商人的信贷和资本——而这是通往商业成功的关键。商人控制了工匠来自邻近乡村地区的原料 [33] 供应——木匠、制桶匠和造船工需要的木材，制革工人和鞋匠需要的皮，金属工人需要的铁。由于许多商品的市场非常有限，富有的

---

[1]　J.Thomas Scharf and Thompson Westcott, *History of Philadelphia*, 1609–1884（3 vols.: Philadelphia, 1884），I, 263–264; Johann David Schoepf, *Travels in the Confederation*, trans. Alfred J. Morrison（2 vols: Philadelphia, 1911），I, 117–118; Lemon, *Best Poor Man's Country*, 30; Bridenbaugh, *Colonial Craftsman,* 172; Harry D. Berg, "The Organization of Business in Colonial Philadelphia," *PaH*, X（July, 1943），159; Martha G. Fales, *Joseph Richardson and Family, Philadelphia Silversmiths*（Middletown, 1974），62–68. 最后一部著作对一个费城工匠家庭的商业生活做了出色的描述。

商人成为许多工匠产品的主要消费者。这在一些奢侈品制造业中表现得尤其明显，比如银器和金器制造、马车制造、钟表制造，以及奢侈服装的生产。制作家具的工匠，包括生产备受推崇的费城温莎（Windsor）椅的制椅匠，也要依靠有钱人的赞助。其他行业的工匠，尤其是造船业和制桶业的工匠，以及更间接的建筑业的工匠，意识到他们的命运与商业运输的起伏密切相关。[1]

另一方面，在18世纪60、70年代，越来越多的工匠开始把从英[34]国进口的制造业产品看作是对他们经济状况的主要威胁。他们变成了坚定的经济民族主义者，支持战前时代各种禁止进口的协议和独立后对进口商品征收的州关税。他们强烈支持1787年联邦宪法，希望建立一个强大的政府，有能力保护美国的制造商。当然，并非所有的工匠都受到英国竞争的伤害。建筑业天然垄断了技术，大部分费城家庭的家具来自本地制造业。但托马斯·盖奇（Thomas Gage）将军1768年访问费城时注意到，有许多行业希望为美国人提供"大量从英国进口的必需品"。从英国进口的大宗商品是纺织品、亚麻织品和帽子，以及少量的鞋子、金属制品和各种奢侈品。因此，皮革、服装和金属制品受英国进口的影响最大，造船业也经常感受到竞争的压力。大多数工匠都属于那些经济上憎恨进口英国货的商人

[1] Watson, *Annals*, I, 175–176; Plummer, "Consumer Credit," 404–409; Berg, "Organization of Business," 157; Olton, "Philadelphia Artisans," 37–49, 104; Nettles, *Emergence of a National Economy*, 40–41; Douglass, *Coming of Age*, 27; Victor S. Clark, *History of Manufactures in the United States*（3 vols.: New York, 1929）, I, 111; Bridenbaugh, *Colonial Craftsman,* 111; David Montgomery, "The Working Classes of the Pre-Industrial City," *Labor History*, IX（Winter, 1968）, 13–15.

的行业，许多工匠在费城报刊上登载广告，称赞自己产品的质量，贬低进口商品。

然而，并非所有商人都从英国进口商品——那些主要从事西印度群岛贸易的商人没有与工匠竞争，而且事实上，他们有时把费城工匠的产品出口到西印度群岛。其他商人开始意识到对制造业的鼓励是美国经济独立计划的有机组成部分。工匠、西印度商人和家庭制造业的拥护者拥有联合的经济基础，他们将带头反对英国 1770 年到 1775 年的各项措施。[1]

费城技工的文化和政治偶像是本杰明·富兰克林。作为成功工匠的化身，富兰克林从原有阶层脱颖而出，一跃成为国际名人，是 [36] "人民的领袖"，并且不仅限于费城。到 18 世纪 90 年代，纽约的工匠喝酒庆祝 7 月 4 日，"纪念我们的工匠兄弟本杰明·富兰克林"。《穷理查年鉴》的格言（18 世纪 50、60 年代平均每年销售 10000 册）歌颂勤奋工作、冷静、克制、节俭和自我完善的美德，这深刻影响了工匠文化，并且反过来受到相当一部分费城工匠中的长老派和德国路德派观念的强化。[2] "印刷商先生，"一位工匠对一份费城报纸写

[1]　Bridenbaugh and Bridenbaugh, *Rebels and Gentlemen*, 204; Plummer, "Consumer Credit," 388–389; Sachs, "Business Outlook," 269–270; Olton, " Philadelphia Artisans," 51–53, 293; Jensen, *Commerce*, 88–90, 297.

[2]　James H. Huston, *Pennsylvania Politics, 1746–1770: The Movement for Royal Government* (Princeton, 1972), 131; Bridenbaugh, *Cities in Revolt*, 146–147; Paul W. Conner, *Poor Richard's Politicks* (New York, 1965), 12–15; Bridenbaugh, *Colonial Craftsman,* 129; New York *American Daily Advertiser*, July 10, 1794; Labaree, ed., *Franklin Papers*, XII, 18on.; Max Savelle, *Seeds of Liberty* (New York, 1948), 220–221.

造船业和建筑业需要将大量技能协调配合。威廉·伯奇（William Birch）创作的精美版画为他的系列创作总结道，"表现 1800 年费城的形象"。对建设工地的表现成为对富兰克林《穷理查年鉴》（*Poor Richard's Almanac*）中格言的一个图解。注意：衣冠楚楚的工头指挥着每一组工人。（Library Company of Philadelphia）

道，"费城的工匠整体上是一群冷静、谨慎和勤奋的人。""腐败、挥霍和奢华，"另一人说，"很少发生在工匠的住所。勤劳、节俭、谨慎和坚强是那些人的主要品质。"[1] 部分由于高级工匠与他雇佣的熟练工、劳工之间密切的文化和意识形态联系，这些价值通过工匠传递到了下层阶级的世界。

但是，除了富兰克林格言中赤裸裸的个人主义和对积累财富的强调，工匠文化中有更多的东西。富兰克林劝诫工人铭记"时间就是金钱"，谴责英国劳工遵守传统的前工业时代"神圣的星期一"这样的"节日"，并且一整天都"待在啤酒馆里"。但是在费城，鞋匠也遵守"自古以来"不在"蓝色星期一"工作的习俗。[2] 遗憾的是，我们对美国前工业时代的工作习惯了解太少，但很清楚的是大量工匠在自己家里工作，不受严格的工作纪律或直接监督的约束。许多工匠一个人承担各种任务，直到完成一件制成品——拿起和放下劳动工具，从一种类型的工作变为另一种类型的工作。这样的工作性 [37] 质非常需要在工作日中休息。工匠对自己时间的支配是其非常宝贵的财富；这使他们比普通劳工有更多机会参与政治事务，能够在空

[1]　"A Philadelphia Mechanic," *Pa. Independent Gazetteer*, October 8, 1785; *To the Tradesman, Mechanics, Etc. of the Province of Pennsylvania*, Broadside, December 4, 1773.

[2]　Labaree, ed., *Franklin Papers*, III, 306; Albert H. Smyth, ed., *The Writings of Benjamin Franklin*（10 vols.: New York, 1905–07）, V, 127. 关于鞋匠的声明来自费城的 *Public Ledger*, April 17, 1839, in Richard McLeod. "The Philadelphia Artisan, 1828–1850"（未出版的博士论文，University of Missouri, 1971）, 26–27. Cf. Herbert G. Gutman, "Work, Culture and Society in Industrializing America, 1815–1919," *American Historical Review*, LXXVIII（June, 1973）, 531–588; E.P.Thompson, "Time, Work Discipline and Industrial Capitalism," *Past and Present*, XXXVIII（1967）, 58–97.

闲时几乎随意地参与该群体的有组织活动。

历史学者最近才开始重构革命时期费城工匠群体的社会生活。我们尚不完全清楚工匠群体与城市中其他人群有多大程度的不同。一方面，工匠和城市精英在费城的任何区域都没有隔离开来。他们生活在一起，有时还属于同一组织。一些消防志愿队——防火群体的社会俱乐部——包括工匠和商人，城市大量族群的互助会（这类组织不仅增进友谊，而且是失业和人身保险的早期形式）也由各阶层公民组成。另一方面，商人贵族拥有乡村地产和社会地位，并且自命不凡，他们的生活方式与普通工匠有很大不同。革命前的贵族社会，根据一个说法，将"即使很富有的工匠家庭"排斥在外。社会分化在18世纪费城人的衣着上清晰可见：上层阶级的服装模仿英国贵族的最新时尚，工匠穿皮围裙，仆人和雇佣的劳工穿亚麻衬衫和条纹裤。[1]

在日常生活中，费城工匠更可能接触同阶层的工匠，而非上层商人。许多工匠与相关行业的人一起工作并依靠他们。像造船业、家具制造业和房屋建设这样的行业被细分，但经常需要十几种技能的合作。工匠一般会把自己的儿子送到亲戚或其他工匠那里做学徒，成功的工匠通常是工匠之子。在业余活动中，工匠们也组成了紧密联系的共同体。他们生活在费城的繁华街道和背街小巷的小房子里，经常与朋友们在当地的酒馆会面，那里是欢宴的中心，也是

[38]

---

[1]　Olton, " Philadelphia Mechanics," 313; James H. Hutson, " An Investigation of the Inarticulate: Philadelphia's White Oaks," *WMQ*, 3 ser., XXVIII（January, 1971）, 9–10; Bridenbaugh and Bridenbaugh, *Rebels and Gentlemen*, 87–88, 240; Lincoln, *Revolutionary Movement*, 86; Watson, *Annuals*, I, 176, 187; Main, *Sovereign States*, 80.

政治和社会组织聚会的地方。[1]

革命时期费城的工匠能够识字，自学成才，并且对科学很感兴趣。大多数工匠拥有书籍，而大部分挣工资的劳工则并非如此。印刷商和书商罗伯特·艾特肯（Robert Aitken）不仅得到了富兰克林和潘恩的信任，也得到了鞋匠、花布印染工、煮皂工、石匠和其他工匠的信任。根据一份当时的记录，按照詹姆斯·洛根（James Logan）的意愿所建的图书馆的访问者是"无名的工匠，他们对数学充满兴趣"。工匠工作的本质需要灵巧使用工具，驾驭物质材料，并掌握技术知识，这会促进对科学的进一步兴趣。正如在潘恩时代的伦敦，工匠是费城科学主题的公众讲座的主要听众。在科学专业化和工作机械化之前的岁月里，对科学的兴趣使工匠与学者、教师和医生联系在一起。殖民地时期费城的伟大科学家本杰明·富兰克林和大卫·里腾豪斯（David Rittenhouse）最开始都是工匠。[2]

"拥有职业的人也拥有房产"，富兰克林在他的年鉴中写道。一位工匠生活的关键是他的技能，拥有技能使他与非熟练劳工相区别，提升的机会也取决于它。工匠首先将自己视为一个特殊行业的

---

[1]　Bridenbaugh, *Colonial Craftsman,* 92; Bridenbaugh, *Cities in Revolt,* 272; Olton, "Philadelphia Artisans," 20–29; Warner, *Private City*, 7–15.

[2]　Main, *Social Structure*, 256; Plummer, "Consumer Credit," 391–394; Bridenbaugh and Bridenbaugh, *Rebels and Gentlemen*, 90, 355–357; Bridenbaugh, *Colonial Craftsman,* 169. Cf. Harry Braverman, *Labor and Monopoly Capital: The Degradation of Work in the Twentieth Century* (New York, 1974), 109, 133. 一项关于殖民地时期新英格兰地区识字率的前沿研究发现，那里的工匠普遍识字，虽然不如商人和职业人士的比例那么高。Kenneth A. Lockridge, *Literacy in Colonial New England* (New York, 1974).

成员，然后才是工匠（虽然革命时期，跨行业的工匠政治组织开始

兴起，一种"工匠意识"跨越了行业的界线）。一些类似行会的组织

[39] 促进了长期存在于 18 世纪费城的具体行业的利益，尽管移民稳步涌

入，但是从熟练工转变为高级工匠非常容易，加之劳工成本很高，

这使像泰勒公司和鞋匠公司（Cordwainer's Company）这样的组织几

乎不可能成功制定价格和工资，也不能限制行业准入。最接近一个

成功行会的组织是木匠公司，它由富有的建筑工—设计师组成，其

木匠礼堂今天仍然矗立在费城。到 18 世纪 80 年代，几乎每个行业

都有一些行业组织，并拥有旗帜和徽章。几乎所有这样的组织都被

限制在高级工匠的范围内，但这种限制并不与这种信念矛盾，即明

天将成为高级工匠的熟练工的利益存在于"行业的优势"中。[1]

工匠的伟大志向是"独立"——获得高级工匠的地位。这也是

为什么富兰克林将他的资金借贷出去，帮助"年轻的已婚工匠建立

自己的事业"。这种独立的愿望意味着对私人财产的强烈尊重。区

分工匠和富商的私人财产非常重要。工匠的财产包括他的技能、工

具，也许还包括商店和他的生意或顾客，而商人的财产则由流动资

产、仓库、船只、广泛持有的不动产和商业投资、一套考究的住宅

---

[1]　J. E. Crowley, *This Sheba, Self: The Conceptualization of Economic Life in Eighteenth Century America*（Baltimore, 1974）, 87; Warner, *Private City*, 8; Olton, "Philadelphia Artisans," 6–14, 74–80; "Account of the Grand Federal Procession"; John R. Commons *et al.*, eds., *A Documentary History of American Industrial Society*（10 vols.: New York, 1909–1911）, III, 26–30, 128–129; Roger W. Moss, Jr., "The Carpenter's Company of Philadelphia," *Historic Preservation*, III（July-September, 1974）, 37–41.

和个人财物组成。财富的差异不只一项，态度方面则有一个根本的区别。对于工匠来说，除非是看得见的劳动的成果，财产才是合法与自然的。这是小商店和家庭农场时代的小生产者的典型态度。一位工匠委员会成员在 1773 年指出，"我们的财产……（作为）我们劳动挣得的果实"应当"由我们自己处置"。[1]

商人和工匠对私有财产态度上的差异将影响许多 18 世纪 70、80 年代的政治分歧和结盟。支配 18 世纪思想的洛克式财产理论塑造了这两个群体所认同的概念，即私有财产是一种自然权利，来源于每个个体"自我劳动创造的财产"，以及他劳动时使用的任何原料。但在关键点上，洛克的理论非常模糊，能够同时获得保守和激进的解释。总体而言，洛克似乎认可现有的不平等，他强调所有的私有财产不可侵犯，这个立场得到商人群体的热情拥护。然而，在讨论自然状态时，洛克将财产的合法性直接与个人劳动，以及人们只是获取满足个人需要的财产而把充足的财产留给其他人的规定联系起来。虽然洛克自己声称公民社会的建立能够突破这些限制，但是在

[40]

---

[1]　John R. Commons *et al.*, *History of Labour in the United States*（4 vols.: New York, 1921–35），I, 45, 79; James A. Henretta, "Economic Development and Social Structure in Colonial Boston," *WMQ*, 3 ser. XXII（January, 1965），75–92; *To the Tradesmen, Mechanics, Etc. of the Province of Pennsylvania*, Broadside, December 4, 1773. 参见卡尔·马克思在《德意志意识形态》的评论中提到的中世纪的城镇，但可能在这个语境中也适用："这些城镇的资本是一种天然资本，由房屋、工具和天然继承的顾客组成；鉴于商业的落后和流通的缺乏，它由父亲传给儿子，无法变现。与现代资本以金钱来衡量，并且能够不带感情色彩地进行投资不同，这种资本与资本所有者的特定工作有直接联系，与其不可分离，并且在这种意义下是'遗产'资本。"Marx, *Pre-Capitalist Economic Formations*, ed., E. J. Hobsbawm（New York, 1965），130.

18 世纪 90 年代，激进派工匠和潘恩本人将使用这种分析模式抨击财产的大规模集中，尤其是当这种积累没有来源于生产性劳动。换句话说，工匠尊重私有财产原则，但并没有阻止对现有财产分配的攻击。[1]

费城的工匠文化充满了模糊与张力，这始于工匠固有的双重角色。一方面，他们是小企业家和雇主，另一方面，他们又是劳工和工匠。在文化层面，不论是局限在某个行业，还是延伸到所有工匠，互助感和归属感与个人主义和自我提升的强烈倾向充满了张力。在社会层面，工匠坚持确认自己与低于他们的普通劳工之间的区别，却不仅与他们分享许多种业余活动，而且分享费城普通人对城市贵族的虚荣与傲慢的反感。

[41] 这样或那样的张力也不可避免地反映在革命时期的工匠政治中。工匠倾向于平等主义，他们的民族主义以及作为城市消费者的立场，使他们经常成为下层阶级的意识形态领导者，他们争取政治权利的扩大，获得独立，并且一度主张控制价格。在这样的斗争中，工匠没有把自己视为特定阶级利益的代言人，而是作为整个"人民"或"生产阶级"的代表，反对狭隘的"贵族"。但是他们对私有财产和商业企业的承诺，也使他们成为费城商业共同体的同盟，使那些低于他们的人失去了持续的政治领导，因为在这个时期，只有具有政治意识的工匠能够提供这种领导。

---

[1]　关于洛克的财产理论及其歧义，参见 Richard Schlatter, *Private Property: The History of an Idea*（New Brunswick, 1951）, 151–159, 184; C.B. Macpherson, *The Political Theory of Possessive Individualism*（Oxford, 1962）, 199–221; Paschal Larkin, *Property in the Eighteenth Century*（Dublin, 1930）, 59–78。

在革命时期，费城的工匠像其他城市的工匠那样，开始意识到他们共同的政治和经济利益。然而讽刺的是，同样在这个时期，工匠共同体内部出现了巨大的利益冲突，这是由于一个庞大的工匠群体的商业化。直到18世纪70年代，很少有工匠能够接待大客户或者以任何重要的方式参与广阔的市场。工匠传统上试图在竞争性市场的框架之外解决他们的经济问题——通过对行业施加类似行会的限制，或者要求政府控制原材料的价格。

然而在18世纪70、80年代，大量的工匠企业家充分利用了战时生产、城市扩长和现代金融机构发展提供的新机会。他们转向商人经济活动的领域，努力控制他们自己的原材料来源，开始参与进口、出口和批发。对于这些商业导向的工匠群体来说，这样的活动标志着他们背离了大多数工匠保守的商业方法，导致他们日益认同大商人的利益。到1779年和18世纪80年代，大量的费城工匠将拥护商人的自由放任主义原则，反对传统的价格控制政策，支持建立银行，以便获得贷款。 [42]

企业家结合了商人和工匠的功能，他们的出现标志着资本主义发展的一个基本步骤。这也扩大了高级工匠和他雇佣的熟练工之间的隔阂。对那些为广阔市场批量生产的工匠企业家来说，他们不可避免地会把削减工资作为降低成本的方式。[1]

---

[1] Plummer, "Consumer Credit," 390–395; Olton, "Philadelphia Artisans," 67–89, 100–112, 134, 210–212; Morris, *Government and Labor*, 200; Cochran, *Business*, 19–20; Commons, ed., *Documentary History*, III, 34–39. 马克思的评论再次对于理解工匠生产的本质非常有用："虽然城市的行业很大程度上基于交换和创造交换价值，生产的主要目标不是富裕或交换价值，而是维持作为工匠或高级工匠的基本生存和使用价值。生产因此在每个地方都服从于预设的消费，满足需求，并且缓慢增长。" Marx, *Pre-Capitalist Economic Formations*, 118.

当然，今天的熟练工明天会成为雇主的观念并没有突然消失，这将持续到 19 世纪。一位熟练工不仅为他的雇主工作，而且经常会住在雇主家里并与雇主的家人共同进餐。另一方面，即使在 18 世纪 70 年代，所有的熟练工也不会接受他们的利益与雇主相同的传统观念。毕竟，像泰勒公司这样的高级工匠组织的目的之一，就是限制熟练工的最高工资。

然而在 18 世纪 80 年代之前，美国只发生了少量的熟练工发动的罢工——在费城则没有发生——并且没有熟练工利益的组织化表达。熟练工与雇主在运动中联合反对进口，要求保护家庭手工业。当食品价格上涨时，熟练工更倾向于谴责农民、面包师和商人，并且主张政府管制价格，而不是要求提高工资。但是在 18 世纪 80、90 年代，明确的熟练工组织出现，并且发生了罢工，理由是熟练工与未来的独立工匠一样，都靠工资为生。1786 年，印刷业的熟练工在[43]　费城发动了第一场罢工。到 18 世纪 90 年代，熟练工组织在至少 11 个行业中建立，虽然大部分很短命，但是鞋匠群体在这个十年和下个十年发动了大量罢工。在 1806 年，鞋匠群体的领袖因为密谋策划罢工而被定罪，这场著名的审判使罢工最终结束。[1]

工匠被迫卷入市场经济，工匠企业家和他们雇佣的熟练工之间的隔阂越来越大。除此之外，其他基本的变化这些年从整体上影响了费城的工匠共同体和经济。不同形式的非自由劳工在革命时期急

---

[1]　Article 9, Taylor's Company Minutes, 1771–1776, HSPa; Morris, *Government and Labor*, 188–202; Commons, *History of Labor*, I, 25, 75; Montgomery, "Working Classes," 6; Ian M. G. Quimby, "The Cordwainers' Protest," *Winterthur Portfolio*, III（1967）, 83–101.

剧减少，市场日益成为动员劳动力的基本方式。

直到独立战争前夕，不同形式的非自由劳工——奴隶、契约奴和学徒工——占城市劳动力的很大比重。虽然很难得到可靠数字，但是在 1775 年，至少城市中的奴隶、学徒工和契约奴与挣工资的自由劳工和熟练工的数量一样多。[1] 大量非自由劳工证明了特别是在工匠群体内部，传统的家长制劳动关系还没有完全被货币价值和自由市场所取代。奴隶劳动长期以来被许多工匠使用，直到 1772 年，大约 10% 的工匠拥有奴隶。更多的工匠雇佣契约奴和学徒工。在 18 世纪 70 年代初，超过 80% 的城市年轻学徒工受雇于工匠，工匠必须教授他们行业的"奥秘"，为其提供食品、住宿、衣服和教育，来换取学徒工的服从和劳动。到底有多少雇主使用契约奴和学徒工还无法确定，但应该是大多数。1767 年，当鞋匠之火公司（Cordwainer' Fire Company）要求自己的成员为公司采取行动，通过捐款来消除"由于契约奴和学徒工的离开所造成的损失"时，只有一个人宣称自己"没有契约奴或学徒工"，因此拒绝捐款。[2]

[44]

---

[1]　非自愿劳动力的大致规模估计如下：Warner, *Private City*, 6, 估计 1775 年的费城总共有 900 名契约奴和 600 名奴隶——大约与加里·纳什 869 名契约奴和 675 名奴隶的估计差不多。(Nash, "Slaves and Slaveowners," 246.) 关于学徒工的最佳材料是 "Records of Indentures of Individuals Bound out as Apprentices, Servants, Etc.," *Pennsylvania German Society Proceedings*, XVI (1907)。在 1771 年 10 月 3 日和 1772 年 10 月 2 日之间，403 名男性成为费城人的学徒，几乎都是工匠的学徒，平均服务 6.5 年。考虑到逃跑者和那些离开城市的人数，这些数字表明费城在 1775 年大约有 1500—2000 名男性学徒工。

[2]　"Records of Indentures," 1–135; Nash, "Slaves and Slaveowners," 249–250; Cheesman A. Herrick, *White Servitude in Pennsylvania* (Philadelphia, 1926), 74–75; Cordwainers' Fire Company Minutes, November 9, 1767, HSPa.

如果"市场社会"指的是劳动和劳动产品是以现金衡量的商品，并受市场活动的支配，那么前革命时期费城的前市场、家长制劳动体制的持续存在，是费城资本主义发展处于萌芽状态的另一项标志。[1] 然而，到潘恩抵达时，这些非自由的劳动体制已经处于崩溃过程之中。由于奴隶进口的减少和黑人中的高死亡率，费城奴隶的数量在独立前夕急剧减少：1767 年有 1392 名奴隶，到 1775 年减少到不及原来数字的一半。移民在 18 世纪 70 年代初大量涌入，增加了契约奴的数量，但与此同时，那些通常服务了 4—5 年时间的契约奴获得自由，持续增加了自由劳动力的数量。至于学徒工作，尽管大量男孩继续成为商人和工匠的学徒工，通常要 6—7 年时间，但是雇主—学徒关系的道德内容逐渐被更加商业化的联系所取代，雇主的义务通常以金钱的形式得到明确。对于许多雇主来说，雇用学徒工、奴隶和契约奴成为纯粹的商业事宜——与北美殖民地高成本的工资劳动相比，这是一种相对便宜的动员劳动力的方式。[2]

在费城经济生活和社会关系的其他领域，革命一代见证了劳动关系的商业化。1780 年，州议会提出逐渐废除奴隶制；在 10 年之后的第一次人口普查时，费城只有 200 多名奴隶。战争切断了契约奴的流动，而契约奴贸易在 18 世纪 80 年代重新开始，并实际持续到

[1]　Karl Polanyi, *The Great Transformation*（Boston, 1957 ed.），70; Macpherson, *Possessive Individualism*, 48−49.

[2]　Nash, "Slaves and Slaveowners," 236−241, 246; Lemon, *Best Poor Man's Country*, 10; Main, *Sovereign States*, 70-71; Smith, *Colonists in Bondage*, 240; Herrick, *White Servitude*, 207; Ian M.G. Quimby, "Apprenticeship in Colonial Philadelphia"（未出版的硕士论文，University of Delaware, 1963），xiv, 52-53, 60, 71; Clark, *History of Manufactures*, I, 68.

19 世纪。当一半到三分之二的白人移民到达并开始劳动时，契约奴 [45]
贸易再也没有重获殖民地时期的重要地位。而且由于不明原因，学
徒工体制在 18 世纪 80、90 年代迅速衰落。革命为费城带来了自由劳
动市场和一个重要的工薪阶层。[1]

三

非自由劳动衰落，契约奴获得自由，移民稳步涌入城市，所
有这些因素使费城自由下层阶级的人数大量增加，以海员、码头工
人、雇工和非熟练工人为主。很难说革命时期到底有多少这样的人
生活在费城，下层阶级的一个主要特点就是其暂时性。许多人在离
开找工作之前只在费城待很短一段时间。一位地方官员估计，1770
年 11 月费城只有不超过 1000 名海员，他们中的大部分人从来没有
出现在税收名单上。[2] 很大一部分这样的工人明显是穷人，在 18 世纪

[1]　Nash, "Slaves and Slaveowners," 247; Olton, "Philadelphia Artisans," 339; Samuel
McKee, Jr., *Labor in Colonial New York* (New York, 1935), 88; Nettles, *Emergence*, 266–268.
不同的观点可以参见 William Miller, "The Effects of the American Revolution on Indentured
Servitude," *PaH*, VII (July, 1940), 131–141。

[2]　Olton, "Philadelphia Mechanics," 314–315; Nettles, *Emergence*, 314–315; John K.
Alexander, "Philadelphia's 'Other Half': Attitudes Toward Poverty and the Meaning of
Poverty in Philadelphia, 1760–1800" (未出版的博士论文 , University of Chicago, 1973),
33–35; Stephen J. Rosswurm, "That They Were Grown Unruly: The Crowd and Lower-Classes
in Philadelphia, 1765–1780" (未出版的硕士论文 , 1974), 7–12; Bridenbaugh, *Cities in Revolt*,
86–87; John Swift to Customs Commissioners, November, 15, 1770 (draft), Customs House
Papers, HSPa. 雅各布·普莱斯的数字表明，下层阶级的海员、挣工资者、搬运工、渔
民、小贩等组成了税单上 1076 名（ 24.4% ）男性。

60、70 年代，贫穷首次成为费城重要的社会问题。当然，费城的贫困在程度上与 18 世纪欧洲的大城市不可同日而语，那里四分之一到三分之一的居民是乞丐和贫民，另外三分之一的人是"劳动的穷人"，他们很容易在经济危机时期陷入赤贫。"你看到美国没有地方是这样"，一位欧洲访问者评论道，"与之形成令人厌恶和悲伤的对比的是，欧洲的犯罪、污秽、衣衫褴褛和悲惨紧挨着最恣意挥霍的地方。"[1]

尽管如此，在 18 世纪 60、70 年代，穷人的数量和比例稳步增长，费城最穷和最富的人在财富上的差距逐渐扩大。到 18 世纪 70 年代初，410 名成年男性一年中有部分时间会待在像救济院、劳动救济所或为患病穷人服务的医院这样的机构，另外 469 人被认定为破产或没有足够的财产来纳税。其他的无数人得到了各种教会慈善组织和族裔社团的帮助，像圣帕特里克友谊之子（Friendly Sons of St. Patrick）和德裔社区（Deutsche Gesellschaft），或各种工匠组织。每到冬天，需要帮助的人数急剧增加，因为特拉华河的航运很容易因为结冰而停航数周或数月，许多与贸易相关的工作就这样消失了。[2]

[46]

---

[1] Ferguson, *American Revolution*, 39; Allan Kulikoff, "The Progress of Inequality in Revolutionary Boston," *WMQ*, 3 ser., XXVIII（October, 1971）, 375−411; Rudé, *Hanoverian London*, 83; Jeffrey Kaplow, "The Culture of Poverty in Paris on the Eve of the Revolution," *International Review of Social History*, XII（1967）, 278−281.

[2] Alexander, "Philadelphia's 'Other Half;'" Gary B. Nash, "Social Change and the Origins of the Revolution in the Cities," in Alfred F. Young, ed., *Explorations in the History of American Radicalism: The American Revolution*（DeKalb, 1976）; Gary B. Nash, " Poverty in Pre-Revolutionary Philadelphia"（unpublished essay in the possession of Professor Nash）; Samuel Hazard, ed., *The Register of Pennsylvania*（16 vols.: Philadelphia, 1828−1836）, II, 23−26, 379−386; VIII, 384.

潘恩到来之前的 10 年是费城经济长期混乱的岁月，大量的报纸评论穷人数量的增加、济贫税负的增长，以及"流浪汉"与"无赖"导致的问题。贫困成为一个重要问题，影响范围从老人、病人、寡妇和孤儿这些传统上得到救济的人，扩大到更多的费城人。在有工作的人口中，大量的鞋匠、织布工和泥瓦匠，再加上海员和劳工，都得到了制度性的救济。

为了妥善处理新的贫困问题，降低贫困率，一个新的劳动救济所——就业所（House of Employment）在 1767 年开办，根据其管理者的说法，该机构的目标是使"好逸恶劳和得过且过的人在他们的支持下进行必要的劳动"。在几个月之内，这个机构收容了大约 300 名男性和女性，让他们从事缝纫或纺织亚麻和羊毛的工作。在来自贵格会家庭的私人捐款的支持下，劳动救济所成为"具有公共精神的费城人自尊心的来源"。但是，一位来费城访问的人在这个机构开办之后不久参观了那里，他报告说一些被收容者"乞求我把他们带走"。[1]

也有为穷人提供工作的私人努力。1764 年，本杰明·富兰克林认购了一个亚麻品制造厂的股份，募股章程评论了费城贫困的增长，11 年之后，发展美国制造业费城联合公司（United Company of Philadelphia for Promoting American Manufactures）希望它的新纺织厂能够"激发穷人中普遍和值得称赞的勤劳精神，并把养活他们的办法 [47]

---

[1]　Nash, "Social Change;" Alexander, "Philadelphia's 'Other Half,'" 153–165; David J. Rothman, *The Discovery of the Asylum*（Boston, 1971）, 28, 40; Bridenbaugh, *Rebels and Gentleman*, 234; Philip Padelford, ed., *Colonial Panorama* 1775（San Marino, 1939）, 18.

交到多数人手中，后者目前主要依靠公共开支"。到 1775 年秋，工厂雇佣了大约 500 人，包括在自己家中纺亚麻和毛纱的贫穷女性，而且为股东创造了可观的利润。管理者兴高采烈地说，"私人利益，帮助穷人的慈善，以及公共利益"，都在企业中结合在了一起。[1]

我们已经看到存在于技艺纯熟的高级工匠和非熟练工之间的巨大社会鸿沟。工匠的财产，包括他的技能和拥有的工具，将其与单纯依靠体力劳动为生的劳工区别开来，这些劳工经常日复一日地受到雇佣，频繁更换工作，并且被工匠组织排斥在外。工匠住在城市各处，而劳工则住在城市边缘拥挤、肮脏的房子里，那里定期爆发黄热病，并造成可怕的伤亡。虽然工匠和劳工之间的工资差距远小于商人和工匠之间的工资差距，但是除了个别时候，没有证据表明工匠将自己视为城市下层阶级。尽管并不清楚工匠是否完全接受将贫穷与懒惰、挥霍和酗酒相联系的观点（毕竟许多工匠生活在贫困边缘），但是富兰克林的作品当然相信缺乏"勤劳、节俭和清醒"导致了经济上的贫困。自律、节俭和自我完善支配了工匠文化，强调这些的确反映出工匠努力保留自尊和自信，避免跌入依附者和穷人阶层。[2]

[48] 在能够完全理解成功的工匠和穷人之间，或有技能的工匠和劳工与海员之间的关系之前，我们需要了解更多费城所有社会阶层的

---

[1] Labaree, ed., *Franklin Papers*, XI, 314–316; *Pa. Journal*, September 27, 1775; *Pa. Packet*, October 16, 1775; *Pa. Evening Post*, November 16, 1775.

[2] Watson, *Annals*, I, 176, 187; Alexander, "Philadelphia's 'Other Half;'" 15–21, 46–49; Montgomery, "Working Classes," 13–16; Smyth, ed., *Writings of Franklin*, V, 123, 538. Cf. Thompson, *Making of the English Working Class*, 240–244, 253, 262, 740–741, 757–759.

社会生活和群体意识。费城容纳了像德裔移民这样的亚文化，他们中的许多人从未学过英语，上自己的学校，进自己的教堂，并且抵制同化。非洲裔奴隶仍然说非洲的语言，用非洲舞蹈庆祝节日。不同的文化生活也存在于海员和造船工人中，他们的住所集中在城市南部和邻近的萨瑟克地区。[1]

也有许多所有阶层都参与的文化活动。酒馆是社交中心，那里的顾客跨越了阶级界线。的确，商人拥有临近水边的优雅的咖啡馆，那里提供进口的马德拉白葡萄酒（madeira）和波尔图葡萄酒（port），他们与船长也在那里谈生意。许多酒馆主要接待各行业的工匠，无照经营的小酒馆的大部分顾客则来自下层阶级。但是典型的费城酒馆接待来自各种族裔和职业的顾客，那里是社交中心，"花天酒地的年轻人"与饱受贫穷折磨的人在这里交往。赛马、斗鸡和纵熊斗、纵牛斗等血腥运动深受契约奴、劳工、工匠和绅士们的欢迎。酒馆提供了赌博和饮酒的机会，阶级界线在短时间内得到消除。大众体育赛事通常由酒馆店主赞助；一位费城冠军和一位弗吉尼亚选手的赛跑将5000名观众吸引到了费城的一家酒馆中。[2]

然而，一种不同的下层阶级亚文化也存在于18世纪的费城，包括学徒工、契约奴、奴隶，也许还包括一些熟练工、劳工和海员。

---

[1]　Bridenbaugh and Bridenbaugh, *Rebels and Gentleman*, 16; Watson, *Annals*, II, 265; Warner, *Private City*, 11.

[2]　Bridenbaugh, *Cities in Revolt*, 160, 169, 271, 316; Scharfand Westcott, *Philadelphia*, II, 866, 940−941, 981−982; Bridenbaugh and Bridenbaugh, *Rebels and Gentleman*, 21; Warner, *Private City*, 19−20; Robert E. Graham, "The Taverns of Colonial Philadelphia," *Transactions*, American Philosophical Society, n.s., XLIII（March, 1953）, 318−320; Watson, *Annals*, I, 463−464.

[49]　霍加斯（Hogarth）著名的版画重现了 18 世纪英国的一场斗鸡活动。在大西洋两岸，这项流行的运动提供了瞬间打破阶级界线的场合，富人和穷人分享了精彩的场面和赌博的刺激。（Library Company of Philadelphia）

这种文化打破了种族界线并不令人感到奇怪。许多奴隶与学徒工和 [49]
契约奴在工匠的作坊里并肩工作，其他奴隶属于酒馆店主，还有一
些奴隶受雇于造船厂或轮船。奴隶的法律地位和生活更接近于那些
白人契约奴，而不是南方种植园中的黑人奴隶。在 18 世纪一直有对
零售商的抱怨，因为他们不仅卖酒给契约奴和学徒工，也卖酒给奴 [50]
隶。"射击"活动在过去与火药、鞭炮和狂欢活动一起，由德国人引
入，得到了契约奴和奴隶的接受，一直持续到了革命时期。费城的
陪审团多次抱怨星期天的"巨大混乱"，认为这是由"契约奴、学徒
工和许多黑人"造成的。相似的问题也出现在工作日的晚上，"许多
目无法纪的人"在法院门口聚会，"大量黑人和其他人深夜坐在那里，
旁边是牛奶桶和其他东西，造成了那里的很多混乱"。抱怨与禁止这
些和其他类似行为（包括狂欢、化装舞会、街头格斗和庆祝五朔节
（May Day）——年轻男女那天在市郊的树林中举办宴会和舞会，渔
夫则绕着五朔节花柱跳舞）的立法普遍被证明是无效的。[1]

　　费城的下层阶级世界最重要的娱乐和享受是半年一次的"三天
集市"（three-day fairs），在每年的 5 月和 11 月举行，将各种商品、

---

[1]　Darold D. Wax, "The Demand for Slave Labor in Colonial Pennsylvania," *PaH*, XXXIV
（October, 1967）, 331–345; Edward R. Turner, *The Negro in Pennsylvania*（Washington,
1911）, 30–33, 38–41; Watson, *Annals*, I, 62; Morris, *Government and Labor*, 424–425n.; Ellis P.
Oberholzer, *Philadelphia: A History of the City and Its People*（4 vols.: Philadelphia, n.d.）, I, 167–
168; Scharf and Westcott, *Philadelphia*, I, 244; II, 936. 大卫·布莱恩·戴维斯指出，我们几乎
不知道 18 世纪下层白人和黑人之间的联系——北方和南方都认为"独立和不敬的友善者"
非常危险。David Brion Davis, *The Problem of Slavery in the Age of Revolution*（Ithaca, 1975）,
279n. 对波士顿"小巷社会"的分析参见 Robert C. Twombly, "Black Resistance to Slavery in
Massachusetts," in William O'Neill, ed., *Insights and Parallels*（Minneapolis, 1973）, 26–28。

流动艺人和卖酒者吸引到城市经销商这里。在整个 18 世纪，伴随着三天集市的是对"执照、骚乱、种族、赌博和酗酒"的抱怨。早在 1731 年，费城的"不同居民"发现，契约奴"按惯例认为他们在集市时有出去的自由权利"。一些人不仅喝酒和捣乱，而且图谋"逃跑，这比其他任何时候的可能性都大"。这次请愿坚持认为，集市"会腐蚀道德，破坏年轻人的纯真；他们在那时被引诱去喝酒和赌博，并与凶恶的契约奴和黑人混在一起"。尽管有这样的抱怨，集市却继续举办到 1775 年，当时的市长和参事会（Common Council）代表费城"受人尊敬的市民"，向市议会（Assembly）提议废除集市。[1]

[51]　　这种下流的下层阶级文化的许多方面违背了工匠的理想和标准，尤其是思想意识和政治意识。大众文化在许多方面"一定是前启蒙"的。很多工匠都对科学感兴趣，但是在 18 世纪 70 年代，威廉·希彭（William Shippen）医生的家遭到一个暴民的袭击。有谣言称希彭把尸体从墓地移走供医学研究（这冒犯了新教原教旨主义者反对亵渎人类身体的原则），激怒了这位暴民。相信算命、变戏法、"狡猾之人"、鬼屋和女巫的人仍然很多；就在乔尔·巴洛（Joel Barlow）宣称美国是"理性的帝国"（1787）的同一年，一位妇女被指控为女巫，遭到费城民众的杀害。[2]

---

[1]　Watson, *Annals*, I, 364; Labaree, ed., *Franklin Papers*, I, 211–212; Scharf and Westcott, *Philadelphia*, I, 294; iii, 2300; *Pa. Archives*, 8 ser., VIII, 7184–7185.

[2]　Rosswurm, "'That They Were Grown Unruly,'" 25–30; Scharf and Westcott, *Philadelphia*, I, 257; Brooke Hindle, *The Pursuit of Science in Revolutionary America*（Chapel Hill, 1956）, 249–253; Watson, *Annals*, I, 267–273, 375; II, 32. Cf. Raymond P. Stearns, *Science in the British Colonies of North America*（Urbana, 1970）, 512–513.

当然，许多工匠参与像斗鸡这样的大众娱乐活动，并不讨厌空闲时间待在酒馆。但是他们一定对酒馆文化"居高临下地蔑视埋头苦干和拼命硬干"感到不舒服。[1] 更重要的是，最具政治意识的工匠意识到，斗鸡、赶集和赛跑这样的大众娱乐活动由有钱人赞助，成为他们建立自己生活方式霸权的一种手段。的确，对于许多工匠来说，富人和穷人生活方式的共同之处多于他们与工匠生活方式的共同之处。这种对社会上富人和穷人的敌意，以及工匠对彼此价值观和生活方式的认同，体现在费城报纸上一篇描述城市里社会阶层的文章中：[2]

> 商人构成了第一阶层：他们获得了公众极大的信任；投机者、狂欢者、游手好闲者……这些人对彼此极为满意，自称"更好的人"（Better Sort of People）……第二阶层是一批诚实而冷静的人，他们很在意自己的生意；这些人目前很少受到关注，除非成为第一和第三阶层的猎物。

> 第三阶层是小偷、扒手、低级骗子和肮脏的酒鬼。这些人　　[52]
> 不受原则的限制，只受制于属于第一阶层的财富欲望和公众信任……他们可能会在打牌时作弊，也可能是辜负私人信任的无赖，只需要获得数百万的财产，就立刻成为"更好的人"。在一

---

[1] Alexander Garydon, *Memoirs of His Own Times*（Philadelphia, 1846）, 93; Warner, *Private City*, 19−20.

[2] "Wilbraham," *Pa. Packet*, March 24, 1781. 参见 Rhys Isaac 所写的重要文章，"Evangelical Revolt: The Nature of the Baptists' Challenge to the Traditional Order in Virginia, 1765 to 1775," *WMQ*, 3 ser., XXXI（July, 1974）, esp. 351−352, 362。

些情况下，一位拦路抢劫的强盗将会拥有最闪亮的光芒……

在 18 世纪 70 年代初，"第三阶层"和政治意识觉醒的工匠的另一个隔阂是，下层阶级的政治生活仍然弥漫着恭敬服从的政治态度。1776 年，一位作者言过其实地声称，富人和"普通民众"的政治态度都同样具有"贵族色彩"。但他的部分观察是真实的："富人习惯于进行统治，认为这是他们的权利；更穷的平民因此无法进入政府，认为自己根本无权拥有这样的机会。"一年以后，另一位作者评论道，"将富人和穷人放在一个平等的地位上，会使有钱人更有优势。人们普遍钟爱优秀之人，喜欢把最高的职位给予他们"。最富有的费城人和大多数同胞在财富和生活方式上存在巨大差异，以及城市经济利益大都依赖于商业，鼓励了这种态度。政治上的服从并没有妨碍"普通民众"忽视用来压制他们无序的娱乐活动的法律；也没有妨碍费城契约奴获得"粗野和奢侈"的名声。但是，普通劳工和穷人的整个生活状况使各种独立的政治身份变得几乎不可能。对具有政治意识的工匠，比如肖像画家、皮革匠和银匠查尔斯·W. 皮尔（Charles W. Peale）来说，显然需要支配自己的时间来"改善"自己，使一个人"适合公共职位"。[1]

[53]　　在服从的时代，下层阶级表达不满的典型方式并不是建立政治组织，而是发动零星的群众运动。虽然在独立之前的 10 年里，费城

---

[1]　*Pa. Evening Post*, July 30, 1776; "Whitlocke," *Pa. Evening Post*, May 27, 1777; Charles W. Peale to Dr. David Ramsy, 1779? Peale Papers, American Philosophical Society, Philadelphia; "Philadelphia Society Before the Revolution," *PaMHB*, XI（1887），492.

没有波士顿那么多的群众暴乱，但是与18世纪欧美其他城市一样，拥有某种群众运动的传统。与其他地方一样，费城有两种群众运动——自发抗议对传统权利或实践的侵犯，以及更为常见的，群众受到有钱人的召唤和认可，为其政治目的服务。第一类群众运动的例子是，1738年群众袭击警察，因为后者在执行一项禁止在舒基尔河（Schuykill River）上修建鱼梁的法令；1741年，在关于货币和价格的争论期间，群众强迫面包师重新营业；以及发生在18世纪80年代初所谓的"荷兰骚乱"，一群德国妇女拆掉了一个人家里的篱笆，因为他杀死了一些在他的麦田里乱啃的猪。[1]

　　然而整体来看，群众的行动受到统治精英出于个人目的的煽动和指挥。群众运动是18世纪政治生活中可以接受的，几乎是"合法的"组成部分，正如一位时人所写的那样，"商人、议员和地方法官等人在骚乱中直接或间接地联合起来"。因此，例如在1742年，50—70名海员手持棍棒，攻击在法院聚众投票的贵格会教徒，这些海员很可能受到了贵格会政治敌人的唆使。（然而，这并不是说海员没有自身采取行动的理由。一些海员声称，"你们是该死的贵格会教

---

[1]　Richard M. Brown, "Violence and the American Revolution," in Stephen G. Kurtz and James H. Huston, eds., Essays on the American Revolution, （Chapel Hill, 1973）, 94–97, 117–120; Rosswurm, "'That They Were Grown Unruly,'" 18–21, 36–76; Labaree, ed., *Franklin Papers*, II, 363–364; Scharf and Westcott, *Philadelphia*, I, 207; Watson, *Annals*, II, 496; Cf. Gordon S. Wood, "A Note on Mobs in the American Revolution," *WMQ*, 3 ser., XXIII （October, 1966）, 635–642; George Rudé, *The Crowd in History* （New York, 1964）; Thompson, *Making of the English Working Class*, 21, 62. 对美国革命时期的群众最深入的研究参见 Dirk Hoerder, *People and Mobs: Crowd Action in Massachusetts During the American Revolution*, 1765–1780 （Berlin, 1971）。

徒，是乔治国王的敌人，我们将敲碎你们所有人的脑袋"。) 在 1769 年和 1770 年，海员和其他"低等阶层"的人针对海关官员和负责告发走私犯的人发动了一系列暴力袭击。有几个被群众攻击的目标首次遭受了海员的传统惩罚，他们身上被涂了沥青，头上被插上了羽

[54] 毛，然后遭到暴打，并在费城的街道上游街示众。当地的海关收税员认为，海员们"受到商人的唆使"，反对惩罚走私者的行动，但他也注意到，大量的费城人"在内心中认可这种行为"，因为海关官员"被视为大家的敌人"。与此同时，海员们也有自己的委屈：他们原来有权携带少量船上的货物并在港口售卖，但是海关收税员最近开始查扣这些货物。[1]

不幸的是，这些群众的目标和构成仍不确定。海员是城市人口中特别不稳定的群体，而当时人的典型评价将这群人描述为"由男孩子、海员和黑人组成的乌合之众"。也许这主要是为了贬损这群人，而非准确地描述其构成；但也许它准确地将群众运动植根于下等阶级的亚文化中。

然而，一些群众来自范围很大的不同社会群体。1771 年，攻击海关官员的群众被描述为穿着海员的夹克，"但他们中的一些人穿着白袜子"（这是商人精英的服装）。1773 年，出现了在"有钱人"居住

---

[1] Maier, *From Resistance to Revolution*, 1–11, 24, 57–59; Philip G. Davidson, *Propaganda and the American Revolution,* 1763–1783（Chapel Hill, 1941）, 58; Norman S. Cohen, "The Philadelphia Election Riot of 1742," *PaMHB*, XCII（July, 1968）, 313–318; Labaree, ed., *Franklin Papers*, XI, 377n.; John Swift to Customs Commissioners, May 5, October 13, 1769, November 15, 1770（drafts）, Customs House Papers, HSPa; Jensen, Maritime Commerce, 145–152, 273n.; Rosswurm, "'That They Were Grown Unruly,'" 57–63.

的街道上扩建一个公共市场的尝试,居民们每晚都会破坏施工,直到费城放弃这个计划。与在伦敦一样,在费城的群众中,穷人和挣工资的人比商人和高级工匠更多,但与此同时,领导运动的通常是当时人所称的"暴民绅士"(Mobbing Gentry)。[1]

群众运动的传统和殖民地与革命时期政治生活之间的关系极为复杂。一方面,零星的群众运动显然是"前政治"的表达方式。群众要么受到下层的煽动,要么是对直接的民众不满的回应;他们致力于纠正具体的不公正行为,而不是推动根本的政治或社会变革。[55]法律的执行按现代标准来说很不严格,群众运动很能"让人接受",完全是因为群众经常从上层阶级那里获得对自己行为的认可。另一方面,殖民地的辉格派领导人发现,在18世纪60、70年代,群众一旦被煽动起来,有时会处于失控状态。比如在波士顿,《印花税法》违背了群众运动领导人的意志,群众就洗劫了皇室官员的家,然后毁坏了副总督托马斯·哈钦森(Thomas Hutchinson)的房屋。与英国一样,殖民地群众有时表达了对富人赤裸裸的敌意。他们体现了一种大众传统,即赋予反对非正义或专制的官方行为的直

---

[1] Jesse Lemisch, "The Radicalism of the Inarticulate: Merchant Seaman in the Politics of Revolutionary America," in Alfred F. Young, ed., *Dissent: Explorations in the History of American Radicalism* (Dekalb, 1968), 37–82; John Hughes to Lords Commissioners of His Majesty's Treasury, January 13, 1766, Treasury Papers, Class One, 452: 218, PRO (Library of Congress Transcripts); Jensen, *Commerce*, 151; Whitfield J. Bell, Jr., "Addenda to Watson's Annals of Philadelphia: Notes by Jacob Mordecai, 1836" *PaMHB*, XCVIII (April, 1974), 134; Horace M. Lippincott, *Early Philadelphia* (Philadelphia, 1917), 86–87; Summary of letter from John Hughes, October 12, 1765, Treasury Paper, Class One, PRO (Library of Congress Transcripts).

接行动以正当性。[1]

然而，最具政治意识的工匠，虽然有时一定愿意支持群众运动，但并没有把群众运动视为可持续的政治活动的有效方式。穷理查长期被称为"暴民的怪兽"，长着很多头却没有大脑，富兰克林自己则将伦敦群众运动的流行当作英国人普遍道德败坏的证据。从18世纪60年代到独立战争时期，反抗英国统治的领导者通常会限制群众暴力，使反抗处于有序的路径，即使他们将暴力威胁作为一种政治武器。第一届大陆会议强烈谴责"溃败、骚乱或者对任何人的财产进行的放肆攻击，颠覆所有的秩序和政府"。[2] 但是对于这样的决议有许多不同的态度—— 一些殖民地领导人担心暴民一旦被释放出来将很难控制，其他人则希望改变大众政治的性质。像大卫·里腾豪斯这样的激进工匠对"所有的暴民和骚乱非常反感"，不是因为社会上的保守主义，而是因为他想使人从街头回到会议室，建立大众政治表达的长久形式。这样一种态度反映了革命时期政治生活中的一个根本转变。18世纪70、80年代确实是巨大的政治和社会动荡的时期，群众运动在政治生活中继续扮演重要角色。但与此同时，所有阶层的人逐渐卷入政治表达和政治参与的更为"现代"的形式中。1774年，在纽约的一个大众集会上，敏锐的保守派古维诺尔·莫里斯

[56]

[1]　Hobsbawm, *Primitive Rebels*, 6–7, 116; Thompson, *Making of the English Working Class*, 70–80; Gwyn A. Williams, *Artisans and Sans-Culottes*（New York, 1969）, 57–60, 68.

[2]　Labaree, ed., *Franklin Papers*, III, 106; Conner, *Poor Richard*, 136–138; *Pa. Gazette*, June 15, 1774; Maier, *From Resistance to Revolution*, *passim*; Arthur M. Schlesinger, "Political Mobs and the American Revolution, 1765–1776," *Proceedings*, American Philosophical Society, XCIX（August, 1955）, 249.

（Gouverneur Morris）警告说，政治化"使暴民开始思考和变得理性"。[1]

四

费城民众的政治化——包括高级工匠和相当多的劳工和穷 [57]
人——是独立之前 10 年费城政治生活中最重要的发展。高级工匠建
立了自己的组织，提出了自己的诉求，从而在政治中首次成为具有
自我意识的群体，他们长期以来都是整个工匠阶层的代言人。大部
分工匠之所以能够参与政治，是因为尽管大多数人没有达到拥有 50
英亩土地或 50 英镑财产的法定投票资格，可这种资格很少得到严格
执行。但是直到 18 世纪 70 年代，费城的工匠很少在政治中扮演独
立角色，而且表面上服从商人贵族的要求。

工匠群体政治化的原因既存在于费城事务中，也存在于宾州的
政治领域中。宾夕法尼亚"由狭隘的、拥有特权的少数人统治，他
们的权力和政策还处于一个 1701 年之后变动很小的政治架构之内"。
佩恩（Penn）家族是这个地方的主人，既是主要的执政者，也是主
要的土地所有者。总督托马斯·佩恩（Thomas Penn）住在英国，
任命了一个副总督和委员会来代表自己。他依靠面积很大的宾夕法
尼亚地产的收入生活，这是当时西部世界最有价值的土地之一。他
的追随者们建立了所有者党（Proprietary party），利用总督的权力来

---

[1]　Edward Countryman, "The Problem of the Early American Crowd," *Journal of American Studies*, VII（April, 1973）, 79–80; William Barton, *Memoirs of the Life of David Rittenhouse*（Philadelphia, 1813）, 599; Peter Force, ed., *American Archives*, 4 ser., I, 342.

任命法官、治安官和其他公职人员，并且管理西部土地的投资和买卖。州议会的席位没有得到公平分配，由费城周边的商品农业县控制，而在议会没有足够代表的西部边远地区发展很快，受到贵格党（Quaker party）的控制。贵格党最初是一个由富有的费城贵格会商人支配的群体，后来在本杰明·富兰克林的领导下，在18世纪50年代得到扩大，囊括了有能力的专业人员，他们有着不同的宗教背景。贵格党得到了贵格会教徒、东部县的德裔选民和费城工匠的强烈支持，他们都服从富兰克林的政治领导。[1]

[58]　　宾夕法尼亚政治由于1764年的运动而发生转型，它由富兰克林和他的政治伙伴约瑟夫·加洛韦（Joseph Galloway）领导，试图用直接的王室政府取代佩恩家族的统治。所有者党面对这个事关生存的威胁，首次想获得大范围的民众支持。它得到了边远地区的苏格兰-爱尔兰裔长老会教徒的支持，他们对自己在州议会没有足够的代表非常不满，州议会也对保护他们免受印第安人侵害的持续呼吁无动

---

[1]　　William S. Hanna, *Benjamin Franklin and Pennsylvania Politics*（Stanford, 1964），2–3; Benjamin H. Newcomb, *Franklin and Galloway: A Political Partnership*（New Haven, 1972），18–26, 84; G. B. Warden, "The Proprietary Group in Pennsylvania, 1754–1764," *WMQ*, 3ser., XXI（July, 1964），367–389; Rowland Berthoff and John M. Murrin, "Feudalism, Communalism, and the Yeoman Freeholder: The American Revolution Considered as a Social Accident," in Kurtz and Huston, eds., *Essays on the American Revolution*, 267; J. R. Pole, *Political Representation in England and the Origins of the American Republic*（New York, 1966），112–121, 264; Huston, *Pennsylvania Politics*, 130–132, 172. 关于投票资格的最新估计参见 Hawke, *In the Midst of a Revolution*, 34n.; Richard A. Ryerson, "Leadership in Crisis, The Radical Committees of Philadelphia and the Coming of the Revolution in Pennsylvania, 1765–1776: A Study in the Revolutionary Process"（未出版的博士论文, Johns Hopkins University, 1972），441n。

于衷。该党还得到了费城长老会神职人员的拥护，这些人害怕王室政府的体制会威胁到佩恩家族保证的宗教宽容。

在 1764 年选举中，贵格党和所有者党都极力争取民众支持，在全城到处分发尖刻的传单和政治小册子，取悦酒馆中的选民，组织街头游行示威。最终，大约 4000 名费城人参与投票，这是一个前所未有的数字。富兰克林和加洛韦都失去了州议会议席。工匠群体很可能根据宗教来站队，长老会教徒投票支持所有者党，但是其他许多人仍然忠于富兰克林和贵格党。

1765—1766 年的《印花税法》危机使政治形势进一步复杂化。所有者党带头反对《印花税法》，进一步质疑了王室政府的观点，而富兰克林作为宾夕法尼亚在伦敦的代表，支持这项法令，甚至安排自己的朋友约翰·休斯（John Hughes）担任费城的印花税专员。总督的政党帮助煽动对《印花税法》的反对，而那些控制州议会的人要么支持《印花税法》，要么保持沉默——具有讽刺意味的是，这与其他殖民地的政治形势完全相反。自由之子（The Sons of Liberty）在费城从没有流行，因为工匠在其他城市地位很高，仍然忠于富兰克林，甚至保护他的房子免受群众的攻击。"州政治中不幸的异议使我们成为分裂的人民"，一位费城人在 1766 年哀叹道。[1] [59]

---

[1]　Warden, "The Proprietary Group," 367–369; Dietmar Rothermund, *The Layman's Progress: Religious and Political Experience in Colonial Pennsylvania,* 1740—1770（Philadelphia, 1961）, 124–128; Benjamin H. Newcomb, "Effects of the Stamp Act on Colonial Pennsylvania Politics," *WMQ*, 3 ser., XXIII（April, 1966）, 257–272; Huston, *Pennsylvania Politics*, 195–215; Nash, "Transformation of Urban Politics," 626–631; Labaree, ed., *Franklin Papers*, XI, 290, XII, 315–316; Maier, *From Resistance to Revolution*, 80.

建立王室政府的运动在 18 世纪 60 年代结束，但是相互竞争的两党通过改变宾夕法尼亚政治的风格，持续寻求大众的支持。所有者党和贵格党都处于有钱人的牢固控制之下——依靠所有者的人、信奉英国国教和长老会的商人支持所有者党，贵格会精英及其同盟者支持贵格党。越来越多的工匠，甚至劳工开始参与政治，政党领导人通过小册子、演讲和个人竞选的方式获得他们的选票。此外，这些政治呼吁逐渐包括了对英国政策和官员的猛烈抨击。"这并不奇怪"，富兰克林的盟友约瑟夫·加洛韦在 1765 年感叹道，听到所有者党的高级官员"出现在参会的民众面前……他们对整个英国议会进行了极为不敬的抨击。提到英国的大臣时，几乎他们所做的任何事情都很糟糕。值得尊敬的贵族布特勋爵 [首相] 的名字只要被提及，他就要受到公开指责"。[1]

直到 1770 年，这种新的"参与式政治"的结果和反英言论的日益流行并没有威胁到商人对费城政治的控制。但在那一年，围绕汤森税和抵制进口的策略争议改变了费城政治。费城商人与其他城市的商人一样，同意将抵制进口英国货物作为施压手段，使母国取消 1767 年英国议会通过的新税。1770 年春，英国议会几乎屈服，取消了除茶税之外的所有新税。费城与英国有贸易往来的商人现在要求结束抵制进口的行动；他们的贸易已经缩减，而与西印度群岛交易"液体货物"（wet goods）的商人———一般是小商人——与往常一样继续他们的贸易。但是费城的工匠出于显而易见的原因对抵制进

[60]

---

[1]　Nash, "Transformation of Urban Politics," 627–632; Labaree, ed., *Franklin Papers*, XII, 218.

口，从而减少英国的竞争感到满意，现在开始背弃贵格 – 商人党。富兰克林长期的政治伙伴查尔斯·汤姆森（Charles Thomson）是一位商人，坚定支持家庭制造业。约翰·迪金森（John Dickinson）是一位长老会律师，他在 1768 年写下了著名的《农民来信》（*Farmer's Letters*），反对议会向殖民地征税的权利，也谈到制造业的利益。1770 年，工匠们在他们二人的领导下，强烈反对重启与英国的贸易。但是在 7 月份，费城的商人追随纽约的领导，重启了贸易。

1770 年，关于抵制进口的争议改变了费城的政治联盟。一个新的政治团体出现，它由年轻的长老会商人、工匠和律师领导，比如汤姆森、迪金森、约瑟夫·里德（Joseph Reed）和印刷商威廉·布拉德福德（William Bradford），得到了西印度商人和工匠群体的强烈支持。随着建立王室政府的运动结束，贵格党和所有者党精英中的"两类贵族"联合起来反对这种新兴的"辉格"或"长老会"党。本杰明·富兰克林对新联盟的支持，以及在 1771 年到 1774 年间，英国的进口商品前所未有地涌入殖民地，这些都增强了工匠新的政治忠诚，从而加剧了工匠和他们之前在贵格党中的商人盟友之间的裂痕。[1]

---

[1] R. A. Ryerson, "Political Mobilization and the American Revolution: The Resistance Movement in Philadelphia, 1765 to 1776," *WMQ*, 3 ser., XXXI（October, 1974）, 565–568; Olton, "Philadelphia Artisans," 141–156, 364; John J. Zimmerman, "Charles Thomson, 'The Sam Adams of Philadelphia.'" *Mississippi Valley Historical Review*, XLV（December, 1958）, 464–480; Huston, *Pennsylvania Politics*, 234–240; Jensen, *Commerce*, 186–91; Newcomb, *Franklin and Galloway*, 177, 203, 210–213; Labaree, ed., *Franklin Papers*, XVII, 228–229; John A. Schutz and Douglass Adair, eds., *The Spur of Fame: Dialogues of John Adams and Benjamin Rush*, 1805–1813（San Marino, Cal., 1966）, 273; Engal and Ernst, "Economic Interpretation," 23.

　　"反对英国的观点，"一位费城人在革命之后回忆说，"起源于杰出之人。"但是"自由和反抗精神卷入工匠利益的漩涡，占共和国很大比例的群体被称为人民（The People）；在君主制国家，被称为民众（The Populace），或更不敬的说法，乌合之众（The Rabble）或暴民（Canaille）"。此外，"当辉格主义在上等阶层中衰落时，它却在下等阶层中逐渐受到欢迎；因为构成下等阶层的他们由此获得了权力与重要性"。1770 年，第一次主要由工匠参加的政治会议召开，两年之后，高级工匠们建立了一个长期的政治组织——爱国协会（Patriotic Society），支持工匠的候选人，推动有利于工匠的政策，特别是保护工匠免受英国进口商品的侵害。到 1774 年，当《茶税法》和《不可容忍法》激起了新一轮民众抗议和对进口协议的抵制，工匠成为费城政治中具有自我意识的强烈反英因素。18 世纪 60 年代建立的各种法律之外的委员会负责监督抵制进口协议的执行，几乎没有工匠参加。但是 1774 年 11 月当潘恩抵达美国时，一个城市委员会被选出，由年轻的商人、店主和工匠主导。这些工匠是汤姆森－迪金森政党的追随者，决心坚持抵制进口和反英措施，不会像 1770 年那样放弃执行它们。[1]

　　工匠群体的政治化是革命时期最重要的政治变化之一。当然，费城或其他地方的工匠在所有政治议题上并没有完全保持一致。与其他阶层一样，工匠有时会因宗教或族裔因素发生分裂。到 1776 年，大部分工匠是狂热的民族主义者和独立之友，但是铁匠、裁

----

[1]　Graydon, *Memoirs*, 134–135; Olton, "Philadelphia Artisans," 141–148, 161–164; Ryerson, "Political Mobilization," 568–577, 585–587.

[61]

缝、制桶匠、造船工和制帽匠由于自己在 1778 年英国占领费城期间的行为，被宾夕法尼亚议会指控犯有叛国罪。[1]

几乎所有的工匠在一个问题上看法一致：需要对本土商品提供保护，从而免受英国制造业商品的竞争，这个议题打破了传统的 1770 年贵格党中的工匠—商人联盟。贸易保护的要求和对家庭手工业的鼓励将成为 18 世纪 70、80 年代工匠政治中反复出现的压力。但是，为什么那些没有与英国进口商品直接竞争的工匠，以及那些的确经常在费城商业财富中占有个人份额的工匠，会加入具有自我意识的工匠政治？答案不仅在于费城工匠群体的活力，也在于工匠深厚的社会和政治不满中。 [62]

18 世纪末的费城工匠，与同时代英国和法国的工匠一样，在政治意识上开始觉醒，并且明确表达了强烈的平等主义意识形态。工匠逐渐开始厌恶富有的商人对费城经济和政治生活的控制。到 18 世纪 70 年代初，有钱人"厚颜无耻地声称工匠不具有任何重要性"，并且"放肆地说工匠……无权被咨询；也就是说，工匠实际上无权为自己表达或思考"，工匠抨击了这些言论。他们现在公开表达对之前政治安排的不满，因为"一伙领导人"在每次选举前拿出一份候选人名单，"从不允许工匠对此提出肯定或否定意见"。他们为"这座城市的工匠和生产者日益增加的利益和重要性"感到非常自豪，并坚持认为工匠应当在费城选举出来的官员中占有一席之地。他们认为自己与在威尔克斯事件中"参与了崇高斗争的伦敦公民（主要

---

[1] *Pa. Archives*, 4 ser., III, 729.

是工匠）"是一样的。[1]

"技工团体"成为 18 世纪 70 年代初费城政治中的主要力量，由高级工匠这个上层工匠群体组成。与各种行业公司一样，跨行业的工匠政治委员会仅限高级工匠参加。这不过是意料之中的事。正如我们所见，某个具体行业的高级工匠为他们的熟练工和学徒工的利益代言，这种观点在 18 世纪 70 年代前很少受到质疑。保护本国商品免受英国进口的冲击对这些群体和高级工匠同样有利，熟练工作[63]为未来独立的工匠，一般会支持扩大工匠在政治决策中作用的诉求。

在 1772 年到 1776 年间，通过参加爱国协会的集会，以及许多执行公共事务和监督抵制进口协议的委员会，好几百名工匠首次参与了政府运作和政治活动。这本身就是宾夕法尼亚政治中的新现象。[2]但更具革命性的是贫穷的工匠、熟练工、学徒工和劳工的政治化，这是 1775—1776 年动员他们参加民兵的结果。民兵代表一种非常不同的 18 世纪 70 年代初"技工团体"的支持者，到 1776 年时，他们成为宾夕法尼亚政治中一股活跃的激进力量。

宾夕法尼亚的军事系统自 1747 年以来没有发生变化，当时本杰明·富兰克林帮助组织了一个志愿军事协会，设法回避贵格党反对该州建立任何形式的强制兵役的主张。1775 年 4 月莱克星顿和康科

---

[1] Williams, *Artisans and Sans-Culottes, passim*; "A Lover of Liberty and a Mechanics' Friend," *To the Free and Patriotic Inhabitants of the City of Philadelphia*, Broadside, May 31, 1770; "A Mechanic," *Pa. Chronicle*, September 27, 1773; Labaree, ed., *Franklin Papers*, XVII, 249. 参见卡尔·波兰尼的评论："纯粹经济方面的事务……与社会认同问题更加相关，而不是与阶级行为相关。"Polanyi, *The Great Transformation*, 153.

[2] Olton, "Philadelphia Mechanics," 316; Ryerson, "Political Mobilization," 582–588.

德战役之后，宾夕法尼亚才开始建立一支更稳定的军事力量，州议会开始筹集资金准备战争。即便如此，人们还是可以通过支付少量罚金或提供替代者的方式来逃避兵役。[1]

当时的证据表明，费城民兵大部分来自贫穷的工匠和劳工阶层，也包括"许多学徒工"和契约奴。虽然黑人在法律上被排斥在外，但是其中一些人在1775年仍然非法服役；那年年底，"大卫·欧文（David Owen）对招募黑人服役表示疑虑"，他被费城安全委员会（Council of Safety）"送到劳动救济所"。具有贵族色彩的辉格派将民兵描述为"一般是该死的底层人（riff raff）——肮脏、桀骜不驯并且心怀不满"。民兵将自己描述为"由工匠和靠自己的勤劳为生的其他人组成"，他们超过那些"缺少所有诚实生活方式"的家庭，他们值得获得公共救助，在普通工作，甚至是"公共工程"中应当优先被雇佣。[2]一份民兵的请愿书提到，一些成员"由于贫困，没有出现在公共税务手册中"，对比一份民兵连名单和一份出版的费城税单可以发现，在67个名字中，大约一半名字（29个）没有出现在1769年到1781年间的税单上。那些出现在税单上的人包括2位木匠、2位裁缝、1位鞋匠、1位装订工人、1位劳工、1位粉刷工、1位马夫和1位锁匠，几乎所有人都只拥有很少量的财产。另一个民兵连

[64]

---

[1]　Hanna, *Franklin and Pennsylvania Politics*, 32; Ryerson, "Leadership in Crisis," 428–433; Arthur J. Alexander, "Pennsylvania's Revolutionary Militia," PaMHB, LXIX（January, 1945），15–16.

[2]　*Pa. Gazette*, May 1, 1776; *Pa. Archives*, 8 ser., VIII, 7407–7408; Ryerson, "Leadership in Crisis," 441; "The Lee Papers," New-York Historical Society *Collections*（4 vols.: 1871–1874），I, 212; *Pa. Gazette*, February 14, August 28, 1776.

的决议表明，这些工匠中的许多人是熟练工而不是高级工匠，包括"那些只要短时间忽视雇主的生意，就会被剥夺日常食用的面包的人"。1776 年民兵请愿中不断重复的内容是许多民兵"没有被赋予自由选民的特权"，因为他们没有达到选举的财产资格，这并不令人感到奇怪。[1]

对于这些人来说，参加民兵是从群众运动转变为组织化政治的第一步。与英国内战时的新模范军一样，民兵是一所"政治民主的学校"。它很快发展出了一种集体身份和集体意识，一种对自我权利和委屈不满的感觉，包括初级军官在内——他们都由士兵选举产生，甚至许多高级军官也是如此。与新模范军一样，民兵成为了激烈的政治争论和政治讨论的中心，其中的士兵开始与激进工匠和激进知识分子接触。对于德裔群体来说，在民兵中服役成为他们走出不关心政治、自我封闭的族裔亚文化，进入宾夕法尼亚政治主流的第一步。[2]

[65]   在 1775 年末和 1776 年初，民兵士兵的诉求相当简单。第一，他们坚持选举所有军官的权利，不只是根据议会的规定选举初级军官。他们有时甚至建议所有的军官每年由不记名投票选举产生，与选举议员和地方官员的方式一样，"因为年度选举对保证自由民的自

---

[1]   Broadside, June, 1776, Clymer Family Papers, HSPa; *Pa. Archives*, 2 ser., XIII, 579–580; 3 ser., XIV-XVI; 8 ser., VIII, 7406; account of meeting, July 25, 1775, of High Street Ward Militia Company Peters Papers, VIII, 54, HSPa.

[2]   Hill, *World Turned Upside Down*, 51–53, 58, 103; H.N. Brailsford, *The Levellers and the English Revolution*（Stanford, 1961）, 148–151; Arthur D. Graeff, "The Relations Between the Pennsylvania Germans and the British Authorities（1750–1776）," *Pennsylvania German Society Proceedings*, XLVII（1939）, 212–243; Ryerson, "Political Mobilization," 578.

由至关重要"。第二，他们要求所有民兵都拥有投票权，不管他是否符合年龄和财产资格。这是个比初看起来更加激进的诉求，因为它挑战了将学徒工和契约奴排斥在政治生活之外的传统理论——他们在经济上依赖于自己的雇主，缺乏自己的政治意志。第三，他们坚持认为在民兵中服役的范围应当真正广泛，或至少应该要求那些逃避服役的有钱人付出经济上的代价。议会对不服役的人征收 50 先令的罚款太轻了；它为"懒惰、胆怯和心怀不满的人"提供了一种容易的方式逃避服役，而且"是对那些出于爱国主义而服役的人的嘲讽"。

民兵士兵委员会的两名成员是由每个连队选举产生的，它起草的请愿书首次明确表达了来自下层工匠和穷人阶层的人，对费城社会上层和底层之间差距的扩大，以及贫穷状况加加剧的不满。委员会声称，不在民兵中服役的人包括"一些在宾夕法尼亚拥有大面积土地的人"。罚款应当根据"每个人的财产状况按比例征收"，这些罚款被用来支持民兵的家庭，因为"它们的维持原本就依靠这些民兵的劳动"。至于帮助费城穷人的传统方式，一份民兵请愿书明确指出，对贫穷民兵家庭的公共救济非常必要，因为"没有哪个有能力通过自己的勤劳来养活妻子和孩子的人，能够同意按照法律规定的那样，由穷人的监督者来照顾他们"。[1]

民兵的许多请愿书得到了他们长官的认可，这些人拥有大量 [66]

---

[1]　*Pa. Archives*, 8 ser., VIII, 7397–7405, 7409, 7422, 7438–7439, 7449; *Pa. Gazette*, October 11, 1775, March 6, 1776; Elisha P. Douglass, *Rebels and Democrats*（Chapel Hill, 1955），252. 关于马里兰州革命民兵政治的相似观点，参见 David C. Skaggs, *Roots of Maryland Democracy*, 1753–1776（Westport, 1973），156, 167–171。

资产，包括长老会辉格派领导人约翰·迪金森、托马斯·麦基恩（Thomas McKean）、约瑟夫·里德和威廉·布拉德福德。士兵们对大量逃避服役的人非常不满，这些抱怨得到了一些军官的附和，他们告诉议会，期待士兵"仍然坚守在阵地上，而大量一样有能力拿起武器的人却还待在家里……（而且）懦夫、心怀不满的人和美国自由的公开敌人去国外播撒叛乱的种子"，这是"不理智的想法"。

　　但是在官兵关系中也隐含着潜在的紧张。1775 年 5 月，"大量民兵"抱怨由军官推荐的军装"太昂贵了"，并敦促应当允许士兵穿"最便宜的军装……一件狩猎衫"。军装的价格不仅要在"几乎所有人的承受范围之内"，而且这样一套军装将"拉平民兵中间的所有差异"。许多军官相信，士兵们原始的平等主义和对纪律的抵制，会危害真实的军事组织。民兵大会臭名昭著，是因为参加的人"放纵……争吵，进行亵渎神灵的咒骂，并做出暴力的行为"。军官们坚持认为那些征募的军队"通常非常重视冷静和道德品质"，他们还在 1775 年夏起草条款，要求采取行动反对任何士兵使用亵渎神灵的语言，卷入骚乱或醉酒。也许为了回应来自雇主的抱怨，他们在 1776 年规定，在没有得到雇主许可的情况下，契约奴或学徒工不能被征募。当然，这样的规定或许更多是为了执行军队纪律和尊重财产权的需要，但是它们也反映了中等阶层对城市下层不同的生活方式感到害怕。[1]

---

[1]　*Pa. Archives*, 1 ser., V, 186–188; *Pa. Gazette*, September 13, 1775, Supplement, March 6, 1776; Ryerson, "Leadership in Crisis," 374–375; Ryerson, "Political Mobilization," 371–375; *To the Associators of the City of Philadelphia*, Broadside, May 18, 1775; Butterfield, ed., *Rush Letters*, I, 462; *Instructions for Inlisting Rifle Men*, Broadside, March 14, 1776.

TO THE

ASSOCIATORS

OF THE

CITY OF PHILADELPHIA.

A Confiderable number of the Affociators of this city, on confidering the plan of an uniform recommended by a Committee of the Officers, at a late meeting, are of opinion that it will be found too expenfive for the generality, as well as inconvenient to them; that the aforefaid Officers could not, with propriety, take upon them to adopt of themfelves an uniform for the whole city, without the approbation of the people, who are entitled to an equal confultation. That by adopting the cheapeft uniform, fuch as that of a HUNTING SHIRT, as it will level all diftinctions, anfwers the end of coat and jacket, and is within the compafs of almoft every perfon's ability, not cofting at the utmoft above ten fhillings. The officers fay that they did not mean to impofe any particular uniform upon the people, but then they fhould have given the privates an opportunity of making known their fentiments. An uniform is granted by all to be abfolutely neceffary, but let it be fomething cheap, which the generality can afford. A very material advantage which the HUNTING SHIRTS have above the prefent uniform recommended, is that they will anfwer all feafons of the year, as a perfon may wear neither coat nor jacket in warm weather, and in winter he may cloath under them as warm as he pleafes. Had the hunting fhirts been recommended by the Officers, it would have met the approbation of ninety-nine out of an hundred. It is very far from being the intention of the author of this, to make any diffention among the people; and he is forry to be under the neceffity of propofing any alteration in what is feemingly fixed upon. A meeting of the Affociators ought to be called immediately, that each man may have a voice in what fo nearly concerns himfelf. The author is informed that fome of the Captains of the different companies have propofed, that any of the men, who think they are not able to buy uniforms, may be furnifhed by them; now there are hundreds who could not afford it, yet would never fubmit to afk any man for a coat, neither would they appear in the ranks to be pointed at by thofe who had uniforms. The author begs leave to affure his fellow citizens, that no interefted motives are the occafion of thefe ftrictures, actuated only by a with for the general welfare, the œconomy of the uniform, and its being peculiarly adapted to the climate, he hopes will induce thofe gentlemen, who have partly fixed upon an expenfive uniform, to concur in fentiment with him.

may 15ᵗʰ 1775

这份书面抨击证明了弥漫在费城民兵中的"拉平"精神，以及大部分民兵卑微的经济状况。　　[67]

（Library Company of Philadelphia）

[68]　　　这就是美国革命时期和 1774 年到 1787 年间托马斯·潘恩所在的费城。这是一座充满鲜明对比的城市，贫穷的移民和坐着穿制服的奴隶驾驶的四轮马车的富商每天都在街上相遇。费城不仅面积很小，而且所有阶层的人每天都擦肩而过，但是这座城市中的少部分商人却控制了大部分财富，贫富差距在逐渐扩大。作为英属美洲殖民地的首要商业中心，费城参与了大西洋世界的国际市场，但是在城市内部，市场并没有完全控制投资、商业关系、价格或劳动力动员。费城的政治结构由一个政党竞争体系来控制，比其他殖民地更加组织化，更加高级，但是只有在 18 世纪 70 年代，富商对城市事务的严密控制才受到挑战。随着 1774 年大陆会议的召开，费城变成了英属美洲殖民地的政治首都，但是只有在 18 世纪 70 年代，那里重要的工匠群体才作为一个独立力量参与政治生活，而且下层世界的很大部分仍然是群众政治，而非持续的政治活动。社会分层更加固化，但是在许多方面，社会被划分为"绅士"和普通人，而非不同的阶级，社会上层比社会底层更加强调阶级意识。[1]

　　　美国革命从根本上改变了费城的生活。它加剧了多年来已经可见的某些趋势，并非常突然地破坏了其他的传统和制度。在某种意义上，费城在潘恩到来时处于传统和现代之间的平衡状态，而革命

[69] 将大大加速经济和政治生活中新旧形式的转化。银行、公司和其他

---

[1]　关于最后一点，参见 E. J. Hobsbawm, "Class Consciousness in History," in István Mezaros, ed., *Aspects of History and Class Consciousness*（London, 1971）, 5–21; and Asa Briggs, "The Language of 'Class' in Early Nineteenth-Century England," in Asa Briggs and John Saville, eds., *Essays in Labour History*（London, 1960）, 43–73.

现代金融机构的出现，工匠群体中重要部分的商业化，以及自由劳动市场的扩展，都将促使城市沿着资本主义发展的道路前进。大批公民的政治化和州政府体系遭到推翻，将改变费城的政治生活。冲突和对立是这些根本转变的必要组成部分——从争取独立，建立宾夕法尼亚新的选举、代表和政府体制的斗争，到围绕美国社会中通货膨胀、价格控制和银行、公司等机构的合法性而展开的争论——它们将塑造托马斯·潘恩在美国的经历。

第三章 《常识》和潘恩的共和主义

一

[71]   托马斯·潘恩于 1774 年 11 月 30 日抵达费城。他能够感受到这里的政治变化；这些变化支配了城市中酒馆和咖啡馆、家庭和作坊里的讨论。波士顿港口已经关闭，作为对 1773 年 12 月波士顿茶党的惩罚。第一届大陆会议已于 1774 年秋召开，参加者是"美洲最有能力和最富有的人"。来自新英格兰的"亚当斯兄弟"——约翰·亚当斯和他的堂兄塞缪尔·亚当斯——拥护反抗英国的政策，而许多美国独立的秘密支持者则很担心。在会上，宾夕法尼亚的约瑟夫·加洛韦主张采取和解政策，但他的主张以微弱差距被击败，随后大陆会议在 10 月通过了《大陆协议》(Continental Association)，禁止所有与英国和西印度群岛的贸易往来，并要求建立投票选出的地方委员会来执行禁令。费城的辉格派领导人——迪金森、汤姆森和里

[72]   德——凭借自己从 1770 年政治冲突开始建立的在工匠群体中的民意基础，很快控制了费城委员会，并迅速取代了费城的官方政府，获得了在地方事务中的实际权力。

　　潘恩抵达美洲时带着一个并不非常革命的目标，那就是建立一所为年轻女性开办的教育机构。但是富兰克林的介绍信很快使他成为《宾夕法尼亚杂志》（*Pennsylvania Magazine*）的编辑，该期刊由出版商和书商罗伯特·艾特肯（Robert Aitken）创办。从 1775 年 2 月到 9 月，潘恩以杂志日常编辑的身份工作，并在上面发表了自己的诗歌和文章。[1]

　　与 1772 年《税务官事件》一样，潘恩抵美初期的写作展现了对完全成熟的政治观点的略知一二和对英国社会不平等制度的深深怨恨——但也仅限于此，而这些都将很快在《常识》中表达出来。在《宾夕法尼亚杂志》创刊号（1775 年 1 月 24 日）上，潘恩提到了英国的"挥霍"和"举止放荡"，以及美洲的"美德"。美洲人长期以来对这种语言很熟悉，因为它们也出现在英国共和主义者及其美洲信徒的作品中。在另一篇早期的文章《对头衔的反思》中，潘恩写道，"当我反思对不值得尊敬的人授予浮夸的头衔时，我感觉受到了侮辱，我非常蔑视这种荒唐行为"。"尊敬的阁下"这样的"冠冕堂皇的称呼"只会使"迷信的俗人胆怯"，并使他们"崇拜大人物，以及他们本应诚实地加以谴责的恶行"。潘恩也替反天主教情绪发声，它弥漫在英国刘易斯镇的文化中，并且普遍存在于美洲新教徒中间。他批评 1774 年《魁北克法案》，因为它对魁北克居民的天主教信仰给予了官方承认。他认为，"加拿大的天主教和法国式法律是专制主义制

---

[1]　John C. Miller, *Origins of the American Revolution*（Boston, 1943）, 379; Foner, *Complete Writings*, II, 1161; Hawke, *Paine*, chapter 2; Lyon N. Richardson, *A History of Early American Magazines*, 1741–1789（New York, 1931）, 177–179.

度的一部分，它们也是为殖民地准备的"。

因此，潘恩从一开始就认同许多殖民地对英国政府意图的担心。但是在一个问题上，作为真正的贵格会之子，潘恩也对美洲人进行了批评。"出于什么样的一致性或行为准则，"他在一篇登在1775年3月出版的报纸上的文章中问到，殖民地人士"能一边大声谴责对他们的奴役，一边却拥有几十万的奴隶？"[1]

通过在杂志社工作时建立的联系，潘恩在1775年认识了年轻的医生本杰明·拉什（Benjamin Rush），后者在潘恩到美洲之前的几年里就撰文抨击奴隶制。拉什是约翰·亚当斯和其他大陆会议成员的朋友，也是著名的工匠科学家大卫·里腾豪斯的朋友，他已经在私下支持建立一个独立的美利坚共和国。像这样的朋友关系，以及作为《宾夕法尼亚杂志》编辑的身份，使潘恩在费城紧张的政治气氛中得以阐明和改进自己的观念。在抵美第一年年底，他已经熟悉了殖民地与英国冲突的议题和观点，准备将自己文学方面的才华发挥在独立和共和主义问题上。

1775年底的政治形势令人困惑和奇怪。英国军队和美洲人之间的战争4月份就已经在马萨诸塞打响，5月份第二届大陆会议在费城召开，不仅为费城带来了亚当斯兄弟，而且也带来了著名的弗吉尼亚人乔治·华盛顿、托马斯·杰斐逊、理查德·亨利·李（Richard Henry Lee）和帕特里克·亨利（Patrick Henry）。在整个夏天，宾夕法尼亚与其他州一样，积极招募军队，而且反抗英国的军事行动已

---

[1] Foner, *Complete Writings*, II, 18, 33, 49, 54–55, 1109–1110.

经在新英格兰和南方展开。与此同时，在大陆会议上，坚决支持反抗母国的人与主张和解的人展开了争论。后者由宾夕法尼亚的加洛韦和约翰·迪金森领导，他们不再在辉格派中占据领导地位。11 月，大陆会议得知英国政府已经拒绝接受带有妥协色彩的《橄榄枝请愿书》(Oliver Branch Petition)，事实上英国政府去年 7 月时已经通过了这份请愿书。12 月，代表们授权进口火药和军火，并建立一支美洲海军。

[74]

这些进展削弱了和解的可能性，并增强了亚当斯家族、拉什和其他主张从英国独立的人士的力量。但是也有强大的力量阻碍独立。一开始，击败世界上最强大军队的可能性微乎其微，这使人们不愿意支持反叛。美洲一直有服从英国统治的传统，并且作为英帝国的一部分，享有英国人的保护。许多富商、种植园主和律师支配了大陆会议，而且对民众参与政治的高涨保持警觉。在 1774 年和1775 年，法律之外的抵制进口委员会建立，民众对政治的参与随之而来。他们担心战争和独立将激发殖民地内部政治变革的运动。尽管战争正在进行中，英国的权威事实上已经中止，但是大部分政治领导人仍然援引"英国人的权利"来为自己的行为辩护，并没有提出独立的目标，一直希望能够达成和平的妥协。正如潘恩注意到的那样，形势"令人难以置信，完全独立是为了依靠英国"。[1]

潘恩的《常识》出版于 1776 年 1 月，它改变了政治辩论的术语。本杰明·拉什建议潘恩写一本谈论独立的小册子，尽管他提醒

---

[1]　Foner, *Complete Writings*, I, 43; Miller, *Origins*, 416−417, 422, 446, 459.

潘恩，避免使用"独立"和"共和主义"这样的词汇——潘恩没有听从提醒。起初，没有印刷工同意印刷这本小册子，但最终"共和派印刷商"罗伯特·贝尔（Robert Bell，一位臭名昭著的苏格兰人，他公开包养一名情妇，却是费城最有进取心的商人之一）同意印刷。拉什给小册子命了名，他、富兰克林、里腾豪斯、塞缪尔·亚当斯和其他大概 1—2 人阅读了小册子的手稿并做了一些细微的改动，可是主要观点和表达方式都属于潘恩自己。他完全为"这本写于美国革命期间最出色的小册子，也是史上用英语写作的最出色的小册子之一"负责。[1]

[75]

　　"我所有政治作品的动机和目标始于《常识》，"潘恩在 1806 年回忆说，"……它把人们从暴政和错误的制度，以及政府的错误原则中拯救出来，使他们获得自由。"潘恩在《常识》开头没有讨论美洲殖民地和英国的关系，而是分析了政府的原则，并攻击了世袭统治和君主制本身的有效性。潘恩总是认为，《常识》中的共和观点比呼吁独立更加重要。"如果美国只是获得了独立，"他之后写道，"然后建立了一种效仿腐败的英国政府的政府体制，将降低我的热情。美国应当提出并建立代表制政府体制，正如我的著作本身展示的那样，这是我写作中的主要原则。"

---

[1] Worthington C. Ford, ed., "Letters of William Duane," *Proceedings*, Massachusetts Historical Society, 2 ser., XX（1906—1907）, 279; Butterfield, ed., *Rush Letters*, II, 1007; Schutz and Adair, eds., *The Spur of Fame*, 151; *Pa. Evening Post*, February 22, 1776; Daniel J. Boorstin, *The Americans: The Colonial Experience*（New York, 1959）, 309; Bernard Bailyn, "Common Sense", *American Heritage*, XXV（December, 1973）, 36.

在潘恩之前，殖民地的出版物中有一些对世袭统治的攻击，并要求建立共和政府。但是总的来说，共和主义是政治激进主义的一种并不清晰的特征，也是福音派宗教思想的组成部分。乡村派思想家的观点支配了之前殖民地小册子的写作，它并不反对这样一种观点，即英国宪政在君主、议会上院和议会下院中保持平衡，是世界上最完美的政府体制，即使他们认为"腐败"会削弱这种精心调整的结构的稳定性。在《常识》中，潘恩真正改变了政治语言。"共和国"在之前的政治写作中是一个被滥用的术语；潘恩使它成为了一个活生生的政治议题，以及政府的一个乌托邦理想。[1]

潘恩对"过分吹嘘的英国宪政"进行了猛烈的抨击，其中包括 [76]《常识》中最引人注目的段落。他不仅赞扬了英国宪政已经过时的呼吁，认为腐败正在损害英国的自由，而且谴责了君主制本身具有历史合法性的整套观念。他描述了七个世纪前征服者威廉（William the Conqueror）的即位，这成为他最常被引用的段落之一："一个法国杂种率领一帮武装匪徒在英国登陆，并且没有经过当地人的同意就自立为英国国王，用通俗的话来说，带有令人鄙视的流氓色彩……明显的真相就是，英国君主制的历史经不起推敲。"潘恩直言不讳地攻击世袭统治的原则："在上帝眼中，一位诚实的人比所有加冕的恶棍

---

[1] Foner, *Complete Writings*, II, 1480; Wood, *Creation of the American Republic*, 199–200, 223; W. Paul Adams, "Republicanism in Political Rhetoric Before 1776," *Political Science Quarterly*, LXXXV（September, 1970）, 398–404; Maier, *Resistance to Revolution*, 288–295; Pauline Maier, "The Beginnings of American Republicanism," in *Development of a Revolutionary Mentality*, 99–104. 关于福音主义和共和主义，参见本书第四章。

对社会更有价值。"并且："一个最能证明国王世袭权利愚蠢之处的自然证据是，自然界不赞成它，否则她不会屡次安排愚蠢的人继承王位。"英国宪政根本不是世界上最完美的政治体制，国王是"英国的暴君"，英国宪政只不过是"两种古老专制政体的卑鄙的遗存，混合了一些新的共和制成分……国王代表君主专制的遗存……贵族代表贵族专制的遗存"。[1]

潘恩是美洲第一位彻底抨击英国宪政的作者，他还抨击了平衡政府对自由必不可少的观念。的确，他可以使用共和主义者的熟悉语言来攻击英国政府："在目前的状态下……王权的腐朽影响，通过把所有地方交给其处置……有效地侵吞了权力，耗光了议会下院的美德。"但是他与同时代的英美激进派不同，既不美化不腐败的平衡宪政，也不美化一些虚构的盎格鲁－撒克逊历史（尽管他通过援引 [77] "诺曼·约克"的大众传统，含蓄地攻击征服者威廉）。相反，潘恩明确敦促在美洲建立共和政府，虽然只是暗示了它的结构。相比政府形式，潘恩总是对政府原则更感兴趣，但是他确实主张建立大陆议会和基于广泛选举权的新一院制州议会，呼吁通过经常性选举来保证民众的代表性，以及通过制定一部成文宪法，保证人身和财产权利，确立宗教自由。[2]

《常识》随后转向讨论独立问题，这个议题已经在 1775 年的出

---

[1] Foner, *Complete Writings*, I, 4–16, 29.

[2] Bailyn, *Ideological Origins*, 285; Thompson, *Making of the English Working Class*, 86–88; Foner, *Complete Writings*, I, 6, 28; Hawke, *Paine*, 43–44; Christopher Hill, "The Norman Yoke," in Hill, *Puritanism and Revolution* (London, 1958), 50–122.

版物中被零星提及，但是大部分殖民地人士仍然拒绝面对它。潘恩考虑了这个问题，然后逐一驳斥了和解的观点。英国是"母国"，那么背叛它就是忘恩负义吗？"对她的行为更加感到羞耻"，潘恩回答说。"虎毒尚且不食子，即使野蛮人也不会向自己的家人发难。"而且潘恩坚持认为，英国"是美洲殖民地的母国"的观点是错误的，因为"这个新世界是来自欧洲任何地方，热爱公民和宗教自由，并受到迫害的所有人的避难所"。与英国相比，美国弱小吗？恰恰相反，潘恩声称。"认为一块大陆要永远受到一个岛屿的统治，这种观点是非常荒谬的。"独立会使美洲卷入与欧洲列强的战争，并剥夺英国对它的保护吗？"法国和西班牙，"潘恩回答说，"从来没有，将来也不会成为我们美洲人的敌人，而我们如果作为英国的臣民，情况就不一样了。"美洲应当"避开与欧洲的联系，虽然她从来都没有做到过"，尤其当她被困在英帝国之内时。君主制政府导致了常年困扰欧洲的战争，而"欧洲的共和国都……处于和平状态"。[1]

潘恩也面向保守派发言，他说，这些人"害怕独立，担心这将导致内战"。他回答说，独立是不可避免的。由于战争的爆发，所有和解的计划"像过去几年的年鉴；当时虽然合适，但现在已经被取代，变得无用"。唯一的问题是独立如何到来——来自大陆会议的人民的法律声音，来自军事力量，还是来自暴民。实际上，潘恩提醒保守派，他们所担心的"民众的不安"将产生内乱的力量，如果民

[78]

---

[1]　J.M . Bumsted, " 'Things in the Womb of Time:' Ideas of American Independence, 1633 to 1763," *WMQ*, 3 ser., XXXI（October, 1974）, 533–564; Maier, *Resistance to Revolution*, 266-268; Foner, *Complete Writings*, 16-21, 25–26, 32, 41, 44, 400.

众失望的话，将被煽动者在暴动中利用，"最终将像洪水一样清除美洲大陆的自由……你们现在反对独立，你们不知道自己在做什么；你们开启了通往永久专制的大门"。[1]

"我质疑对和解最热情的拥护者，"潘恩宣称，"他们展示了美洲大陆的单一优势，那就是与英国保持联系。"美洲殖民地不仅是英国政治家的玩物，长期卷入欧洲的争端，而且英国的重商主义法规损害了殖民地的经济发展，要为"许多实质伤害"负责。"没有国家能够在依附外国"和"限制贸易"的情况下获得"物质上的繁荣"或政治上的伟大。潘恩描绘了一幅独立的美利坚帝国的远景，那就是与所有国家实行友好政策，并进行自由贸易，由强大的大陆政府来推行，通过国债（"国家债务就是国家债券"）和强大的海军来实现。[2]

到《常识》的结尾，潘恩超越了这些物质上的考虑，用抒情的修辞概括了美国独立的意义。"我们有能力让世界重新开始……新世界的诞生即将来临。"潘恩将捍卫英国人权利的斗争转变为具有全人类意义的竞争：[3]

啊！你们这些热爱人类的人们！你们这些不仅敢于反抗暴政，而且敢于反抗暴君的人们，请站出来吧！旧世界的每个角落都充满了压迫。自由在全世界遭到追捕。亚洲和非洲很早就驱赶

---

[1] Foner, *Complete Writings*, I, 17–18, 24, 27–30, 45.

[2] Foner, *Complete Writings*, I, 18, 20, 32–34, 41. Cf. Williams, *Contours of American History*, 116–119.

[3] Foner, *Complete Writings*, I, 31, 45. Cf. Wood, *Creation*, 43–48, 91–118.

了她。欧洲将她视为陌生人，而英国则已经警告她离开。啊！接纳这个流亡者吧，并且及时为人类准备一个自由的避难所。

《常识》的立即成功和影响简直让人难以置信。当时发行量最大 [79] 的殖民地报纸平均每周卖出 2000 份，普通的小册子出版 1—2 版，大概能卖几千册。而《常识》则出版了 25 版，仅 1776 年一年就拥有了成千上万的读者。它也到了非"读者"手中；2 月，一份来自费城的报告说，小册子"被所有阶层的人阅读"。潘恩之后声称，《常识》卖了至少 15 万册，大部分历史学者认为这个数字基本准确。潘恩欣喜地说，这是"人类使用字母以来最大的销量"。[1]

1776 年春，来自南北 13 块殖民地的报告指出，小册子被"各种各样的人"所阅读，而且使"数不清的人转向支持"独立。一位康涅狄格人说，"你说出了大家的心声。你的作品堪比一场荡涤之前一切的洪水。我们是盲目的，但是在阅读了这些具有启蒙色彩的文字之后，终于看清了真相"。1776 年 2 月，来自费城的一位作者评论道，"殖民地独立的观念在三周或一个月的时间里得到传播"，"成千上万的普通农民和工匠一定是更理性的人，好过一些不受限制的法学家，他们到现在还不愿意放弃可恶的锁链"。[2]

[1] Thomas R. Adams, *American Independence: The Growth of an Idea* (Providence, 1965), xi-xii; Foner, *Complete Writings*, II, 1162–1163; Hawke, *Paine*, 47.

[2] *Pa. Evening Post*, February 13, March 26, 1776; Winthrop D. Jordan, "Familial Politics: Thomas Paine and the Killing of the King," *JAH*, LX (September, 1973), 295; *Pa. Packet*, February 12, 1776.

　　《常识》对独立运动贡献巨大，约翰·亚当斯总是对这个事实表示不满。他坚持认为，有关这个主题的讨论只不过是"对我 9 个月来在大陆会议反复表达的观点的概括而已"。[1] 在某种程度上，亚当斯是正确的，但是他没能理解潘恩小册子的价值。《常识》的确表达了在殖民地长期流行的观点——美洲与欧洲的分离，旧世界的腐败和新世界的单纯，世袭特权的荒谬和未来美利坚帝国的可能性。这些观点都不是潘恩原创的。潘恩真正的创新之处在于，他将它们整合成一个综合性的论点，并将其与美国人的普通经验联系起来。

[80]

　　潘恩提到了殖民地人士多元化的欧洲起源，拒绝把英国作为唯一的"母国"，这在宾夕法尼亚这样的州是不证自明的事情，因为那里的人口完全是多样化的。他讨论了远离旧世界权力斗争的好处，这对美国人来说很容易理解，因为他们记得在 1689 年到 1763 年间，殖民地卷入了 4 场英国与其欧洲敌国之间的军事冲突。他描述了共和政府的好处，确认了殖民地人士的经验，尤其是在新英格兰，那里的人们很早就了解乡镇大会和年度选举中的共和主义，其他人在 1774 年和 1775 年目睹了民选委员会行使政府职能的能力。潘恩提到了与欧洲进行自由贸易在物质上的好处，这对于商人和农民尤其具有说服力，因为他们在 18 世纪 60、70 年代向葡萄牙出口谷物，并获得了高额利润。他设想了一个强大的美利坚帝国，这对于在帝国时代成长起来并对向西部扩张保持持久兴趣的美洲人很有吸引力。

---

[1]　L.H. Butterfield, ed., *Diary and Autobiography of John Adams*（4 vols.: Cambridge, 1961），III, 333.

像本杰明·富兰克林这样最富远见的殖民地人士，长期将新世界视为一个在人口和实力方面超过任何欧洲国家的大陆国家的所在地。（值得注意的是，潘恩、富兰克林和其他人在18世纪领土和商业扩张的意义上使用"帝国"一词，没有任何现代用法所包含的负面感情色彩。比如，潘恩使"仁慈的美利坚帝国"的观念广为流行，并在1778年认为英国在印度的统治"并不是一场灭绝人类的征服"。[1]）

同样令人印象深刻的是，潘恩将大多数殖民地人士认可的以《圣经》为基础的新教教义，用在共和主义和独立的问题上。在《常识》 [81]开头是一些大段引用《圣经》的段落，这是为了证明君主制与真正的基督教以及上帝的话语并不一致。"上帝的意志，"他总结道，"……明确反对君主制政府。"君主制是"魔鬼为推动偶像崇拜而推出的最成功的发明……在任何情况下……都是政治上的教皇制"。富有讽刺意味的是，潘恩20年后在《理性时代》中谴责了《圣经》的权威，而现在却提出这样的观点。约翰·亚当斯告诉潘恩，他认为《常识》中使用《圣经》所做的论证是荒谬的，潘恩笑着"表达了对《旧约》和整个《圣经》的蔑视"，并宣布他打算有一天出版一本关于宗教的著作。[2]

不论《常识》中有关《圣经》的论据对现代读者来说有多乏味，

---

[1]　关于美利坚帝国的概念，参见 William Appleman Williams, "The Age of Mercantilism: An Interpretation of the American Political Economy, 1763 to 1828," *WMQ*, 3 ser.,（October, 1958）, 419-421; R.W. Van Alstyne, *The Rising American Empire*（New York, 1960）, 1-6。潘恩的评论参见 Foner, *Complete Writings*, I, 119；他在1779年再次提到了"帝国的可能性"（II, 202）。

[2]　Foner, *Complete Writings*, I, 10-12; Butterfield, ed., *Adams Diary*, III, 333.

也不论潘恩在这些段落中有多不真诚，他非常理解剥去君主制身上的《圣经》权威，迎合弥漫在 18 世纪美英新教文化中的反天主教情绪很有必要。新教徒将天主教会视为专制制度的本质，认为它拒斥个人自由和自我指导。潘恩在整个小册子中使用《圣经》的想象和语言，比如他对保守派呼吁，"你们不知道自己做了什么"，并将英国国王称为"法老王"。他以世俗化的形式，唤起了新世界即将到来的千禧年希望，以及对完美社会的想象，这已经在"17 世纪末以后说英语的新教徒中间非常流行"。潘恩将千禧年即将来临的语言，转化为对新世界里一个乌托邦的世俗想象。按照千禧年的观点，美洲的过去是上帝的王国在地球上建立的一个重要阶段，潘恩则认为，

[82] 美洲未来的命运是形成一个保护自由并与旧世界隔离的社会。潘恩想象的新世界"只能由一种人建立，他们非常了解欧洲，并痛恨欧洲社会，而且非常渴望得到拯救，在启示的闪光里想象新世界从旧世界获得解放的命运"。[1]

正如我们看到的那样，约翰·亚当斯认为潘恩在《常识》中的观点并不具有原创性。他相信，小册子中没有什么新内容，除了"语言适合新移民，或主要与其同伴相联系，比如'英国的暴君''他灵魂上沾染的鲜血'，以及其他许多同样微妙的语言"。潘恩小册子的独特性不在于开始谈论当时尚被禁止的独立和共和主义话题，而在于他采用了一种新的文学语调和文学风格来谈论这些话题，亚当斯

---

[1] Tuveson, *Redeemer Nation*, 11–12, 20–24, 34–37; Yehoshura Arieli, *Individualism and Nationalism in American Ideology*（Cambridge, 1964），71–73, 269–270.

的这个观点当然是正确的。但他还是没有意识到潘恩成就的意义。如果说革命时代目睹了"美国社会的大规模政治化",《常识》用一种能被广大读者接受的风格写作,对于政治观点的轰动,以及政治参与超越精英阶层进而扩展到所有美国人中非常关键。[1]

当时的人关注《常识》主要是由于它愤怒的语气。想想潘恩如何描述他对莱克星顿和康科德冲突爆发的反应:

> 在致命的 1775 年 4 月 19 日之前,没有人比我更加希望和解,但是在我得知那天事件发生的瞬间,我永远放弃了那个铁石心肠、态度阴沉的英国法老王;我鄙视那个恶棍,那个假冒人民父亲之名,听到人民遭屠杀却能无动于衷,灵魂上沾染了人民的鲜血还能坦然入睡的人。

当时的人描述潘恩的作品具有"大胆的无礼"和"不同寻常的狂热",与之前美国政治小册子墨守律法、富有逻辑的观点和"得体而理性"的语言迥然不同。[2]

潘恩作品的感染力比他对世袭君主制的愤怒抨击更加冒犯了亚当斯,南卡罗来纳的亨利·劳伦斯(Henry Laurens)反对他"粗俗

[83]

---

[1] John R. Howe, *From the Revolution Through the Age of Jackson*(Englewood Cliffs, 1973), 28–31; Margaret M. Willard, ed., *Letters on the American Revolution*, 1774–1776(Boston and New York, 1925), 274.

[2] Foner, *Complete Writings*, I, 25; Bailyn, "Common Sense," 36–39; Bailyn, *Ideological Origins*, 12–19; Inglis, *The True Interest of America*, 34.

的表达方式"。潘恩是政治写作新风格有意识的开拓者，他使用这样的言辞是为了使政治讨论扩展到 18 世纪"政治国民"的狭小范围之外。"我要让那些很少被阅读的东西便于理解，"他曾经写道，"所以我避免所有文学上的雕琢，使语言像字母一样平实。"除了《圣经》之外，他在作品中呈现没有权威的知识。他还将文中使用的一些拉丁短语直接翻译过来，尽量避免使用吸引更有教养的读者的华丽辞藻。

潘恩当然能够创造出色的比喻，比如埃德蒙·伯克对玛丽·安托瓦内特（Marie Antoinette）的命运表示同情，潘恩在《人的权利》中对此做了著名的回应："他同情羽毛，但却忘记了奄奄一息的鸟儿。"他能把幽默当作武器，比如他在《常识》中评论美国谷物"总有市场，因为饮食是欧洲的习惯"。但是他作品的特征是清晰、直接和有力。他使用的词汇和语法非常直接，把读者的注意力从一个论点引向另一个论点。他在《常识》中讨论君主制的开头一段话，是他如何建构论点的绝佳例子。潘恩提到了富人和穷人之间的社会差别，然后继续写道：[1]

　　　　但是，有另外一种更大的差别无法用真正自然或宗教的原因来解释，那就是国王和臣民之间的差别。男人和女人的差别来自大自然，善与恶的差别来自天国；但是，有一类人来到这

---

[1] Douglass, *Rebels and Democrats*, 21; Foner, *Complete Writings*, II, 111; I, 260, 9, 18. 参见潘恩在 1776 年 4 月的一篇报纸文章中使用"独白"一词后的脚注："这部分也许会落入一些不熟悉独白一词的人手中，这个词的意思是'对自己说话'。"Foner, II, 74.

个世界就高于其他人，就像新物种一样高贵，而且他们究竟给
世界带来幸福还是痛苦，都值得探讨。

潘恩并不是 18 世纪第一位面向广大读者写作的作者。像笛福与
理查森这样的英语小说家，以及像艾迪生、斯威夫特和朱尼厄斯这
样的政论作家都运用"平实的英语"，写作"清晰易懂的文字"，潘
恩的文字风格与他们有很多相似之处。这些作者都形成了"让人民
感到通俗易懂"的文学表达风格，阐明"朴素的真理"，并迎合读者
的日常经验。（事实上，潘恩原本打算给小册子取名为《朴素的真
理》，在本杰明·拉什的建议下才改为《常识》。）潘恩也不是英美世
界第一位使用骇人甚至侮辱性语言的小册子作者。在多场殖民地的
选举中，包括费城 1764 年选举，政治对手彼此相互谩骂。潘恩本人
非常熟悉朱尼厄斯辛辣的讽刺作品。朱尼厄斯的代表性作品抨击一
些著名人物，但是与朱尼厄斯不同，潘恩在《常识》开头就声称，
他试图避免"一切个人化的事情"，以及所有"针对个人的褒贬"。[1]
潘恩并不关注名人，而是关心政府的原则。潘恩有意识地努力吸引
读者的理性与激情，这使他的愤怒之情得到缓和。他对王权的猛烈
抨击和对共和主义基本原则的仔细阐述，构成了一枚硬币的两面：
二者都是为了削弱整个专制政治体制。

---

[1]   Watt, *Rise of the Novel*, 29−30, 54−59, 101−104, 194-196; James T. Boulton, *The Language of Politics in the Age of Wilkes and Burke*（London, 1963）, 19−23, 52, 252; James T. Boulton, ed., *Daniel Defoe*（New York, 1965）, 2−9, 15; Hawke, *Paine*, 44; Nash, "Transformation of Urban Politics," 619−629.

潘恩的思想通过他的语气和节奏，以及他对普通人经验的迎合，明确地表达和传递了出来，使所有人都能够抓住政治和政府的本质。他表达了自己对传统和权威的蔑视。潘恩在 1776 年春写到一位报纸上的对手，"在这部分争论里，加图（Cato）把自己隐藏在对其他作者的引用之中，没有对事情本身进行思考；为了回应这一点，我给他提供了一系列格言和回忆，都源于事情的本质，没有借用其他资源"。潘恩没有引用权威和法律判例，而只是提供了"简单的事实、朴素的观点和常识"。潘恩坚持认为，政治应当而且必须简化为易于理解的基本原则："尽管政府科学的奥秘被掩盖，目的是为了奴役、掠夺和强加于人，但它实际上是最不神秘并最易理解的。"潘恩的首要政治原理只是变革的可能性。人们能够在理性的支配下，甩掉传统的重负，并且见到"政府的开始，正如我们生活在时间的开端一样"。[1]

[85]

对于潘恩的批评者来说，他不仅错在攻击政府，而且还降低了语言的价值。古维诺尔·莫里斯讽刺他只是"一个投机分子 …… 没有财富，没有家人或朋友，甚至无视语法"（这个评论似乎更适合像英国这样的庇护制社会，并不适合美洲殖民地）。富兰克林甚至把潘恩的作品送给了一位巴黎的朋友，并直言"这种美国的粗鲁写作方式将在你们这边显得强大"。可潘恩的确是一位有意识的艺术家，他对词语的选择苦思冥想，用心地写作与修改。他意识到自己在创造一种写作风格，"在大西洋这一边迄今不为人知"，正如弗吉尼亚的

---

[1]　Foner, *Complete Writings*, II, 78; I, 17, 376, 571.

埃德蒙·伦道夫（Edmund Randolph）指出的那样。大多数 18 世纪
的作家相信，为大众写作意味着牺牲了对粗糙和琐碎的改善，拒斥
了阳春白雪，迎合了下里巴人。潘恩之前的美国小册子作者，大部
分来自律师、商人、种植园主和牧师这样的社会上层。只有潘恩来
自和大众读者一样的阶层，他们在大西洋两岸如饥似渴地阅读他的 [86]
作品。他的文字风格，他对服从的排斥，以及他的政治共和主义都
是相互联系的：对于潘恩来说，联系的媒介是作品的片段。[1]

　　1776 年 2 月，马萨诸塞辉格派的约瑟夫·霍利（Joseph Hawley）
读了《常识》并评论道："所有的观点都深得我心。"围绕英国是否
有权对殖民地征税的长期冲突，独立战争的爆发，以及乡村派认为
英国政府和社会非常腐败的观点的普遍影响，这些都促使霍利和其
他成千上万美国人准备接受潘恩的观点。1775—1776 年的冬天战斗
升级了——美国人攻入加拿大，法尔茅斯（Falmouth）被烧毁，英
军占领缅因，炮击诺福克，以及邓莫尔勋爵（Lord Dunmore）准备
武装弗吉尼亚的奴隶来对抗殖民地人士，英国决定派遣德裔雇佣兵
援助自己的士兵。所有这些使潘恩对独立的呼吁更有分量。正如乔

---

[1]　Foner, *Complete Writings*, I, xviii; Franklin quoted in Benjamin Vaughan to Lord
Shelburne, December 26, 1782（copy）, Gimbel Collection, American Philosophical Society;
"Edmund Randolph's Essay," *Virginia Magazine of History and Biography* XLIII（1935）,
306, Bailyn, *Ideological Origins*, 13–17. 我对潘恩文字风格的分析受到了汤普森的杰出探讨
的影响，*Making of the English Working Class*, 90–92; Harry Hayden Clark, "Thomas Paine's
Theories of Rhetoric," *Transactions*, Wisconsin Academy of Sciences, Arts and Letters,
XXVIII（1933）, 307–309; J.H. Plumb, "The Public, Literature and the Arts in the Eighteenth
Century," in Paul Fritz and David Williams, eds., *The Triumph of Culture: Eighteenth Century
Perspectives*（Toronto, 1972）, 27–48; 尤其是 Boulton, *Language of Politics*。

治·华盛顿所言，"在法尔茅斯和诺福克展现的一些激烈观点，增强了小册子《常识》中包含的纯正道理和无可辩驳的论断，不会使 [大陆会议] 的成员在决定是否独立的问题上茫然无措"。

当然，《常识》并没有"导致"独立的运动或决定。《常识》出版六个月之后，大陆会议才批准了《独立宣言》。但小册子难以置信的影响力源自这个事实，那就是它恰好出现在一个重要时刻，即美国人准备接受潘恩对和解观点的抨击，而且潘恩迎合了潜在的共和主义、殖民地人士的物质利益、对新世界未来广泛的理想主义期望。潘恩明确指明了与英国斗争的深刻意义，因为多数读者之前仍[87]然希望获得英国人的所有权利。潘恩还从像反天主教和"诺曼·约克"这样深厚的大众思想传统中得出了新的世俗化与共和主义的结论。潘恩用一种新的写作风格和新的政治语言来完成这一切，"打破了缓慢凝结在革命运动中的坚冰"。[1]《常识》的成功反映了一个人与他所处的时代、一位作者与读者之间的完美结合，它还宣告了潘恩成为革命时期最出色的政治小册子作者。

二

从 1776 年到去世，潘恩政治和社会观点的特征一直保持不变。潘恩自己声称，他 18 世纪 90 年代的著名小册子《人的权利》与《常识》

---

[1]　James T. Austin, *The Life of Elbridge Gerry*（Boston, 1859）, 163; Hawke, *Paine*, 47; Miller, *Origins*, 467.

基于"相同的原则","两部著作的唯一区别是,一部为英国的当地情况而作,另一部为美国的当地情况而作"。[1] 在一些具体问题上,潘恩的观点1776年后发生了一些变化,可他总是坚持政治和社会平等主义,反对君主制和世袭特权,倡导美利坚民族主义(与向海外传播自由的世界主义兴趣相结合),相信商业和经济发展的好处,这些他都在《常识》中做了明确阐述。所有这些共同构成了潘恩综合而独特的共和主义意识形态。

对于潘恩而言,真正的共和制政府不在于政府的"独特形式",而在于它的目标:"公共利益"。潘恩的作品中多次提到了"派系的邪恶企图",主张要避免"党派统治"。在某种意义上,阶级和政党冲突都与共和主义的本质不相容。潘恩相信,共和主义"不容许与国家不同的利益"。对于潘恩来说,立法应当只反映人民的共同利益,而不是私人的或狭隘的需要。"对任何个人重要的东西,对所有人也是如此,"潘恩在1779年写道,"因为财富就像水一样,很快就布满表面……"[2] [88]

人民尤其在起来反抗统治者时是一个共同体,拥有可辨识的共同利益,这个观点为大多数美国共和主义思想家所认同。这也就是为什么美国的政治领导人会认为组织化的政党制造了分裂和危险,这个小的特殊利益群体的工具违背了公共利益。然而,在共和思想中有一个内在的矛盾,或至少是模糊之处,那就是洛克式的思想强

[1] Foner, *Complete Writings*, II, 910. Cf. II, 1491.

[2] Foner, *Complete Writings*, I, 369, 343; II, 191; Daniel J. Sisson, *The American Revolution of 1800*(New York, 1974), 42.

调自然权利，认为社会由相互竞争的个人组成，每个人都追求自己的幸福，而公共利益的观念似乎与更早的社会团体观念类似。

到 18 世纪 80 年代，美国的政治思想开始接受社会冲突是不可避免的观念，在这样的社会里，公民的个人自由能够得到保障。詹姆斯·麦迪逊（James Madison）在他关于联邦宪法的文章中最为鲜明地表达了这种观念。麦迪逊拒绝接受社会是由拥有"完全相同的利益"的个人所组成的观念，他认为这是"完全虚假的"。没有社会"曾经或能够由大批同质的公民组成"。因此，必须要仔细构建政府，平衡相互竞争的群体利益，避免任何一个派系侵犯他人的自由。对于麦迪逊来说，代表制政府不是乌托邦式的试验，而是能够避免自利的派系毁灭国家的组织化工具。（但是麦迪逊的观点也代表了独特的美国个人主义哲学的一个发展阶段，这个概念失去了它原本狭隘的自利含义，开始具有道德自由和自由规则的含义。[1]）

[89]　　潘恩自己也很难避开共和主义中个人主义和集体主义内涵之间的张力。他接受了被称为"占有性个人主义"（possessive individualism）的基本原则——个人自由不可侵犯，因为它是财产的一种形式。在他写于 1775 年的早期反奴隶制的文章中，他批评奴隶主是窃贼，并认为"奴隶是其个人自由的合适拥有者，并有权收回

---

[1]　　Wood, *Creation*, 57–59, 607–612; Richard J. Buel, Jr., "Democracy and the American Revolution: A Frame of Reference," *WMQ*, 3 ser., XXI（April, 1964）, 169–170; Richard Hofstadter, *The Idea of a Party System*（Berkeley, 1969）, 9–12, 29–30; Sisson, *The American Revolution of 1800*, 26–40; Saul K. Padover, ed., *The Forging of American Federalism*（New York, 1965）, 40–43; Arieli, *Individualism and Nationalism*, 193.

它"。在 1778 年，他明确声称，"我把自由当作个人财产"。但是潘恩从不相信个人利益和公共利益之间存在冲突。他坚持认为，"公共利益并不是与个人利益对立的术语。恰恰相反，它是每个个人共同组成的利益。它是所有人的利益，因为它是每一个人的利益"。

在某种程度上，是麦迪逊而不是潘恩，对共和制社会中阶级冲突的可能性持一种更加现实的态度。麦迪逊相信，这种冲突不可避免，因为财富的不平等分配导致了"那些拥有财产和没有财产的人"之间有不同的利益。这真是莫大的讽刺。麦迪逊的观点反映了弗吉尼亚奴隶主阶级对无产白人的不满情绪可能带来的危险的认可，这来源于 17 世纪培根叛乱时期。在 18 世纪，大量进口黑人奴隶减少了将大批劳工阶级完全排斥在政治社会之外的危险。通过完全解决劳工阶层政治权利的问题，奴隶制使富有的种植园主拥护麦迪逊主张的共和主义和代表制政府。[1]

潘恩没有像麦迪逊那样习惯于共和国中阶级冲突的危险，部分是因为——像许多其他欧洲人一样——新世界对财产的平等分配，以及相比于欧洲更高的生活水平，它们令潘恩印象深刻。"世界上任何地方的人都没有在美国生活的 300 万人生活优裕，或拥有这么多能力，"潘恩在 1782 年写道，"一位勤奋工作的普通劳工的工资，与英国商人的平均工资相同 ……在美国，几乎每个农民都能靠自己的 [90]

---

[1]　Macpherson, *Possessive Individualism*, 263–266; Foner, *Complete Writings*, II, 17, 286, 372, 578; Cooke, ed., *The Federalist*, 58–65, 351–352; T.H.Breen, "A Changing Labor Force and Race Relations in Virginia 1660–1710," *Journal of Social History*, VII（Fall, 1973）, 3–25.

土地生活，而在英国只有不到百分之一的农民能做到这一点。"[1]

　　这种对美国平等状况的印象有助于解释潘恩为什么相对不太关心政府结构。麦迪逊和其他建国之父是富有远见的商人、种植园主和律师的跨殖民地联盟的发言人，他们非常小心地建构一个政府，其中不同的分支和权力（还有阶级利益）彼此之间保持平衡。潘恩是一位对实际政治事务不负直接责任的小册子作者，相信政府越简单越好。的确，与当时几乎所有的政论作者不同，潘恩没有明确区分共和与"民主"。在18世纪的政治语言中，"民主"还没有获得它的现代含义——它只适用于那些所有民众直接参与政府运作的国家，意味着无政府状态和永久性动荡。在一个大国，直接民主显然不可能，人民选举代表变得不可避免。但是对于大多数美国辉格派来说，代表制的意义不只是为了方便。共和主义者的意识形态塑造了美国的辉格派思想，他们认为人性易受腐蚀，基本上是自利的，并受激情而非理性的控制。正是由于这种人性的自然"堕落"，民主变得不再适宜：一部好的宪法需要一个"混合"政府来制衡人民的激情，同时代表他们的利益。[2]

---

[1]　Foner, *Complete Writings*, I, 203. 潘恩的评论参见 *Pa. Packet*, April 4, 1782, 那时正处于革命战争期间，"贫困这样的现象*开始出现*"。

[2]　Regina M. Morantz, "'Democracy' and 'Republic' in American Ideology, 1787–1840"（未出版的博士论文，Columbia University, 1971），14–30; Giovanni Sartori, *Democratic Theory*（Detroit, 1962），262; Bailyn, *Ideological Origins*, 57–61; Cooke, ed., *The Federalist*, 31, 58–59, 97, 349, 378; Wood, *Creation*, 205; Richard Hofstadter, *The American Political Tradition*（New York, 1948），3–8; Arthur O. Lovejoy, *Reflections on Human Nature*（Baltimore, 1961），37–65.

潘恩有时也认同这种消极的人性观。他在《常识》中写道，政府是"一种当道德德性不能统治世界时的必要治理模式"，在另一个 [91] 著名段落中，他引用了宗教对人性堕落的描述，并解释说：

> 像衣服一样，政府是失去纯真的标志；国王的官殿建立在天国凉亭的废墟之上。如果良心的冲动是清晰和一致的，并且必须得到遵循，那么人类就不再需要另设立法者……

然而从总体上看，潘恩持一种极端乐观的人性观，或至少相信人类具有完美的可能性。他相信人类有能力遵从理性的召唤来行动，而不受激情和狭隘的自利的影响。正如潘恩把新教徒有关上帝统治的千禧年愿景转变为一种世俗化的乌托邦想象，他帮助建立并宣扬持续进步和人类完美的新世俗观念，它诞生于 18 世纪。之前的理论家认为人类历史要么根据神圣的救赎计划来展开，要么是帝国兴衰的周期性循环。而关于进步的新的现代观念不认同通过上帝的干预建立一个静止而完美的国家，而认同一个改善未来的开放过程，它由人类深思熟虑的行动来完成。[1]

由于潘恩认同人类完美的观念，而且他对人性持乐观态度，所以他能够无视政府制衡的需要，甚至也鄙视作为一种政府形式的"民

---

[1] Foner, *Complete Writings*, I, 4–6; Stow Persons, "The Cyclical Theory of History in Eighteenth-Century America," *American Quarterly*, VI（Summer, 1954），147–163; John Passmore, *The Perfectibility of Man*（London, 1970），158–159, 195–196, 200–201; Tuveson, *Redeemer Nation*, 66–67.

主"。潘恩没有明确区分"共和"与"民主",他反对直接民主只是因为它"不方便",并将共和制界定为"将代表制嫁接在民主制上"。这种定义可能只是因为潘恩相信"人如果没有被政府腐蚀,那么天生就是其他人的朋友,人性本身并不邪恶"。[1]

[92] 　　潘恩之所以认同简单的政府结构,不仅是基于他的人性观,而且基于他政治哲学的核心观点,即对于社会和政府的区分。潘恩在《常识》的开头部分明确地表达了这一点:

> 　　一些作者将社会和政府混为一谈,对二者很少或不做区分;然而二者不仅相异,而且起源也很不同。社会来自我们的需求,而政府源自我们的邪恶;前者通过凝聚我们的感情,从积极方面提升我们的幸福,后者通过约束我们的罪恶,从消极方面提升我们的幸福。社会推动交流,政府制造差异。前者是守护者,后者是惩罚者。社会在任何状态下都给人带来好处,而政府即使在最佳状态下,也不过是一种必要的恶。

　　像这样的段落反复出现在潘恩的政治作品中,一些作者据此将他放进"无政府主义鼻祖的万神殿中"。

　　潘恩对社会和政府所做的区分可以得出这样的结论,即社会是自然和令人愉悦的,而政府则是强制和令人压抑的。潘恩在《人的权利》中写道,1775 年和 1776 年的美洲形势令他印象最深的一点是,尽管

---

[1]　Foner, *Complete Writings*, I, 371−372, 397.

"旧政府暂时停摆……但一切都有序而得体"。他由此得出结论，大部分"人类的秩序并不是由政府建立的"。"秩序来源于社会的原则和人类的自然法。它先于政府而存在，如果政府被废除，它依然会存在。"[1]

与潘恩的许多观点一样，这个观点并不是潘恩的原创。对潘恩而言，这个概念与他思想的牛顿式框架以及他有关经济发展的观点密切联系。就像牛顿式宇宙一样，社会的自然状态和谐而有序。正是政府——即外来干预——扰乱了这个自然秩序，腐蚀了人性，用 [93] 竞争和压制取代了和谐。

商业巩固社会的自然秩序，是保持社会团结的重要力量，就像牛顿式宇宙中的地球引力。潘恩明确使用科学术语来描述社会关系："没人能在缺乏社会帮助的情况下满足自己的需求；那些需求对每个人都起作用，促使他们都融入社会，就像引力对中心的作用一样。"由于个人和国家间的商业交换很正常，潘恩总是像他自己描述的那样，"是商业的拥护者"。他相信，"社会上所有的重要规律都是自然规律，无论是个人之间还是国家之间的贸易和商业，都遵循共同和互惠利益的规律"。这样一种观点正如我们所见，使潘恩很乐于接受自由放任主义经济学，因为允许政府干预贸易和商业的"自然规律"是非常愚蠢的。但这也成为潘恩认为政府没有人们习惯的那样必要的观点的基础。在潘恩看来，共和政府应当"只是一个按照

---

[1]　Foner, *Complete Writings*, I, 4–5, 357, 406; George Woodcock, *Anarchism*（New York, 1962）, 50.

社会原则行事的全国性组织"。[1]

这种对社会和政府的区分，有助于解释潘恩对一个没有阶级冲突或经济压迫的共和国的设想。潘恩的确是一位对欧洲社会秩序的雄辩而严厉的批评者。他能够评论"普通观察者看不到"的"大多数的不幸"，它们"只能在贫穷或罪恶中结束"。但是导致这种不幸的原因是政治的而非经济的：贫穷的存在表明"政府体制一定出了问题"。潘恩认为压迫性的税收是导致欧洲贫穷的主要原因——这是权力过大和不公正政府破坏性影响的又一个例证。他在《人的权利》中提出了一个富有开创性和远见的社会福利计划（他从未表示这些社会福利措施需要适用于美国），他改善社会不公的主要办法是建立共和制政府。"当我们审视君主制和世袭制政府体制下人们的悲惨状况时 ……可以明显发现那些体制很糟糕，一场政府原则和政府结构的革命十分必要。"[2]

[94]

因此，潘恩没有把财富不均归因于经济压迫，尽管他在这个问题上的观点一生都在变化。在《常识》中，潘恩秉持一种典型的洛克式私有财产观念，将经济不平等的原因归结为个人在天赋、勤劳和节俭方面的差异。他声称，"富人和穷人之间的差异可以得到很好的解释，不必使用压迫和贪婪这样刺耳、难听的字眼。压迫通常是富人致富后的结果，但很少或从来不是致富的手段"。大概 20 年之

---

[1]　Sheldon Wolin, *Politics and Vision*（Boston, 1960）, 130–131, 291–292, 308–312; Elie Halévy, *The Growth of Philosophic Radicalism*（London, 1934）, 189–191; Foner, *Complete Writings*, I, 357–361, 400.

[2]　Foner, *Complete Writings*, I, 404–405, 341.

后，潘恩在《论政府的首要原则》(*Dissertation on the First Principles of Government*) 中，用几乎同样的语言重复了相同的观点。

只有在 1796 年写于法国的《土地正义论》(*Agrarian Justice*) 中，潘恩首次抨击贫穷的原因是富人对穷人的压迫。在这本小册子里，他呼吁政府直接向每个成年公民付款，作为对土地私有产权导致的土地自然权利损失的补偿。但是甚至在《土地正义论》中，潘恩也反对一部分割现有财产的"农耕法"。[1]

潘恩在写于 1791 年的《人的权利》中指出，"我发现了美国人民生活方式的一般特征，生活在君主制国家的人对此都不太了解；而且我发现美国政府的原则，即人权平等原则，正在全世界迅速发展"。将美国的经济富裕与其共和制政府形式联系起来，成为潘恩社会分析中的关键元素，有助于解释他为什么没有把财富不均归因于经济上的压迫。在一个共和国里，没有理由在富人和穷人之间，或雇主和雇员之间制造对立。在美国，"穷人没有受到压迫，富人也没有特权。工业没有由于花费很高的成本建造奢华的房屋而蒙羞。他们的税负很少，因为他们的政府很公正"。 [95]

这段话表明，潘恩关于共和国没有阶级冲突的观点有一个重要的例外——欧洲拥有特权的贵族和世袭君主居于和谐的公共利益之外。换句话说，只有通过个人努力，而不是由于特权而获得的财富和财产才具有合法性，并为社会福利做出了贡献。潘恩在《人的权利》中反

---

[1]　Foner, *Complete Writings*, I, 9, 618−620; II, 580.

驳埃德蒙·伯克为上议院所做的辩护时很好地解释了这种区别：[1]

> 那么，伯克先生为什么把贵族院说成是土地利益的支柱呢？如果这个支柱没有了，同样的地产将继续存在，同样的耕地、播种和收获仍将继续进行。贵族不是在地里劳动和提高产量的农民，只不过是依靠地租收入的消费者；同生机勃勃的世界相比，他们就是一窝雄蜂，既不采蜜也不筑巢，活着只是为了懒惰的享受。

当然，这样的控诉在英国有更加激进的影响，因为它挑战了法定特权和贵族制政府的结构，而美国缺少拥有头衔和法定特权的贵族阶层。潘恩从来没有像对待英国贵族那样愤怒地谴责美国"贵族"。他呼吁广大民众不要信任富有和自命不凡的人，这得到了费城所有精英之下阶层的支持。正如他在 1778 年写的那样：

[96]
> 部分富人与极端贫穷的人一样，缩小了人们的交际圈，减少了了解普遍知识的机会。但是那些根据情况选择正确方向的人，在现实世界中很难找。要想轻松获得并使用收益，必须要有来自商业的知识。这是自己经营的生意。

最后一句话极为重要。因为它将潘恩的共和主义植根于一个小

---

[1]　Foner, *Complete Writings*, I, 326, 355, 412.

生产者——工匠和农民——的社会，与社会的其他成分完全不同，潘恩称后者"自己不生产任何东西"。对于被称为"生产者阶级"的人来说，财富是努力工作和良好运气的结果，与特权或家族关系无关，而且积累大量财富的可能性很小。但获得财富的方式比财富的数量更为重要。[1]潘恩认为共和国能在社会方面保持和谐，因为共和制政府会切断贵族收入的来源——世袭特权、宫廷闲职和政府恩惠，并且允许公民社会的自然法则完全发挥作用，确保所有阶级分享经济上的富足，而且财富不均将反映个人能力和个人努力方面的差别。

那么穷人的情况呢？上面那段话显示，潘恩区分了"拥有自己生意"的人和那些"极端贫穷的人"以及"部分富人"。像许多其他了解贫穷并使自己摆脱贫穷的人一样，潘恩没有把需求理想化。早在 1772 年，他就在《税务官事件》中写道，"贫穷无视原则，导致一定程度的吝啬，并波及到几乎所有事情上"。尽管潘恩嗜好饮酒并喜欢酒馆社会，但他明确与下层阶级文化的许多方面划清界限。与他的朋友查尔斯·W. 皮尔一样，潘恩相信"理性的娱乐活动"优于斗牛和斗鸡，1775 年他还在《宾夕法尼亚杂志》发表了一首反对虐待动物的诗歌。1777 年，他声称"纽约所有的妓女都是托利派"，而且费城"支持托利派的计划都在普通的妓院中协商和进行"。[2]   [97]

潘恩也反对下层阶级传统的政治表达方式——群众运动。"是时

---

[1]   Foner, *Complete Writings*, II, 286, 1142.

[2]   Foner, *Complete Writings*, II, 11; I, 90; Charles Coleman Sellers, *Charles Willson Peale*（New York, 1969）, 331–332; *Pennsylvania Magazine*（May, 1775）, 231–232.

候结束涂沥青和插羽毛的行为了”，他 1777 年写道，一年以后他声称，“当拥有赔偿的法律方式时，我从来没有，将来也不会鼓励可以被恰当地称为暴民的行为”。10 年以后，他甚至更加坚持认为“共和的形式与原则没有给起义留下空间，因为它提供和建立了一种正当的替代方式”。[1] 此外潘恩知道，在英国，暴民经常由于教会和国王的原因，以及为了威尔克斯和自由而聚集起来。群众通常是原教旨主义者——在费城和波士顿，群众攻击解剖尸体的医生，而且波士顿的群众拒绝在周六和周日晚上行动，因为它们被新英格兰人视为神圣的时刻。而潘恩是一个自然神论者。他写到英国的群众运动经常由“政府本身鼓励的偏见”所推动。只有当群众放弃“对专制权力、木鞋、教皇和诸如此类事物的呼喊和担忧”之后，才能把他们的注意力“转向自己国家的贵族”。[2]

对于潘恩来说，产生暴民的原因是贫穷，而贫穷的原因是坏政府；二者都在共和主义出现后消失。正如潘恩在《人的权利》中解释的那样：[3]

> 在欧洲所有国家里，都有大批在英国被称为“暴民”的人。这伙人 1780 年在伦敦纵火破坏，在巴黎把人头插在杆子上……

---

[1] Foner, *Complete Writings*, I, 63; II, 289, 369.

[2] George Rudé, "Popular Pretest in 18th Century Europe," in Fritz and Williams, eds., *The Triumph of Culture*, 293−295; Rudé, *Crowd in History*, 138−140; Foner, *Complete Writings*, II, 1296; I, 359; Maier, *Resistance to Revolution*, 13.

[3] Foner, *Complete Writings*, I, 265−266. "1780 年的骚乱和暴行"这一术语指的是那年伦敦的戈登骚乱。

那么，伯克先生为什么要用这种暴行来指控全体人民呢？按照这种逻辑，他也可以用 1780 年的骚乱和暴行来指控伦敦全体市民。（但）即使是那些犯了这些案的人也值得我们思考。那些被称为"粗野无知的暴民"的人，在所有古老的国家中为数众多，究竟是什么原因造成的 …… 暴民的出现是不可避免的，这是包括英国在内的欧洲所有旧政府结构不良所造成的结果。广大民众被贬低成为人类图画的背景，使国家和贵族导演的木偶戏更加抢眼。

[98]

这段话令人印象深刻的不仅是潘恩对暴民行动的反感，而且是他对穷人的同情。与许多共和主义作者一样，潘恩相信"自由会被依附损害"。但与他们不同的是，潘恩没有只是满足于谴责穷人的懒惰，或像约瑟夫·普里斯特利那样，认为贫穷的原因是在饮酒上花费过大；增加税收会对穷人有利，因为它会使穷人减少花费在酒精上的钱。[1] 潘恩的确把穷人描述为"没有受到道德方面的熏陶"，暴露在"罪恶和法律暴行"之下。但如果穷人被腐蚀，那也是由于政府。在欧洲建立共和政府，与废除济贫税和累退税、帮助失业人士、实行自

---

[1] Foner, *Complete Writings*, II, 399; Joseph Priestley, *An Account of a Society for Encouraging the Industrious Poor*（Birmingham, 1787）. 这位博学而神圣的政治改革者和科学家相信，由于英国穷人感到他们拥有"维持生活的合法诉求"，所以他们"没有充分的动机来竭尽全力 …… 众所周知，在所有的制造业工厂，如果大部分工人能够在 3—4 天时间里挣得足够维持他们和家人一周生活的钱，他们绝不再工作；或者如果他们的确获得了额外收入，也会将其花在酒馆里 ……"由于"社会下层"的精神状态没有"超出维持自己的基本生活，以及满足自己的激情"，所以普里斯特利认为，济贫税只能对穷人征收，作为强制节约或社会保障的一种方式。（pp. 4-14）普利斯特利在伯明翰的住所在 1791 年的一场著名骚乱中被一伙暴民毁掉了。

由公共教育（直接给父母发钱，让他们自己决定送孩子去哪所学校就读）和发放公共失业金等社会福利措施一起，不仅会消除贫困，而且会终结"暴动和骚乱"。[1] 潘恩鄙视的不是穷人，而是贫穷。与费城的其他激进派领导人一样，潘恩的目标是使下层阶级既摆脱经济上的贫困，也摆脱顺从关系的整个模式，获得自尊，完全参与社会生活的主流。

三

一位历史学者曾经写到，托马斯·潘恩的作品包含了"聪明的工匠最终实现了自己想法"的声音。[2] 这儿有一个重要的观点，但必

[99]

须要小心对待。潘恩的共和主义没有为各不相同的阶级利益留下空间，他的私人和政治交往也没有局限在一个单一群体；在英国和美国，它们横跨上层阶级的沙龙和小酒馆中的政治辩论。他的美国朋友既有华盛顿和杰斐逊，也有费城的激进工匠；他 18 世纪 90 年代初在英国交往的人包括查尔斯·詹姆斯·福克斯（Charles James Fox）、波特兰公爵（the Duke of Portland）和埃德蒙·伯克（直到他们因为法国大革命而决裂），以及中间等级和激进工匠。

---

[1]　Foner, *Complete Writings*, I, 355, 360, 405, 424, 431, 466–467; E. G. West, "Tom Paine's Voucher Scheme for Public Education," *Southern Economic Journal*, XXXIII（January, 1967）, 378–382. 韦斯特认为，潘恩强调税收是贫困的原因之一，反映了 18 世纪末英国税收的累退税本质。政府的税收主要来自食物税和烟草税，只有一小部分来自土地和财产的直接税。

[2]　Gwyn A. Williams, "Tom Paine," *New Society*, August 6, 1970, 236. Cf. Lynd, *Class Conflict*, 94.

潘恩不是美国社会中任何单一阶级的长期代言人，他也许应该被视为第一批知识分子，这个社会群体在 18 世纪下半叶开始崭露头角。与现在一样，知识分子来自不同的社会阶层，并且作为"相对不具有阶级色彩的阶层"，通常认为自己超越了狭隘的个人、政党或阶级忠诚。"独立是我的幸福，"潘恩在《人的权利》中写道，"而且我看待事情实事求是，不考虑地域和人；我的国家就是世界，我的宗教就是行善。"[1]

潘恩总是想成为一个典型的共和主义者；他只遵从自己的良心并服务于公共利益。正如他在 1787 年所写，"我捍卫穷人、生产者、店主和农民的利益 ……但我首先捍卫人类的利益"。潘恩试图小心翼翼地在作品中保留公正无私的形象，坚持他关注的只是"公共利益和全人类的幸福"，并把《常识》和《美国危机》获得的收益捐给了前线。

此外，潘恩的作品被"各阶层人士"阅读，实现了他的愿望。与所有作者一样，他追求最大程度的影响力和最大范围的读者。在《常识》中，他同时向保守派和激进派呼吁；在《美国危机》中，他致力于建立"财产和人身"的联盟以支持战争。他也许相信"只有 ……富人和温和派赞成与英国的联系"，但这只是为了强调使"有产者"相信独立最符合他们利益的重要性。直到 18 世纪 90 年代，在英国的语境之下，潘恩才在《人的权利》的第二部分只为工匠、店主和 [100]

---

[1]　Foner, *Complete Writings*, I, 413–414. 关于知识分子的社会学参见经典著作 Karl Mannheim, *Ideology and Utopia*（New York, 1936）, 137–142; 和 Schumpeter, *Capitalism, Socialism, and Democracy*, 146–147。

劳动的穷人写作。[1]

然而即使在美国，潘恩与工匠群体也有特殊的联系。他原本就是一个工匠，终其一生都能灵敏地使用工具，并对应用科学一直保持兴趣。[2] 在革命时期费城的混乱世界里，潘恩经常表达费城工匠在政治和经济问题上的看法。由于自身的生活条件，在争取独立的斗争中扮演的主要角色，以及在费城事务中发出更大声音的要求，工匠群体很容易产生和接受潘恩独特的政治思想。平等主义、民族主义、尊重私有财产、坚持"生产者阶级"的优先地位、反对"贵族"和顺从的政治与社会关系，再加上与穷人的疏离感，成为了革命时期工匠政治的特征。潘恩使用的工匠词汇有助于建立新的政治语言和社会视野，当在革命时期的政治意识中出现时，工匠阶级需要它。

"早在 18 世纪 80 年代"，历史学者斯托顿·林德（Staughton Lynd）写道，"美国的激进传统有两个不同的来源"——一个是与托马斯·杰斐逊有关的农业共和主义，另一个是共和主义的城市变种，它与潘恩和激进的城市工匠相联系。[3] 林德的观点有些过于简单化，但值得探究。共和主义意识形态成为革命时期美洲人共同的政治语言。杰斐逊和潘恩的共和主义分享了许多见解和价值，然而他们对国家未来的不同设想解释了美洲人对 18 世纪末席卷美洲社会的

[101]

---

[1]　Foner, *Complete Writings*, I, 169；II, 362, 621, 1228；"Outline for Common Sense," Gimbel Collection; Hawke, *Paine*, 47; Williams, "Paine," 237.

[2]　Hawke, *Paine*, 160.

[3]　Lynd, *Class Conflict*, 267.

深刻变革的不同反应。

杰斐逊式的政治观点直接来源于英国的乡村派传统，尤其是与博林布鲁克子爵（Viscount Bolingbroke）有关的意识形态变种。在大西洋两岸，乡村派发言人对 18 世纪的政治和经济发展——内阁制政府和金融革命的兴起——表示失望，他们使政府"美德"和对自由的捍卫牢牢地植根于拥有土地财产的独立人士中。但是大西洋两岸意识形态植根的社会语境非常不同。在英国，博林布鲁克为地方乡绅的不满代言。乡村派思想非常关注保留议会的独立地位，但是"很少考虑财产的不平等"，而且强烈认同关于国家和社会的等级制观念。

相比之下，杰斐逊思想在美国的支持者是大批自耕农和南部种植园主，其农业思想强调财产的大致平等是自由、美德和共和政府的必要保障。杰斐逊甚至主张政府给每个公民提供 50 英亩土地。"那些在土地上劳动的人，"杰斐逊在他《弗吉尼亚笔记》（*Notes on the State of Virginia*）的一个著名段落中写道，"是上帝的选民。""大批农民道德上的堕落是一种前所未有的现象，没有哪个时代或国家提供了先例。"农民的独立——不只是他谋生的方式——使他成为社会道德的承载者，因为"依附导致卑躬屈膝和唯利是图，扼制了美德的萌芽，并为实现野心准备了合适的工具"。[1]

---

[1] Kramnick, *Bolingbroke, passim*; Robert Kelley, *The Transatlantic Persuasion*（New York, 1969）, 104–105, 128–137; Caroline Robbins, "European Republicanism in the Century and a Half Before 1776," in *Development of a Revolutionary Mentality*, 50; Edmund S. Morgan, "Slavery and Freedom: The American Paradox," *JAH*, LIX（June, 1972）, 7–9; Tomas Jefferson, *Notes on the State of Virginia*（New York, 1964 ed.）, 157–158; Jackson Turner Main, *Political Parties Before the Constitution*（Chapel Hill, 1973）, 406.

当然，在农业共和思想中有一种强烈的反城市偏见。城市是奢侈、依附和挥霍的故乡，也是银行家、投机者和食利者，以及滋养[102] 他们的新资本主义制度的故乡。杰斐逊本人在 18 世纪 80 年代表达了对城市的极端不信任，他甚至谴责工匠是"罪恶的皮条客，是破坏国家自由的工具"，并指出他希望"再也见不到我们的公民出现在工作台上"。与家庭手工业的支持者不同，杰斐逊准备"让我们的作坊留在欧洲"。但很少有同时代人秉持这样极端的农业共和主义观点。更典型的是詹姆斯·麦迪逊的观点，他认为要避免依附英国，美国必须鼓励一些家庭工业，虽然他明确表示指的是家庭生产，不是大规模的制造业。甚至杰斐逊本人也发生了变化。到 18 世纪 90 年代，为了回应城市工匠对法国大革命的热情，他高度赞扬了他们，称其为"城市中的自耕农"。杰斐逊最极端的反城市声明是出现在私人信件中的抽象宣言。在总统任期内，他与麦迪逊一样，开始支持农业、商业和家庭手工业平衡发展的观点。杰斐逊的确从没放弃他对商业和制造业利益的怀疑，因为它们喜爱投机并依附于世界市场。但同样，革命时期没有人见到一个制造业的国家，甚至像费城的坦奇·考克斯（Tench Coxe）这样的美国制造业的拥护者，也准备接受农业在国家经济中的首要地位。[1]

---

[1]　Boorstin, *The Lost World of Thomas Jefferson*, 147; Albert E. Bergh, ed., *The Writings of Thomas Jefferson*（20 vols.: Washington, 1903）, V, 93; Jefferson, *Notes*, 157–58; Edmund S. Morgan, "The Puritan Ethic and the American Revolution," *WMQ*, 3 ser., XXIV（January, 1967）, 36–41; Drew R. McCoy, "Republicanism and American Foreign Policy: James Madison and the Political Economy of Commercial Discrimination, 1789 to 1794," *WMQ*, 3 ser., XXXI（October, 1974）, 633–646; Lynd, *Class Conflict*, 265; Arieli, *Individualism and Nationalism*, 155–163; Williams, "Mercantilism", 432–434.

因此，过于强调农业共和主义和城市共和主义的差异是错误的：它们是同一个意识形态的重叠部分，而非互相排斥的观点。在社会层面，工匠和自耕农都是独立的小生产者，他们分享同样的意识形态，赞扬"生产者阶级"，不信任"非生产性的"投机者、食利者和政府养老金领取者。在政治层面，大部分小农和工匠都支持争取独立的斗争，但是他们在 1788 年《联邦宪法》问题上产生了分歧——主要城市的工匠强烈支持宪法，而大部分小农是反联邦主义者。每个群体的大部分人在 18 世纪 90 年代重新联合起来，支持法国大革命和杰斐逊派共和党。作为个人，潘恩和杰斐逊不仅关系密切，而且都持乐观的人性观，具有共和主义的平等视野，拒斥旧世界阶级分层的社会，都对科学有浓厚的兴趣（尽管杰斐逊的农民支持者比城市工匠对应用科学的兴趣小得多，而且更具有反智主义色彩）。[1]

[103]

但是，杰斐逊和潘恩的确在一个重要方面有很大不同——他们对美国社会在革命时期经历的经济生活和社会关系方面的变化有不同的反应。这种差异比潘恩"实际上是一位城市人"的事实深刻得多。正如林德指出的那样，杰斐逊对人性极为乐观，但是对历史变革的方向非常悲观。社会的黄金时代出现在过去，出现在拥有自由和平等的农民的神话般的盎格鲁－撒克逊政治体制中；经济发展、

---

[1] Richard E. Ellis, *The Jeffersonian Crisis*（New York, 1971），259–260. 还可以参见 R. R. 帕尔默对比法国和英国的有趣评论。英国的民主、平等观念在城市中很强烈，在乡村则很微弱，而美国 18 世纪 90 年代的大部分城市商人阶级都是联邦主义者，杰斐逊主义主要受到自耕农的拥护。Palmer, "The Great Inversion: America and Europe in the Eighteenth-Century Revolution," in *Ideas in History*, ed., Richard Herr and Harold T. Parker（Durham, 1965），3–19.

商业扩张和城市化都是国家衰败和道德堕落的原因。杰斐逊甚至设计了一个合众国印章，其中一面画上了亨尼格斯特和霍尔萨（Henigst and Horsa），他们是撒克逊的首领，"我们学习他们的政治原则和政府形式"。对于杰斐逊和麦迪逊来说，西部大片未开发的土地寄托着他们对一个自耕农共和国几乎无限未来的希望，能够确保不断复制一种平等和不变的社会结构。但最终西部住满了人，美国开始模仿欧洲，出现拥挤的城市、无地的下层阶级、社会冲突和政府腐败。健壮的自耕农将变为无地的劳工，基于财产广泛分配的自由将蜕变为专制。[1]

[104] 相比之下，潘恩是一个对过去兴趣很小，而对未来充满乐观的人。他对盎格鲁－撒克逊的历史关注很少。杰斐逊也许希望美国能够免受工业革命的影响，但是潘恩却被他18世纪80年代末在英国见到的棉纺织厂、陶器工厂和炼钢炉所吸引，他希望这样的企业"也能在美国建立"。早在1775年，潘恩作为《宾夕法尼亚杂志》的编辑，发表了一幅发展美洲制造业联合公司的新珍妮纺纱机的版画，并且评论了它的"用途"。杰斐逊——与之前的博林布鲁克一样——

[105] 指责国债是操纵、投机和腐败的源泉；潘恩在《常识》中则指出，债务是一种维系社会的制度，尽管他赞同乡村派对投机者和官僚的厌恶，认为债务应当免除利息。杰斐逊异常厌恶商业交易、信贷和

[1] Hawke, *Paine*, 71; Lynd, *Class Conflict*, 268; Douglass G. Adair, "Experience Must be Our Only Guide: History, Democratic Theory, and the United States Constitution," in Ray A. Billington, ed., *The Reinterpretation of Early American History* (San Marino, Cal., 1966), 129–148; Pocock, *Politics, Language, and Time*, 100.

各种市场关系。他为自耕农设立的目标是商品农业与自给自足相结合——真正独立的人必须要免受市场的暴政。潘恩非常重视财产所有制需要的独立，但他把商业视为自然和进步的力量，促使个人和国家相互依存，促进各种形式的企业发展，使农业和制造业受益，把人们的关切从地方层面提升到世界层面。

农业共和主义本质上非常怀旧。它把独立和平等放在首位，但相信保留这些价值的唯一方式是抵制经济增长和资本主义发展。对于潘恩来说，过去是负担，而不是指引，现在只是推动社会进入未来的停靠站。潘恩的思维方式被称为"规划精神"（projecting spirit）；它赞美新奇和创造，不愿接受传统和惯例，把经济发展作为普遍的人类进步的一部分。在《人的权利》中，他称赞"美国在改革的每个方面都取得了快速的进步"，并对未来共和制的欧洲也取得持续的技术和社会进步寄予厚望。

如上所述，如果共和主义和革命时期出现的资本主义秩序之间存在巨大的张力，那么潘恩表明，共和主义和早期资本主义也能够携手并进。在 18 世纪末的美国，在马尔萨斯（Malthus）"证明"社会的自然秩序能够制造富裕也能制造痛苦之前，在工业革命推翻小生产者世界之前，潘恩构想了一个共和政府与经济进步共同创造社会和谐、平等和经济富裕的社会。[1] [106]

[1] Foner, *Complete Writings*, I, 355; II, 1292; *Pennsylvania Magazine*（April, 1775），157-158; Leo Marx, *The Machine in the Garden*（New York, 1964），126-129; Kramnick, *Bolingbroke*, 193-194; Wood, *Creation*, 418-419："与清教主义相似，共和主义是清教主义更加宽松的世俗化版本，本质上是反资本主义的……" Cf. Pocock, "Virtue and Commerce," *passim*.

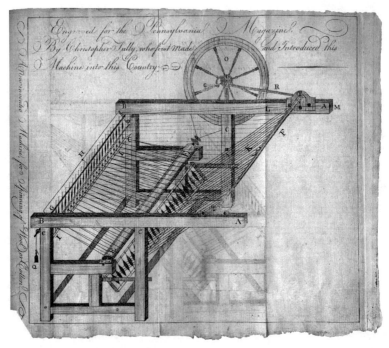

[104] 美洲第一部珍妮纺纱机的版画。它发表在潘恩当编辑时的《宾夕法尼亚杂志》，突显了潘恩对应用科学和技术进步的喜爱，富兰克林、大卫·里腾豪斯和许多大西洋两岸的工匠都有这种兴趣。（Library Company of Philadelphia）

　　潘恩是一位城市居民、世界主义者、民族主义者、商业和经济创新与发展的拥护者，也是一位共和派与民主派。在《常识》中，这些思想观点完全相容。但在他美国生涯的不同时期，这些观点交替领先。在 1776 年到 1779 年的斗争中，为了建立和捍卫一个新的极端民主的宾夕法尼亚州政府，以及一度在 1779 年的价格控制运动中，潘恩的平等主义思想掩盖了他对商业自由的拥护，也掩盖了他对商人的高度重视。在 18 世纪 80 年代，他经济方面的价值观和他对北美银行的支持一度使他的政治观点退居幕后。在某种程度上，潘恩这样做标志着对即将到来的独立的贡献，他将参与美国革命的其他部分，从而展示他的共和主义的全部意义。

第四章　潘恩、费城激进派和1776年政治革命

[107]　　《常识》努力团结所有美洲人参加争取独立和建立共和政府的斗争。然而，这本小册子的成功使潘恩深度卷入费城和宾夕法尼亚复杂和分裂的政治中。1776年春夏的几个月里，他在斗争中扮演了主要角色。这一斗争开始是一场争取宾夕法尼亚独立的运动，后来很快扩大为对州政府的攻击。潘恩关于共和政府的观点深刻影响了一群激进派知识分子、专业人员和工匠，他们在1776年突然显示了自己在政治上的重要性，在推翻现政府和制定新的州宪法中发挥了主要作用。围绕州宪法优点的激烈辩论震动了1776年之后的宾夕法尼亚政治，促使潘恩首次界定了他关于共和政府中政治参与限度的概念。

一

[108]　　革命时期费城政治辩论的激烈性质来自形势的独特结合。在几乎每块殖民地，现有的政治领导人要么到1776年春整体站在辉格派一边，要么分裂成托利派和辉格派。但是在宾夕法尼亚，旧精英顽

固反对有关独立的任何讨论，州议会则与业主利益联合起来，共同抗击推迟从英国独立的行为。此外，18 世纪 70 年代初辉格派运动的领导人要么参与全国性事务，像查尔斯·汤姆森和约瑟夫·里德那样为军队或大陆会议服务，要么像约翰·迪金森那样，当独立运动加速时陷入政治沉默。

这种政治领导的真空为费城政治中一个新的激进政党的出现创造了机会。激进派将其政治力量建立在工匠和下层群体的基础上，目前在法外的委员会和民兵中建立组织，也能够与大陆会议中的支持独立者形成一个临时联盟。后者强烈反对激进派关于政府的极端平等观点，但是愿意加入他们对宾夕法尼亚现政权的攻击，希望能够移除阻碍独立的顽固力量。激进派在潘恩的领导下，为情绪高涨的民众提供了意识形态领导和大量日常政治指导，使他们支持宾夕法尼亚独立、推翻州政府和制定革命时期最民主的州宪法。宾夕法尼亚是唯一一个独立前和独立后的政治领导几乎没有连续性的州。[1] 由于 1776 年春激烈的政治斗争，宾夕法尼亚的共和思想达到了最激进的程度，成为不仅反对政治特权，而且反对大规模的社会和经济

[109]

---

[1]　Ryerson, "Leadership in Crisis," 368–371, 467–473, 547–556; Theodore Thayer, *Pennsylvania Politics and the Growth of Democracy*, 1740–1776（Harrisburg, 1953）, 173–177; Bernard Mason, *The Road to Independence: The Revolutionary Movement in New York, 1773-1777*（Lexington, 1966）, 252–253; Merrill Jensen, *The Founding of a Nation*（New York, 1968）, 687. 参见"一位看守人"的评论, *Pa. Packet*, June 10, 1776, 对独立之前的统治精英说："如果你们赞同目前组成新政府的伟大而必要的措施，你们也许将继续占据目前的位置和职务……但是你们现在由于蔑视人民的权威，丧失了人民的信任。"

不平等的有力武器。

除了潘恩，费城的激进派还包括本杰明·拉什、蒂莫西·梅拉克（Timothy Matlack）、克里斯托弗·马歇尔（Christopher Marshall）、詹姆斯·坎农（James Cannon）、大卫·里腾豪斯、欧文·比德尔（Owen Biddle）、托马斯·扬（Thomas Young）和查尔斯·威尔逊·皮尔。作为一个群体，这些人财产不多，不属于商人精英，在 1776 年之前对费城的政治影响力很小。许多人都是各种类型的局外人：扬和皮尔像潘恩一样，最近才到费城，马歇尔和梅拉克已经被贵格会开除。[1] 潘恩在 1775 年已经认识其中一些人——拉什建议潘恩撰写《常识》，里腾豪斯是少数几位在出版前就阅读了该书手稿的人之一。但是直到 1776 年 1 月，激进派才作为一个具有自我意识的群体参与费城政治。他们共同反映了多样的意识形态观点和政治风格，构成了费城革命运动的激进一面。

费城激进派的确分享了许多关于殖民地美德和英国腐败的观点，它们在所有的美洲辉格派中都很流行。这个群体的其他政治观点与激进工匠和伦敦的专业人士更加相似，而与大陆会议中有文化的辉格派商人和种植园主有较大距离。梅拉克为费城激进派带来了费城下层大众文化的大批追随者，拉什和马歇尔反映了大众共和思想的福音派根源，坎农、扬、里腾豪斯、比德尔和皮尔与潘恩一

---

[1] William Duane, Jr., ed., *Passages from the Remembrancer of Christopher Marshall*（Albany, 1877），展示了许多类似之人在 1775 年和 1776 年的经常集会。Hawke, *In the Midst*, 仔细梳理了激进团体的活动，但是他的阴谋论解释无法说明团体的社会根源或民众支持问题。Ryerson, "Leadership in Crisis," 545, 修正了霍克的激进派领导人名单。

样，都把自己植根于理性的、具有政治意识的工匠中。

蒂莫西·梅拉克是一位贵格会酿酒师之子，他深陷债务之中，并被债主"撕成了碎片"。他在 1765 年被费城之友（Philadelphia Friends）开除，因为他忽视了自己的生意——一个五金商店，没能 [110] 还清债务，并且经常光顾不该去的地方。他在革命之前最出名的特点是喜欢赌博、赛马、斗牛，他尤其喜欢十分流行的斗鸡运动。梅拉克在费城下层阶级中的名气确立于 1770 年，当时他出色的矮脚鸡参加了一场著名的比赛，对手是纽约贵族詹姆斯·德兰西（James Delancey），后者从纽约出发，参加跨殖民地的比赛。梅拉克具有好斗的性格。1781 年，他在市场街（Market Street）与怀特海·汉弗莱斯（Whitehead Humphreys）进行了一场格斗，后者是费城激进派的著名反对者。梅拉克在 72 岁时主动参加了 1812 年战争。

梅拉克的朋友跨越上层和下层世界，在像斗鸡这样的大众娱乐中汇集起来。他是酒馆的常客，与黑白穷人保持友谊，因此臭名昭著。1775 年，他被选为费城民兵连的五位上校之一就不令人感到奇怪了。但他也是 18 世纪 60 年代的富商和政治领导人约瑟夫·加洛韦晚宴上的常客，一位敏锐的同时代人注意到，梅拉克"有成为朝臣的强烈想法"。他也在美国哲学协会（American Philosophical Society）宣读过科学论文。

然而，对于费城的上层阶级来说，梅拉克在革命时期名声大噪并升至高位十分荒谬；对他们而言，他仍是"一个暴发户"。他们对梅拉克的蔑视在汉弗莱斯与他格斗之后所做的一首广为流传的诗中

表现了出来：[1]

> 亲爱的蒂姆，虽然你身居高位，
>
> 从修剪公鸡到治理国家；
>
> 然而倾听一位兄弟
>
> 就片刻——即使身处卑微的阶层……
>
> 你是否忘记，在往昔的岁月，
>
> 当你像普莱斯一样极度贫困？
>
> 但你立刻平步青云，
>
> 贵格会教徒也无法从你身边安全经过！
>
> 你不幸的孩子经常需要面包；
>
> 而你却无动于衷，
>
> 与黑人虚度光阴——卡夫和华纳的罪恶……
>
> 伟大的独立日到来了，
>
> 在这样一个时刻，你做出最佳判断，
>
> 使自己盛装出席；

[111]

---

[1]　A. M. Stackhouse, *Col. Timothy Matlack*（n.p., 1910）; Bridenbaugh, *Cities in Revolt*, 365-366; Jacob C. Parsons, ed., *Extracts from the Diary of Jacob Hiltzheimer*（Philadelphia, 1893）, 13-20, 44; "The Cock-Fighter," *PaMHB*, XLIV（1920）, 73-76; Edmund Burnett, ed., Letters of Members of the Continental Continental Congress（8vols.: Washington, 1921-1936）, V, 281; "Consideration." Pa Gazette, Dctober 30, 1776; An Epistle from Titus to Timothy, Broadside, 1781. 斗鸡的意象有时在政治中被明确使用。缅因共和协会在 1797 年波特兰举行的一场晚宴的祝酒辞中说："祝共和公鸡奋力刺穿所有暴君的心脏。" Philip S. Foner ed., *To Light the Torch of Truth: Documents of the Democratic-Republican Societies*（即将出版）。

你涂脂抹粉，

没有哪个花花公子看起来更加自豪……

　　本杰明·拉什坚持禁欲的长老会的教义，富有的退休药剂师克里斯托弗·马歇尔同样虔诚地坚持贵格会的教义，他们与梅拉克的生活方式截然不同。两个人的生活反映了源自18世纪40年代大觉醒运动的福音派原教旨主义，它已经成为平等主义的社会和政治意识形态的有效来源。一位历史学者指出，"也许不太可能用现代的世俗观念去抓住即将到来的千禧年的革命性意义"。但是大觉醒运动使无数的美国人具有了这样的视野。当时的人声称，宗教热情对最贫穷的殖民地人士有着特别的吸引力，福音派牧师经常对英国人生活的挥霍、奢侈和腐化进行抨击，并且对殖民地富人日益增长的自私、奢侈和缺乏社会关切进行了批评。他们将只是追求"暂时的财富和财产"的人与那些真正品德高尚、享受"上帝的财富"的人进行了尖锐的对比。他们认为，从英国独立只是美国自身进行社会转型的序幕，最终将把千禧年思想等同于建立一个权力来自人民，并且摆脱了旧世界巨大的贫富差距的政府。[1]

　　自从英国宗教复兴主义者乔治·怀特菲尔德（George Whitefield）1739年在费城布道——吸引了"大量"听众，他们大部分来自"下层社会"，福音主义从此成为费城生活中的一个主要和持久的因素。　[112]

---

[1]　Davis, *Problem of Slavery in the Age of Revolution*, 288-289; Alan Heimert, *Religion and the American Mind, from the Great Awaking to the Revolution*（Cambridge, 1966）, 12-14, 59-60, 460-463, and *passim*.

怀特菲尔德每隔几年就会回来；在 1770 年去世前，他仍然"像龙一样布道，在一瞬间诅咒和保佑我们所有人"。著名的美国复兴主义者吉尔伯特·坦南特（Gilbert Tennent）也在从事这样的工作，他是 1744 年到 1764 年间费城第二长老会（Philadelphia's Second Presbyterian Church）的牧师。[1] 大部分苏格兰－爱尔兰裔长老会教徒是工匠、劳工和契约奴，所以大觉醒运动的复兴主义在费城有深厚的基础。众所周知，长老会领导了宾夕法尼亚的独立运动，革命将贵格会教徒和英国国教教徒从宾夕法尼亚的重要领导职位上免职。到 1780 年，查尔斯·李（Charles Lee）将军声称，宾夕法尼亚政府已经变成"独裁统治……一伙下层苏格兰－爱尔兰裔，他们的名字通常以 Mac 开头，要么是契约奴之子，要么本人是契约奴，成为至高无上的贵族"。李的敌意使他的说法有些夸张：事实上，担任官职的长老会教徒，比如约瑟夫·里德和乔治·布莱恩（George Bryan），来自富裕家庭，而且是有钱人，虽然他们并不属于战前的经济精英。但是李正确地将来自边远地区和费城的苏格兰－爱尔兰裔视为 1776 年建立的新政府的支持者。[2]

当时的人相信，宾夕法尼亚的苏格兰－爱尔兰裔是"地狱这边

[1]　Scharf and Westcott, *Philadelphia*, I, 261; Bridenbaugh, *Colonial Craftsman*, 165; Bridenbaugh and Bridenbaugh, *Rebels and Gentlemen*, 19; "Philadelphia Society Before the Revolution," *PaMHB*, XI（1887），494; Guy Klett, *Presbyterianism in Colonial Pennsylvania*（Pennsylvania, 1937），151–154.

[2]　"The Lee Papers," III, 431; Bridenbaugh, *Colonial Craftsman*, 164; Wayne L. Bockelman and Owen S. Ireland, "The Internal Revolution in Pennsylvania: An Ethnic-Religious Interpretation," *PaH*, XLI（April, 1974），125–160. 然而，这篇文章提供的数据无法证明作者的观点——"族裔－宗教冲突超越了地区和阶级，是宾夕法尼亚竞争的多股势力最明显的特征"。

最能挑衅上帝的民主派"。许多人深情地怀念克伦威尔（Cromwell）时代里的"共和原则"，希望建立"在美洲的共和帝国"。富兰克林的朋友约翰·休斯（John Hughes）是 1765—1766 年《印花税法》危机时一位不幸的印花税收税者，他向英国政府报告，"长老会教徒……在美国数量很大，并且……反对国王，与他们在克伦威尔时代时一样"。[1] 当然，他们也非常痛恨天主教。他们在 18 世纪 60 年代[113]参与费城政治，不仅受到英国税收政策的影响，而且受到在殖民地建立英国国教主制的运动的影响。这场运动被许多长老会教徒视为实行宗教迫害的借口，他们基本上将英国国教与天主教等同起来。1774 年《魁北克法令》被视为英国在美洲废除宗教自由的一系列努力的顶点。正如一位费城人 1776 年对他一位伦敦朋友解释的那样，"宾夕法尼亚的苏格兰裔像他们的祖先那样行动和说话。他们立约反对斯图亚特王朝的专制统治，这是他们的同胞；他们与我们一样，坚决不成为世界上任何议会或君主的奴隶……他们在这里是自由最热情的支持者"。[2]

---

[1]　"Philadelphia Society," 285; Heimert, *Religion and the American Mind*, 387; Thayer, *Pennsylvania Politics*, 134-135, 185; John Hughes to Lords Commissioners of His Majesty's Customs, January 13, February 20, 1766, Treasury Papers, Class One, 452; 5, 218, PRO（Library of Congress Transcripts）; Labaree, ed., *Franklin Papers*, XIII, 37. Cf. Peter A. Butzin, "Politics, Presbyterianism and the Paxton Riots, 1763–1764," *Journal of Presbyterian History*, LI（Spring, 1973）, 79–83.

[2]　Wayland F. Dunaway, *The Scotch-Irish of Colonial Pennsylvania*（Chapel Hill, 1944）, 11; Klett, *Presbyterianism in Colonial Pennsylvania*, 265; Willard, ed., *Letters on the American Revolution*, 315; Beatrice Kevitt Hofstadter, "Loyalties in Conflict: The Anglican Church in Eighteenth Century America"（未出版的博士论文，Columbia University, 1973）, 3–4, 8–13, 68.

当本杰明·拉什同等看待"宗教上的教皇和政治上的国王"时，他在代表许多费城长老会教徒讲话。拉什虽然出生时是一位英国国教徒，但在年轻时转而皈依福音派长老会，并且参加了新泽西协会（College of New Jersey），那是殖民地长老会的堡垒。宗教和政治在他身上总是交织在一起；他将共和主义视为纯正基督教的自然结果，相信美国革命预示了上帝在世间的千年统治（战胜疾病是完美社会的一部分——像他这样的医生因此也是上帝的仆人）。[1]

拉什很容易与费城的工匠和穷人打成一片。直到 18 世纪 70 年代，他的医学实践局限在下层阶级，经常为他们提供免费治疗。他是支持家庭手工业的领导人，认为家庭手工业能为费城的穷人提供就业途径，减少美洲对英国"奢侈和罪行"的依赖，并且鼓励英国和爱尔兰工匠移民美洲，因为那里是"全世界唯一的自由的避难

[114] 所"。[2] 与其他许多长老会教徒一样，拉什认为独立运动与英国内战的精神是一致的，并经常回忆他"伟大的先人"约翰·拉什（John Rush），后者曾经加入克伦威尔的军队，坚决不当"专制权力的奴仆"。在拉什看来，"美洲的共和国是 17 世纪 40 年代在英国议会中

---

[1]　Butterfield, ed., *Letters of Rush*, I, 265; Herbert James Henderson, "Political Factions in the Continental Congress: 1774-1783"（未出版的博士论文，Columbia University, 1962），45; Donald D'Elia, "The Republican Theology of Benjamin Rush," *PaH*, XXXIII（April，1966），187-203; David Freeman Hawke, *Benjamin Rush: Revolutionary Gadfly*（Indianapolis，1971），12-14.

[2]　Hawke, *Rush*, 83-86, 126-128; George W. Corner, ed., *The Autobiography of Benjamin Rush*（Philadelphia, 1948），79, 84; *American Museum*, V（1789），581-584（拉什 1775 年演讲的重印本）。

传播的珍贵真理的成果"。[1]

克里斯托弗·马歇尔证明,福音派激进主义没有局限于长老会教徒,他虽然是一位贵格会教徒,但在千禧年思想方面与拉什一样有影响力。尽管马歇尔在18世纪70年代由于政治观点而被贵格会开除,但他是一位思想深刻的宗教人士。他的信笺本上写满了宗教主题的长文,他的政治话语经常引用《圣经》。他相信,富有的费城贵格会教徒"贪婪、世俗……极端自负、高傲、奢侈、行为放荡",而且的确每宗罪都"在罪恶之城索多玛(Sodom)被谴责过"。马歇尔确信,英国政府及其在美洲的支持者都受到"黑暗势力的国王"的煽动,并且英国打算"破坏这个新世界的自由",使其受到"教皇统治"。但他也同样相信,"这个世界的王国将成为我们贵族的王国以及他的基督的王国",这个时刻即将到来。[2]

当然,并非所有的福音共和派都持同样的政治或社会观念。福音主义内部充满张力,它既有个人主义的一面,将神圣的真理直接展示给信徒,不需要宗教机构作为中介,也有一个和谐的基督教共和国的共同理想,自私和竞争将服从于整体利益。事实上在革命战争期间,拉什和马歇尔在政府是否有权为全社会利益来调节价格的问题上持对立的观点,前者使用个人权利话语,后者则主张社会需

---

[1] Hawke, *Rush*, 73, 157–158; Butterfield, ed., *Letters of Rush*, I, 18; II, 825–826; John A. Woods, ed., "The Correspondence of Benjamin Rush and Granville Sharp 1773–1809," *Journal of American Studies*, I(1967), 9.

[2] Christopher Marshall to "Friend John," January 30, 1776; Marshall to "Esteemed Friend," September 22, 1774; Marshall to "J. P.," April 13, 1775, Marshall Letterbook, HSPa.

[115] 要超越个人利益。但是在独立之前的时期，他们都代表激进主义的一个方面，与英国和美洲"激进辉格派"宣传者的慎重观点极为不同。费城"下层"长老会教徒早在1765年就宣称"除了耶稣之外没有国王"，这也为美国革命的意识形态起源贡献了思想。[1]

尽管与拉什和马歇尔关系很好，但是潘恩的政治观点与专业人士和熟练工的理性主义和自然神论有更多相似之处，专业人士的代表人物有詹姆斯·坎农和托马斯·扬，熟练工的代表人物有大卫·里腾豪斯、欧文·比德尔和查尔斯·W.皮尔。坎农是激进派除潘恩之外的主要政治思想家，还是一位数学家、老师和科学学者，1765年从爱丁堡（Edinburgh）移居美洲。他在1775年3月首次参与公共事务，与马歇尔和梅拉克一起成为发展美洲制造业联合公司的经理。同年秋天，他成为民兵士兵委员会的指路明灯。作为委员会秘书，坎农与委员会主席斯蒂芬·辛普森（Stephen Simpson）一起工作。辛普森在精英中以"酗酒的鞋匠"而知名，但他在工匠群体中有一定地位，因为他在18世纪60年代曾经担任鞋匠消防公司的会计。在他们的指导下，委员会向州议会和报纸提交了大量请愿书，表达了民兵的不满，并且早在1776年，他们就组织了反对州政

---

[1]   William G. McLoughlin, "The American Revolution As a Religious Revival: The 'Millennium in one Country, '" *New England Quarterly*, XL(March, 1967), 108–109; William G. McLoughlin, ed., *Isaac Backus on Church, State, and Calvinism* (Cambridge, 1968), 1, 29–30; John Hughes to Lords Commissioners of His Majesty's Treasury, January 13, 1766, Treasury Papers, Class One, 452:218, PRO (Library of Congress Transcripts).

府的激进抗议运动。[1]

托马斯·扬是一位自学成才的医生，约翰·亚当斯称他是"一名永远混水摸鱼的渔夫"。他还是一位流动的革命者，1775年移居费城之前在奥尔巴尼（Albany）、波士顿和纽波特（New Port）住过。扬作为爱尔兰移民之子，在18世纪50年代曾经因为辱骂耶稣基督而出庭受审，终其一生都是自然神论者。他在奥尔巴尼参加了"自由之子"，在波士顿成为塞缪尔·亚当斯亲密的政治助手。（亚当斯是一位虔诚的加尔文派教徒，有时会因为扬的宗教观点而难堪，尽管他在公开场合力挺自己的盟友，坚持认为应当根据政治观点而不是宗教观点来评判扬。）扬认为工匠是"社会中最有价值的成员"，应依靠他们来动员"其他阶层的公民"反抗英国。与梅拉克和坎农一样，他深度卷入民兵事务，是费城步枪营的外科医生。[2]　　[116]

大卫·里腾豪斯、欧文·比德尔和查尔斯·W. 皮尔是技艺高超的工匠，他们在其他领域也取得了智识上的成就。他们参与了18世

---

[1]　*Pa. Packet*, February 7, 1782; William H. Egle, "The Constitutional Convention of 1776: Biographical Sketches of Its Members," *PaMHB*, III（1879），198–199; Hawke, *In the Midst*, 105; Ryerson, "Leadership in Crisis," 334–337; Minutes, March 20, 1761, Cordwainers' Fire Company, HSPa.

[2]　David Freeman Hawke, "Dr. Thomas Young— 'Eternal Fisher in Troubled Waters' :Notes for a Biography," *New-York Historical Society Quarterly*, LIV（January, 1970），7–29; Henry H. Edes, "Memoir of Dr. Thomas Young, 1731–1777," *Publications*, Colonial Society of Massachusetts, XI（1906–1907），2–54; John C. Miller, *Sam Adams, Pioneer in Propaganda*（Boston, 1936），84–87, 198; Isaac Q. Leake, *Memoir of the Life and Times of General John Lamb*（Albany, 1850），89. 关于亚当斯，还可以参见 William Appleman Williams, "Samuel Adams: Calvinist, Mercantilist, Revolutionary," *Studies on the Left*, I（Winter 1960），47–57。

纪的科学世界，工匠、知识分子和专业人士的交流每天都在发生。比德尔和里腾豪斯是钟表匠，掌握殖民地最有难度和声望的技艺之一。二人都沿着从钟表制造到科学研究的共同道路前进。里腾豪斯是"杰斐逊的偶像"，被大家公认为是富兰克林之后美国主要的科学家；他的太阳系仪（orrery）是天体运动的机械再现，是殖民地时期美洲最轰动的科学成就之一。与富兰克林一样，里腾豪斯在费城工匠中有大批追随者，他们在 1774 年选举他为代表其政治利益的 11 人委员会成员。皮尔出身贫寒，先是成为皮革匠和银匠，再成为钟表匠，也是美国主要的肖像画家之一。《印花税法》危机之后，皮尔成为共和派，"在国王经过时从没脱过帽"，他还是独立和家庭手工业的早期拥护者。比德尔是贵格会教徒，由于参加战争而被开除，而皮尔和里腾豪斯则转向了自然神论。[1]

在某些方面，福音共和派与理性共和派之间的合作也许令人
[117]　感到吃惊。自然神论认为上帝只是宇宙的第一推动力，福音派则认为上帝对世俗事务能施加持续的干预，二者之间有着不可逾越的鸿沟。像潘恩这样的自然神论者相信人是完美的，天生具有道德感，他们能够取代那些由于专制政府的腐败而堕落的人。大部分福音派从没放弃所有人具有原罪的观点，虽然某些激进的新教教派相信人们在生活中可以变得无罪。讽刺的是，是 18 世纪末的反复兴主义基

---

[1]　Brooke Hindle, *David Rittenhouse*（Princeton, 1964）; Henry D. Biddle, "Owen Biddle," *PaMHB*, XVI（1892）, 299–329; Sellers, *Peale*; Boorstin, *Lost World of Thomas Jefferson*, 13–22; Charles Willson Peale Autobiography（打印本）, 40, Peale Papers, American Philosophical Society.

督教"自由派",而不是新教福音派,与自然神论更加接近。与自然神论者一样,"自由派"相信人们天生有能力在罪恶和正义之间做出选择,人类理性能够确立宗教和道德义务的主要方面(虽然他们并不拒绝《圣经》中上帝的启示,就像潘恩这样的自然神论者所做的那样)。[1]

然而,福音激进派和理性激进派在美国革命时期更有共同之处,法国大革命之后他们之间的联系才削弱。两个群体很早就转向支持共和主义与独立,并且都相信里腾豪斯 1775 年所说的"奢侈及其忠实的追随者暴政"已经征服了欧洲,并且正在威胁新世界。两个群体也崇尚勤劳、节俭和自律的美德,尽管正如一位历史学者所写的那样,"在适宜拯救个人灵魂的原则和适宜拯救一个阶级的原则之间有很大的差异"。[2]

在费城,所有激进派都与工匠群体联系密切,支持主要的工匠希望扶植家庭手工业的诉求。福音派和理性派都使用千禧年主义的话语,都把个人良心放在首位,都将美洲社会的内部变革视为脱离英国的可取和必要的组成部分。

需要牢记的是,18 世纪 70 年代的自然神论者远没有 20 年后那么激进。的确,费城的神职人员长期以来对城市中大量的不忠行为 [118]

---

[1]   Barton, *Memoirs of Rittenhouse*, 568; Thompson, *Making of English Working Class*, 743; Morgan, "Puritan Ethic," 5–7.

[2]   Conrad Wright, *The Beginnings of Unitarianism in America*(Boston, 1955); Joseph Haroutunian, *Piety Versus Morality: The Passing of the New England Theology*(New York, 1932); Passmore, *Perfectibility of Man*, 135–147.

感到沮丧。怀特菲尔德不辞辛劳地在"理性的不信上帝者"的集会上发言，一位重要的长老会牧师抨击了"酒馆或咖啡馆中的谈话"，虔诚、福音和未来生活的观念在那里遭到了嘲笑。一个工匠组织泰勒公司（Taylor's Company）专门规定"不能将有关神学的争论带入本组织"。但是在 18 世纪 80 年代前，美国没有自然神论者的组织，大部分自然神论者只是相信上帝是第一推动力，并且致力于过有道德的生活。直到 18 世纪 90 年代，法国大革命引出了反教权主义的幽灵，而且潘恩的《理性时代》向广大读者讽刺了《圣经》的神灵启示，它是美国基督徒的基本戒律。自然神论者被视为异教徒，他们和虔诚的基督徒之间的合作几乎不可能实现。

当潘恩在欧洲生活了 15 年，于 1802 年回到美国时，塞缪尔·亚当斯——他想把波士顿变成"基督教的斯巴达"——由于《理性时代》而拒绝见他。[1]但是在 18 世纪 70 年代，同样的加尔文派教徒亚当斯则为自然神论者托马斯·扬辩护。本杰明·拉什在 1776 年强烈反对进行宗教宣誓，因为宣誓的目的是为了把自然神论者排斥在宾夕法尼亚宪法大会之外。也许拉什本人将革命时期费城的激进意识形态的多样化来源整合在了一起，他没有发现其中存在矛盾，因此他在 1784 年为一所新学院设计了这样一个印章，其图案包含：一本《圣

---

[1]　Herbert Morais, *Deism in Eighteenth Century America*（New York, 1943）, 14–19, 80, and *passim*; Bridenbaugh and Bridenbaugh, *Rebels and Gentlemen*, 20; Jonathan Dickinson, *Familiar Letters Upon a Variety of Religious Subjects*（4th ed., Glasgow, 1775）, 2; Article 12, Minutes, Taylor's Company, HSPa; Foner, *Complete Works*, II, 1434–1439.

经》、一架望远镜和一顶自由帽。[1]

<h1 style="text-align:center">二</h1>

　　潘恩到 1775 年底、1776 年初之前交往的就是这些人。"两年来，他在街上漫步，在当地酒馆消磨时光，与'普通人'交谈，与克里斯托弗·马歇尔一起喝咖啡，拜访本杰明·拉什，与梅拉克、扬和坎农彻夜长谈。"《常识》获得了巨大成功，改变了殖民地政治辩论的性质，为这些人成为费城政治中的主要力量创造了机会。潘恩的小册子引发了一股讨论独立和共和政府意义的信件、小册子和书面抨击的浪潮。1776 年 1 月到 7 月间，费城的报刊杂志几乎每周都刊登长文，攻击或捍卫、扩展或提炼潘恩的观点，其他城市也是如此。大众政治在 1776 年大规模爆发，现有机构迅速被攻击和推翻，现有权威迅速遭到质疑，这些都很好地体现了争取独立的斗争中具有革命性的方面。在这种氛围下，传统观念得到转变，新观念突然进入政治舞台。"所有事情都得到了改变，"一份来自马萨诸塞的报告指出，"所有的报纸都充斥着新的主题。"[2]

　　在费城的报刊杂志中，潘恩本人是主要的激进派宣传者，用笔名"林中居民"（"The Forester"）写作。坎农、拉什、扬、马歇尔

[119]

[1]　Butterfield, ed., *Letters of Rush*, I, 335.

[2]　Hawke, *In the Midst*, 184; Smith, *John Adams*, I, 245. Cf. Alfred F. Young, *The Democratic Republicans of New York: The Origins*, 1763–1797（Chapel Hill, 1967）, 12; Douglass, *Rebels and Democrats*, 13–14.

和里腾豪斯也是激进派宣传者。报纸不仅关注拥护还是反对独立，而且关注共和政府的意义。在这个问题上，反英运动的旧领导人并没有一致的意见。正如约翰·亚当斯所言，一个共和国也许意味着"任何事情，所有事情，或者什么都不是"。所有人都同意共和政府必须包括通过定期选举选出的人民代表，但在如何将这种目标付诸实践方面还缺乏共识。《常识》介绍了"一种新的政治体制，与旧的政治体制有很大不同，就像哥白尼体系（Copernican system）与托勒密体系（Ptolomaic system）的巨大差别一样"（潘恩一定很珍视这一赞誉），但是共和主义在美洲的准确意义仍然有待挖掘。[1]

　　《常识》不仅激发了激进派，也激发了保守派：主张与英国保持联系，并支持平衡政府的人开始发表文章反驳潘恩的观点。效忠派作者为英国宪政辩护——认为它是"人类钦佩的对象"，抨击潘恩是"支持民主的狂热分子"和"暴力的共和派"。（1776年报纸上的辩论是美国历史上最后一次把"共和"和"共和派"用作政治攻击的术语。）他们把潘恩和其他激进派称为"无知的领导人""无所畏惧的冒险者"，与之相对，"最和蔼可亲和令人尊敬的人物……厌恶这种邪恶的实践"。他们抨击潘恩的观点，认为"每个愚蠢的跳梁小丑和不识字的工匠"会用它来判断政府的内容和性质，并声称独立和共和主义一定会退化为无序、暴力或克伦威尔式的独裁。一位效忠派担心民兵中日益增长的激进主义，警告说"士兵"将发现用"一部

---

[1]　Gerald Stourzh, *Alexander Hamilton and the Idea of Republican Government*（Stanford, 1970）, 44, 55; Howe, *From the Revolution*, 2; Adams, "Republicanism in Political Rhetoric," 397–398; New York *Constitutional Gazette*, February 24, 1776.

农耕法"来分配财产"令人愉快"。他们还担心脱离英国将导致国内的社会动荡，这有助于解释宾夕法尼亚的旧统治精英为什么不愿意支持独立。相比之下，在弗吉尼亚这样的州，18 世纪 60 和 70 年代的抵抗运动没有严重削弱社会和政治的等级结构，大批种植园精英能够阐述独立和共和主义的观点，不用担心他们将面对来自社会下层的政治挑战。[1]

　　然而，不只是效忠派攻击潘恩的观点。也有许多辉格派相信独立的必要和不可避免，但感到必须要反对潘恩有关共和政府的观点。这些人的代表是约翰·亚当斯，他支持脱离英国的观点，但认为《常识》中的政府观点过于"民主"。亚当斯告诉自己的妻子阿比盖尔，"这位作者的确更擅长破坏而不是建设"。为了反驳潘恩的小册子，给美国人民上一堂"政府科学"课，亚当斯撰写了《关于政府的思考》，在 1776 年春夏广为流传。亚当斯事后解释说，他相信潘恩有关政府的观点源于"单纯的无知，只是为了取悦费城的民主派，其头目是梅拉克先生、坎农先生和扬医生 …… 我担心小册子在人民中间产生巨大的影响力，所以决心尽我所能来抵消它"。

[122]

　　潘恩在《常识》中倾向于一院制议会，但亚当斯坚持平衡政府的好处。在结构问题背后是对普通人自治能力的不同认识，以及

---

[1]　Davidson, *Propaganda*, 253–254, 285, 293; Inglis, *True Interest of America*, vii, 10, 49–53, 79; [William Smith], *Plain Truth*（Philadelphia, 1776）, 2, 8–12, 34–36; *Pa. Gazette*, March 20, 1776; Adams, "Republicanism in Political Rhetoric," 411–412; Pole, *Political Representation*, 266; Charles Sydnor, *Gentlemen Freeholders: Political Practices in Washington's Virginia*（Chapel Hill, 1952）.

F O U R

LETTERS

O N

Intere/ting Subjeᴄts.

PHILADELPHIA:

Printed by STYNER and CIST, in *Second-street.*

M DCC LXXVI.

Library Company of Philadelphia

[121]　有四部最重要的对《常识》的回应著作。前面两部（*The True Interest of America* 和 *Plain Truth*）由效忠派作者所写，它们既反对独立，也反对潘恩的民主共和主义。约翰·亚当斯的《关于政府的思考》（*Thoughts on Government*）支持独立，但准备抨击潘恩的"民主"观点。而《四封信件》（*Four Letters*）的匿名作者则主张按照潘恩的构想来制定一部新的宾夕法尼亚州宪法。（Library Company of Philadelphia）

对不论是人民还是统治者，是否都对美国的自由构成威胁的不同看法。亚当斯相信个人利益居于所有人类活动的中心，有必要代表并制约人民。此外，与詹姆斯·麦迪逊一样，亚当斯在共和国中阶级冲突的可能性问题上，比潘恩有更加现实的判断。亚当斯相信，潘恩的平等主义共和国是一个乌托邦的幻想。亚当斯的两院制议会的主张模仿了英国宪政，政府结构反映了社会现实，富人控制上议院，普通人控制下议院。两个阶级都无权侵犯或压制对方。对于各州的辉格派精英来说，亚当斯的观点比潘恩的观点更有吸引力，因为一院制议会只在宾夕法尼亚、佐治亚和佛蒙特州建立起来。[1]

亚当斯比潘恩更具共和派色彩，但是他的共和主义有明显的精英主义偏见。他对《常识》中阐述和强调的拉平精神感到警觉，并打算抵消其影响。他告诉一位记者，新共和政府中绝对必要的"一件事情"是"在介绍当权者时要彬彬有礼，还要尊重并崇敬他们"。亚当斯也反对费城和其他地方要求的放宽对选举的财产资格限制。潘恩在《常识》中相当模糊地提到了广泛的选举资格，费城民兵就要求所有士兵都获得选举权。但是亚当斯重申了标准的辉格派观点，它可以追溯到詹姆斯·哈林顿，只有拥有财产才能使人真正独立于其他人的意志，从而适合投票。亚当斯在 1776 年 5 月写道，

[123]

---

[1] Adams, ed., *Familiar Letters of John Adams and Abigail Adams*, 146; *The Warren Adams Letters*（2 vols.: Boston, 1917–1925）, I, 234; Butterfield, ed., *Diary of Adams*, III, 331–333; Charles Francis Adams, ed., *The Works of John Adams*（10 vols.: Boston, 1856）, IX, 616–618; Buel, "Democracy and the American Revolution"; W. Stark, *America: Ideal and Reality*（London, 1947）, 102–108; Marius Bewley, *The Eccentric Design*（New York, 1963）, 26–31.

"每个在社会中完全没有财产的人，也都不会熟悉公共事务，无法做出正确的判断，他们太依赖于其他人，缺乏自己的意志"。他继续写道，"改变选民的资格非常危险……这会混淆和破坏所有的差别，使所有阶层都处于同一个水平上"。[1]

然而，这种把所有美国人都降低到"同一个水平"的要求使平等主义大量涌现。1776年春，报刊杂志上出现大量文章，质疑社会权威是行使政治权力的必要前提的观点。这场辩论的新内容是费城突然出现了"平等"的号召。诚然，与革命时期的大量口号一样，对"平等"含义的理解因人而异。与现在一样，当大多数美国人提到平等时，他们指的是机会均等和法律面前人人平等，而不是财产或工资平等。但是一种有影响的思想传统是，财产的大致平等是共和政府的一个必要前提条件。由于"权力追随财产"，所以只有财产得到广泛分配，政[124]治权力才能如此。革命一代的普遍观点认为，财产的大量集中威胁到了共和政府，正如诺亚·韦伯斯特（Noah Webster）在18世纪80年代所写的那样，"财产平等……是共和国的灵魂"。[2]

对于杰斐逊和麦迪逊这样的共和派思想家来说，这种政治公理导致了深深的历史悲观主义。他们相信，当商业和工业发展，西部

---

[1] *Warren-Adams, Letters*, I, 234, 339; Adams, ed., *Adams Works*, IX, 376−378; Pocock, *Politics, Language, and Time*, 90−131; Douglass, *Rebels and Democrats*, 29.

[2] Wood, *Creation*, 72−73, 482; "Salus Populi," *Pa. Journal*, March 13, 1776; "Eudoxus," *Pa. Packet*, April 22, 1776; *Four Letters on Interesting Subjects*（Philadelphia, 1776）; Robbins, "European Republicanism in the Century and a Half Before 1776," 50; E. A. J. Johnson, *The Foundations of American Economic Freedom: Government and Enterprise in the Age of Washington*（Minneapolis, 1973）, 184; Stourzh, *Hamilton*, 230n.

未开垦的土地住满定居者时,经济上的不平等会增加,共和政府的稳定将受到威胁。其他人对平等理念的解释更为乐观,认为美国的确非常适合共和主义。一位作者在《宾夕法尼亚日报》(*Pennsylvanian Journal*)上声称,"美国是世界上唯一一个在建立公民政府变得很有必要时,能够完全摆脱政治障碍的国家。在自由人之上没有其他阶层,只有一种利益需要得到照顾"。[1]

然而,平等观念的另一面植根于对宾夕法尼亚贵族的自命不凡,日益增加的贫困,和费城越来越僵化的社会分层的强烈不满。在 18 世纪欧洲人的用法中,"平等"主要是一种"抗议的目标"。而那些使用者并不认同完全拉平的状态。"平等"观念成为一种攻击大量滥用的特权和不平等状况的有力武器,并且要求政府和社会结构能够减少现存不平等和有利地位的不良后果。费城最激进的作者严格以这种方式来使用"平等"。[2] 然而,潘恩并不属于这类作者。他对现有体制和权威的粗暴攻击有助于其他人摆脱服从的传统习惯。他相信美洲经济上富足,民众大体平等,这使他没有将共和平等主义推向激进的反贵族的极端。

潘恩将 1776 年的费城与伦敦而非 30 年前的费城进行比较。1776 [125] 年春,其他作者率先警告,要避免运动朝 18 世纪美洲的"封建复兴"发展。"坎迪杜斯"(Candidus)抨击宾夕法尼亚的富人是"小暴君",他们反对独立,因为他们梦想获得"数百万英亩的租佃土地"。詹姆

---

[1] "Salus Populi," *Pa. Journal*, March 13, 1776.

[2] Sartori, *Democratic Theory*, 327; Sanford A. Lakoff, *Equality in Political Philosophy* (Cambridge, 1964), 89–90, 100, 113.

斯·坎农笔名"卡桑德拉"（Cassandra），而且是一篇名为"警报"的抨击文章的匿名作者，他提出相似的警告，"一个贵族派系"正在"绷紧神经挫败我们善良的努力，并使普通和中等阶层的人民成为他们的牲畜"。"欧多克索斯"（Eudoxus）承认，"美洲的男爵"并没有像英国的贵族那样享有世袭特权，但是他们"非常渴望这样的特权"。托马斯·扬医生长期以来相信保持"所有人民在同一个水平上"的重要性，认为"一些阶层的人"希望在美国建立欧洲普遍实行的"领主与附庸，或主人与仆从的体制"。[1]

在某种意义上，坎农和扬描述的只是一种不平等的趋势——他们似乎更多表达了对未来而不是现在的关切，对"贵族"的意图而不是实际社会权力的关切。但是他们的观点拥有激进的含义，因为它没有将对平等的威胁置于商业和经济增长的客观力量上，而是放在富人恶毒的野心上。对他们来说，平等的理念成为对宾夕法尼亚政府的原则进行"激进改革"的理由。传统观念认为，选举权应当建立在财产所有制的基础之上，而且"财产"使人有权担任公职，扬对此表示反对。他写道，英国和宾夕法尼亚的宪政破坏了"选举权"，使"挥霍和腐败"的人垄断了权力。[2]扬和坎农代表了1776年[126]春共和思想最激进的方面；他们的声音表达了刚政治化的民兵的心

---

[1]　Berthoff and Murrin, "Feudalism, Communalism, and the Yeoman Freeholder"; "Candidus," *Pa. Gazette*, March 6, 1776; "Cassandra," *Pa. Ledger*, April 13, 1776; *The Alarm*, Broadside, May, 1776; "Eudoxus," *Pa. Packet*, April 22, 1776; Leake, *Lamb*, 85; "Elector," *Pa. Gazette*, May 15, 1776.

[2]　"Elector," *Pa. Packet*, April 29, 1776; "Elector," *Pa. Gazette*, May 15, 1776; "To the Worthy Inhabitants," *Pa. Packet*, May 20, 1776; "Eudoxus," *Pa. Packet*, April 22, 1776.

声，其中许多人迄今被排斥在所有的政治参与之外。

连扬和坎农也没有在 1776 年春支持对"贵族"的财产进行直接攻击。他们以潘恩的风格，提出了一个政治解决方法：所有"税务账簿上"的人和所有在民兵中服役的人应当有投票权，富人不应当被授予政治权力。但值得再次注意的是，这样一种要求在宾夕法尼亚比在南方有更激进的意义。弗吉尼亚要求平等和扩大选举权的范围并不包括大量在种植园工作的奴隶。相比之下，宾夕法尼亚激进派要求给予大多数下层阶级选举权，甚至包括学徒工和在民兵中服役的契约奴。[1]

1776 年报纸上的争论不仅关注政府的原则，而且关注使宾夕法尼亚获得独立的实际问题。早在 1 月份，激进派就起草了一份独立支持者的名单——包括 40 位工匠，他们在 2 月份的选举中成为了费城观察和检查委员会（Philadelphia Committee of Observation and Inspection）的百位新成员。春季，当宾夕法尼亚州议会继续支持与英国和解时，包括潘恩在内的激进派攻击州议会不是宾夕法尼亚人民的真正代表，因为议席的分配歧视西部地区，而且选举资格把小工匠和穷人排除在外。到 4 月份时，舆论要求新的立法机构取代州议会，前者能够更加乐于接受独立的诉求，能够更加代表宾夕法尼亚的全体人民。[2]

---

[1]　"Elector," *Pa. Packet*, April 29, 1776; "Elector," *Pa. Gazette*, May 15, 1776; Morgan, "Slavery and Freedom: The American Paradox."

[2]　Hawke, *In the Midst*, 18–21; Thayer, *Pennsylvania Politics*, 173–177; Ryerson, "Leadership in Crisis," 368–371, 439–440, 467–473, 547–556. "过去七年来，"一位作者写道，"除了在选举时，贵族并未屈尊关注普通人 …… 作为自由人，你将每年一次成为绅士们的同伴。" *Pa. Evening Post*, April 27, 1776.

[127]   潘恩的文章发表于 1776 年四五月份，署名"林中居民"，致力于拥护独立和共和政府，回击《常识》的批评者。但他也加入了反对宾夕法尼亚州议会的运动。他谴责州议会"是一个反对我们主张的权力分支"，并且声称"人民"有权"在时代和事物变化允许的范围内改变政府的模式"。潘恩坚持认为，就政府而言，美洲"有许多空白需要填写"，他还在脚注中指出，"不要忘记不幸的非洲人"。[1]其他作者重申了《常识》中的共和原则，并将小册子对世袭统治原则的攻击用于佩恩家族对宾夕法尼亚的控制。一本小册子问道，"查理二世（Charles the Second）是上个世纪已经去世的专制君主，他怎么能为当代人任命一位总督，或是声称威廉·佩恩的后人应当成为 1000 年后出生之人的主人？"包括托马斯·扬在内的一些激进宣传者提出了古代盎格鲁 - 撒克逊社会的理想化形象，辅之以地方事务中的直接民主、定期的匿名选举和广泛的选举权，作为新的宾夕法尼亚政治体制的样板。[2]

     为了回应这些批评，州议会决定增加西部地区和费城的议席，从而更好地反映宾夕法尼亚州的人口分布。潘恩和其他费城激进派在 5 月 1 日举行的特别选举的 4 人候选名单上达成一致，并且运作了一场激烈的选举。最后，3 位温和派和 1 位激进派人士当选。费城

---

[1]   Foner, *Complete Writings,* II, 63–64, 79, 84–85.

[2]   *Four Letters on Interesting Subjects,* 12; *The Genuine Principles of the Ancient Saxon or English Constitution*（Philadelphia, 1776）; "Salus Populi," *Pa. Journal,* March 13, 1776; "Eudoxus," *Pa. Packet,* April 22, 1776; "Elector," *Pa. Packet,* April 29, 1776; "Elector," *Pa. Gazette,* May 15, 1776.

民众各有一半支持或反对独立，潘恩和扬将结果归因为爱国者正在为军队服务，德裔选民被禁止投票，因为他们还没有归化，这种看法也许是正确的。由于 5 月 1 日的选举结果对于独立的拥护者来说是一场失败，约翰·亚当斯很快在大陆会议采取行动，要求建立新的州政府，其权力来自人民而不是国王。亚当斯的目的是用一个更支持独立的机构来代替州议会，他与费城的激进派结成了同盟，尽管他并不认同他们的政治观点。大陆会议以微弱优势通过了这个决议。费城激进派也抓住机会，在 5 月 20 日召开了一个民众大会并批准决议，要求在 6 月 18 日召开省区大会（Provincial Convention），其代表来自全州各地方委员会。潘恩在 4、5、6 月积极参与了运作——克里斯托弗·马歇尔的日记表明潘恩和其他激进派经常开会。坎农、扬和梅拉克被费城委员会派到乡村，竭力为即将召开的大会争取支持。[1] [128]

　　6 月 18 日在费城召开的省区大会标志着宾夕法尼亚州爆发了政治革命。会议成员代表了边远地区的农民、城市工匠和民兵的激进联盟，这实际上夺取了州议会的权力，使宾夕法尼亚走向独立和内部变革。108 位代表由县和城市委员会选出（不是由民众直接选举），只有本杰明·富兰克林——没有参加大会——和托马斯·麦基恩是政治上的显赫人物。但是代表们并不完全是政治上的新手：他们是地方委员会政治的老手，而且大部分人都是民兵中

---

[1]　Hawke, *In the Midst*, 30–33, 113–146; Foner, *Complete Writings*, II, 86; Allan Nevins, *The American States During and After the Revolution*, 1775–1789（New York, 1924）, 105n.

的军官。[1]

会议的主要议程是签署倡议，选出宪法大会代表，制定宾夕法尼亚新的政府框架。在这个问题上没有什么争论。在德裔民兵群体的要求下，大会同意允许每个年满 21 周岁的民兵，如果在宾州居住满一年，并且能够缴纳州或县的税收，就可以投票选举代表——这是选举权富有意义的扩大，但是要求所有民兵都获得选举权的提议是不可能实现的。[2]

[129]　　　克里斯托弗·马歇尔和本杰明·拉什围绕宪法大会代表的宗教誓词展开了激烈的争论，成为大会最热烈的时刻。拉什本人虽然对宗教充满热情，但他反对大会通过的誓词要求代表们确认对耶稣基督和《圣经》神启的信仰，指出"有些很好的人并不相信上帝之子的神性"——比如潘恩和扬。马歇尔相信自然神论者是"奸诈狡猾的诡辩家"，他开始逐渐远离自己的前盟友，而坎农和扬则痛斥他"对宗教真理愚昧无知、顽固不化"，并且愿意使"一些最优秀和有价值的人置身政府之外"。（但是当扬在 1777 年去世时，马歇尔收起了敌意，为扬的遗孀募款。）[3]

----

[1]　Douglass, *Rebels and Democrats*, 258; Hawke, *In the Midst*, 172; Ryerson, "Leadership in Crisis," 603-604.

[2]　*The Proceedings Relative to Calling the Conventions of* 1776 and 1790（Harrisburg, 1825），38-39; *Extracts from the Proceedings of the Provincial Convention of Committees*, Broadside, 1776; *Pa. Archives*, 2 ser., III, 639-642.

[3]　*The Proceedings,* 39-41; Christopher Marshall to "J. B.," June 30, 1776; Marshall to Cannon, July 1, 1776; Marshall to ?, September 12, 1776, Marshall Letterbook, HSPa; Hawke, *In the Midst*, 160-161; Duane, ed., *Marshall Diary*, 79-81, 120.

1776 年 6 月 26 日，省区大会休会之后一天，士兵委员会向全体民兵宣读了一份由坎农撰写的书面抨击。在讨论选举代表参加即将召开的宪法大会时，它总结了出现在前一年春天的平等主义诉求：[1]

> 美洲的幸福之处在于没有阶层居于自由人之上；我们未来的幸福和平静取决于这种情况永远保持下去；因此，过度富有的人不能被信任，他们太容易在社会中建立差别，因为他们将获得所有这种差别的好处 …… 当诚实、常识和朴素的理解不受邪恶动机的扭曲时，具有这些品质的人都能胜任工作 …… 不要让人代表你 ……他们非常容易形成居于自由人之上的阶层。

许多宾夕法尼亚人没有投票选举宪法大会的代表——他们厌恶规定的誓词宣布放弃对乔治三世的效忠，或者反感以未经授权的方式推翻合法选举的州议会。而那些投票的人似乎接受了坎农的建议。选出的代表是一群"朴素的乡下人"，或者像一位批评者所说的"一群白痴（numsculs）"。托马斯·史密斯（Thomas Smith）是来自贝德福德（Bedford）县的代表，抱怨说"我们中不到六分之一的人曾经读过"有关政府主题的文字。他轻蔑地提出一个议案，即每个考虑中的决议应当"为了便于每个代表使用而打印出来，因为他们

[131]

---

[1] *To the Several Battalions of Military Associators in the Province of Pennsylvania*, Broadside, June 26, 1776.

To the several BATTALIONS of MILITARY ASSOCIATORS in the Province of PENNSYLVANIA

GENTLEMEN,

[130] 詹姆斯·坎农向民兵宣读的书面抨击的第一页，提出了 1776 年宾夕法尼亚宪法大会代表的资格问题。这是争取独立的斗争所释放出的平等主义诉求的最佳例证之一。（Library Company of Philadelphia）

中的一些人能够更好地阅读印刷体。我们的原则似乎是这样：任何人，即使是文盲，都能够担任公职，与受过教育的人一样……"[1]

史密斯相信"一些热情的代表"拥护拉平原则，他们主导了会议的进行。虽然我们对大会辩论的情况了解得很粗略，但是詹姆斯·坎农作为来自费城的代表，在起草新宪法的过程中发挥了主要作用。这自然成为之后宾夕法尼亚政治中的老生常谈，"宪法由一位狂热的教师制定"。梅拉克、里腾豪斯和比德尔也是代表。而潘恩离开了费城，在《独立宣言》签署后自愿成为州民兵中的准将丹尼尔·罗贝多（Daniel Roberdeau）的秘书。他之后坚称自己"没有起草宪法中的任何部分，也不知道宪法的任何内容"。然而到目前为止，坎农的政治观点本质上与潘恩相同，宪法与《常识》中概述的政府结构是一致的。[2]

宾夕法尼亚州宪法被公认为创立了美国革命时期最激进的政府框架，使 1776 年的意识形态和政治发展都达到了顶峰。这部宪法起草于大陆会议宣布美国独立之后不到 3 个月的时间里，它标志着革命的乌托邦方面——与英国的过去一刀两断，消除了历史的连续性，根据首要原则来建构政府。当时欧洲的改革者将这部宪法视为美国州宪法中最重要的一部——按照法国改革者和潘恩未来的朋友 [132]

[1] Nevins, *American States*, 149; "Christophus Scotus," *Pa. Packet*, October 29, 1776; Charles Page Smith, *James Wilson, Founding Father*, 1742–1798（Williams burg, 1956）, 108; William H, Smith, ed., *The St. Clair Papers*（2 vols.: Cincinnati, 1882）, I, 371–373.

[2] "Audax," *Pa. Freeman's Journal*, September 29, 1784; Butterfield, ed., *Letters of Rush*, I, 336; Connor, *Poor Richard*, 147–148; *The Proceedings*, 48-49; Hawke, *In the Midst*, 183–186; Foner, *Complete Writings*, II, 269–272.

布里索·德·沃维尔（Brissot de Warville）的说法，它是"优秀政府的典范"。[1]

与潘恩的政治原则一致，州宪法反对平衡政府的观念，建立了一个权力巨大的一院制议会，用由民选产生、没有否决权的多位行政长官来取代总督。通过年度选举，官员轮换，一直向公众开放议会辩论，以及每7年选举一次审查委员会来决定是否违宪，从而避免议员和人民之间的利益产生差异，确保议员对其选民负责。州宪法对担任官职设置了财产资格限制，同时把选举权赋予全部年满21岁并纳税的男性。州宪法因此并没有完全打破传统观念，认为选民应当拥有"充足的共同利益，并且忠诚于共同体"，但它很大程度上指向了成年男性普选权。

新宪法的许多条款需要宾夕法尼亚社会的改革。没有涉嫌欺诈的债务人在将财产给予债主之后不应当被监禁，宾州的每个县都应当建立低收费的学校，这些条款都直接回应了工匠和其他中等收入者以及穷人的需要和不满。州议会被责令"需要以这种方式来进行管理，避免永久持有权"，并且确保宾夕法尼亚人有权在自家土地和"其他……没有封闭的土地上""捕鸟和狩猎"。这些条款反映了乡村和城市激进派对"封建制复兴"的共同担忧。其他敌视富人的迹象散布在州宪法中，这在前一年春天就已经显露出来了，但也与政府既可能被上层腐蚀，也可能被下层腐蚀的这种危机感结合了起来。

[133]

---

[1]　J. Paul Selsam, "Brissot de Warville on the Pennsylvania Constitution of 1776," *PaMHNB*, LXXII（January, 1948）, 25–43.

州宪法的其中一条告诫公民，官员的候选人应当"坚持正义、温和、克制、勤奋和节俭"，另一条指出，"每个自由人为了保持自己的独立性，（如果没有足够的财产），应当有自己的职业、事业、生意和农场，从而使他能诚实度日"。最后，州宪法规定，"应当制定防范罪恶和不道德行为的法律，并长期执行"。[1]

在一个问题上，宾夕法尼亚州宪法没有完全反映费城激进派的观点。詹姆斯·坎农是负责起草《权利宣言》的委员会中的主要领导者。前 15 个条款，包括保护自然权利和宗教自由，陪审团审判和言论自由，几乎完全照搬了 1776 年 6 月由乔治·梅森（George Mason）起草的广为流传的《弗吉尼亚权利宣言》。这些条款在宪法大会通过时只做了比较小的修改。但是最后一个条款使人回忆起坎农和扬之前提出需要采取决定性步骤反对贵族制，结果未获通过。它写道：

> 少数人占有大量财产会对权利构成威胁，并且损害人类的普遍幸福；因此每个自由州有权通过自己的法律阻止这样的财产占有状况。

宾夕法尼亚激进派在这里提出的东西已经非常接近"农耕法"，效忠派曾警告说它将跟随独立而出现，这对宪法大会来说太过激进。[2]

---

[1]　*The Proceedings*, 54–65; "A Friend to Fair Elections," *Pa. Gazette*, March 22, 1786.

[2]　Robert A. Rutland, ed., *Papers of George Mason*（Chapel Hill, 1970— ）, I, 287–289; *An Essay of a Declaration of Rights*, Broadside, 1776; *The Proceedings*, 54–57.

然而，费城激进派对这份新文件非常满意，因为它反映了许
多共和主义的基本原则。在政治上，这是迄今为止最为民主的新州
宪法：它的选举权范围极为广大，而且为之前一年出现的政治参与
扩大现象背书，给普通人担任官职提供了更多机会。一院制议会反
映了潘恩的原则，那就是在一个共和国里，全体人民拥有统一的利
益，能够被一院制议会最好地代表。正如托马斯·扬解释的那样，
州宪法的指导原则是"大多数人民是政府权力的真正所有者"。[1]

在社会方面，州宪法明确地基于这样的观念，即"生产者阶级"
是共和制政府的支柱。尽管拒绝了坎农的"农耕法"条款，但是州
宪法反映了许多居于"绅士"之下的宾夕法尼亚所有阶级中的反贵
族情绪。但是在绝大多数人中，它仍然需要一些独立参与政治的证
据。州宪法扩大了政治国民的范围，但是谨慎地将不自由的人——
奴隶、契约奴和学徒工，以及那些由于贫穷而免于纳税的自由公民
排除在外。毕竟，组成生产者阶级的农民和工匠正在摆脱服从宾夕
法尼亚精英的遗产，却仍然要求自己的仆人和学徒工服从自己。即
使在宪法大会召开时，会上建立的安全委员会由大卫·里腾豪斯担
任主席，詹姆斯·坎农、蒂莫西·梅拉克和欧文·比德尔担任委
员。他们也决定如果主人申请，所有民兵中的学徒工和契约奴应当
离开，未来如果没有主人的同意，也不得被征召。换句话说，州宪
法反映了城市高级工匠和西部农民的新政治权力，但没有完全同意

[134]

---

[1]　E. P. Walton, ed., *Records of the Council of Safety and Governor and Council of the State of Vermont*（8 vols.: Montpelier, 1873—80），I, 394—395.

费城民兵更加民主和平等的诉求。其政治国民的观念在上层和下层中都仍然有自己的边界。[1]

三

一位当时的人写道，1776 年州宪法"分裂了辉格派"。宪法大 会休会之后，温和辉格派声称政府新架构的公布没有得到人民的投票表决，所以在费城召集了一个民众大会，通过了谴责"奇怪变革"的决议，要求通过建立平衡政府、两院制议会和单一州长的修正案。[2]1776 年的辩论发生在宾夕法尼亚党派斗争非常激烈的时期，一派是宪法的反对者，他们自称共和派，另一派是宪法的支持者，他们自称宪法主义者。在某些方面，这种划分是之前政治分野的延续——大部分长老会教徒支持宪法，而贵格会教徒和英国国教精英反对宪法。当时的人将党派分野描述为富人和穷人之间的对立，共和派领导人当然比宪法主义者与该州的经济精英联系更密切。但被认为是宪法主义者领导人的政治家——像乔治·布莱恩和约瑟夫·里德这样的人——很难说是贫穷的人。在费城，工匠群体也因为州宪法而产生了分裂。[3]

---

[1]　Pole, *Political Representation*, 273–274; *Pa. Colonial Records*, X, 723–724.

[2]　"Diary of James Allen," *PaMHB*, IX（1885），177; *At a Meeting, Held at the Philosophical Society Hall*, October, 17, 1776, Broadside; C. Marshall to ?, September 20, 1776, Marshall Letterbook, HSPa.

[3]　Roland M. Baumann, "The Democratic-Republicans of Philadelphia: The Origins, 1776–1797"（未出版的博士论文，Pennsylvania State University, 1970），28–33; Olton, "Philadelphia Artisans," 205-214; Garydon, *Memoirs*, 284–285.

围绕州宪法的辩论开始于 1776 年秋，使用了前一年春出现的同样的阶级对抗话语。州宪法的反对者抨击他们的敌人是"咖啡馆煽动者"和"政治暴发户"，并将州宪法的缺点归因于坎农的书面抨击，它在"许多没头脑的人"中间流传，而"有财产的人……有经验和知识的人"没有被选为宪法大会的代表。[1] 宪法主义者则把他们的对手描述为"所有富裕的大人物和聪明人，律师和医生"，这些人不认为自己与"人民有共同的利益"。他们坚持认为共和派要求建立上议院只不过是为了建立"由少数大人物组成"的贵族院，这些人急于增加自己的财富和权力。"如果全体人民服从他们的意志，将会出现专制，"一位州宪法拥护者写道，"我不知道什么是自由，因为我不知道除了人民之外的任何存在。"[2]

[136]

本杰明·拉什是州宪法事业的背叛者之一，他的立场反映了他社会地位和私人关系的变化。到 1776 年年中，拉什不再是费城社会的局外人。他是自己行业的领袖、大陆会议的代表、军队的医生，地位比几年之前当医生时显赫得多，那时他的大部分病人都来自下层阶级。在大陆会议上，他成为约翰·亚当斯的密友，正是亚当斯促使拉什强烈反对新的政府架构。1777 年，拉什在报纸上发表了一系列文章，包括大量引用亚当斯对平衡政府优点的描述。拉什相

---

[1]　Baumann, "Democratic-Republicans," 18; *Pa. Packet*, October 29, 1776; "Agricola," *Pa. Packet*, February 6, 1779; "Farmer," *Pa. Packet,* November 5, 1779.

[2]　"John Trusshoop," *Pa. Gazette*, November, 13, 1776; *To the Free and Independent Electors of the City of Philadelphia*, Broadside, November 5, 1776; "The Considerate Freeman," *Pa. Packet,* November 26, 1776; "Whitlocke," *Pa. Evening Post*, May 27, June 4, 1777.

信，新宪法是"专制的，我们在服从它时就已经变成了奴隶"。

　　这种夸张的修辞背后是对社会观念的明显背离，该社会观念是费城激进派中拉什的前盟友的共和主义思想的基础。他们将平等作为共和政府的必要前提；拉什追随亚当斯抨击宪法，完全是因为它"预设了完美的平等，在宾州居民中对财富、智慧和美德进行平均分配"。事实上，拉什认为，"勤奋和能力的优秀程度，尤其是商业，将导致我们中间财富的不平等"。不要试图抵制这种不平等，实际上，州宪法应当使其制度化，把富人隔离在两院制议会中的上议院。（拉什与亚当斯一样，从没有解释为什么富人不能像控制一院那样容易地控制两院。）毫不奇怪的是，鉴于拉什拒绝激进派对社会按照公共利益进行治理的合作观点，拉什反对政府进行价格控制，支持个人有权不受干预地使用自己的财产。在整个 18 世纪 80 年代，拉什抨击宾州政府是"暴民统治"，并且敦促"拥有智慧、美德和财产"的人，比如他之前的对手约翰·迪金森，回归公共生活，拯救宾夕法尼亚人。 [137]

　　拉什脱离共和主义激进派的行为，也许反映了新教福音派传统内部的分歧，这起初塑造了他的政治观点。许多福音派领导人继续支持共和主义的千禧年视野，他们将其带入革命时期的战争中，但是其他人越来越担心美国人民的道德水平不足以在共和政府中被赋予不受制约的权力。在 18 世纪 80 年代，拉什早期的乌托邦思想逐渐消退，他对下层阶级文化中的各种娱乐形式进行了猛烈的抨击。拉什坚持认为，酗酒导致争吵、暴力和亵渎的话语；集市应当取消，因为"这会诱导人们挥霍、玩物丧志、酗酒和不洁"；赛马和斗鸡"导致懒惰、欺骗、玩物丧志和渎神的咒骂"；星期日的娱乐"导致懒惰的习惯和对娱乐的喜爱，这会影响到每一天"，使工作的人们懒惰和混乱。他专门评论了赋予收割工人吃苦耐劳精神的各种行为，并且建议黄油牛奶和水应当被取代。[1]

当然，并不是只有拉什厌恶下层阶级生活的这些方面。福音派牧师长期攻击大众娱乐的世俗和放荡；工匠文化总是含有脱离下层阶级粗俗生活的倾向；革命时期宾夕法尼亚的制造商群体虽然小，但人数日益增加，他们认为这种大众文化对现代产业工人必备的工[138]作习惯十分有害。拉什是福音派长老会思想的继承者，与工匠群体联系密切，支持家庭手工业，并且是费城第一家纺织厂的股东，所以他将这些反对前工业时代大众娱乐和生活方式的不同思想结合了起来。

拉什之前的激进派盟友，包括潘恩，也许分享了他对下层阶级文化的厌恶，但是他们的目标是把穷人从服从的生活中拯救出来，并且赋予他们自尊和自律，这是参与政治必备的品格。相比之下，拉什的改良主义与日益壮大的政治精英主义携手并进。他专门批评了《民兵法》允许士兵选举军官，因为这会导致纪律缺乏，对"道德产生不良影响"。革命导致美国人民"对自由过度热情"，这种现象使拉什警醒，他甚至把这种情况诊断为新的"精神失常"，并且给了它一个临床名称——"无政府主义病"。人民在政治和文化方

---

[1] Hawke, *Rush*, 196–201; Butterfield, ed., *Rush Letters*, I, 137, 148, 152, 240, 409, 498, 530; Dagobert D. Runes, ed., *The Selected Writings of Benjamin Rush*（New York, 1947）, 72–80; Rush to John Dickinson, March 20, 1778, Dickinson Papers, Library Company of Pennsylvania.

面缺乏自我控制能力，这就使平衡政府，以及制约民选代表的权力变得十分必要。拉什仍然是一位共和派，但他开始相信，一个真正的共和国"的政府由三个分支组成，每个分支来源于不同时代和时期的人民……单一的民主，或缺乏平衡的共和国，是最邪恶的事情之一"。[1]

四

潘恩如何回应辉格派围绕 1776 年州宪法而产生的分裂？正如我们所见，宪法大会召开时他不在费城，而是自愿成为宾夕法尼亚民兵中的丹尼尔·罗贝多将军的秘书。秋天，他成为新泽西州李堡镇（Fort Lee in New Jersey）的纳撒尼尔·格林（Nathaniel Greene）将军的副官，为费城的媒体发回有关纽约市华盛顿战役的报道。在 11 月和 12 月，他跟随受到围攻的大陆军撤往新泽西，当部队在特伦顿（Trenton）驻扎时，他回到了费城。在他后来称之为"爱国主义激情"的驱使下，潘恩撰写了《美国危机》（The American Crisis）。华盛顿要求大陆军士兵在平安夜渡过特拉华河之前阅读其中多篇文章。开头的一段文字后来成为经典：[2]

[139]

---

[1]　McLoughlin, "The American Revolution," 107; Wood, *Creation*, 428–429; Butterfield, ed., *Rush Letters*, I, 142, 270–273, 371, 413, 462–467, 523; Bell, "Science and Humanity," 65–74, 281–293; Runes, ed., *Writings of Rush*, 72, 332–333; Boorstin, *Lost World*, 181–182.

[2]　Hawke, *Paine*, 57–60; Foner, *Complete Writings*, I, 49.

这是考验人们灵魂的时刻。夏日的士兵和阳光的爱国者将在这次危机下从为祖国服务中退缩；但是现在还在坚持的人，值得所有人的爱戴和感激。

潘恩在 1777 年和 1778 年又写了 6 篇《危机》文章。1777 年 4 月，他成为大陆会议外交事务委员会秘书，这个闲职使他能够全身心投入他的爱国写作。讽刺的是，约翰·亚当斯提名他担任此职，希望他的"生花妙笔"能够为政府服务。潘恩再次扮演了一个令人瞩目的现代角色——利用大众传媒来鼓舞战时民心的宣传者。《危机》系列文章以小册子的形式出版，并且在各个殖民地的报纸上登载，成为出色的宣传品。与《常识》一样，潘恩同时激发读者的激情和冷静思考，使他们热爱祖国，痛恨英国。他嘲讽英国指挥官，抨击托利派，重复他对英国腐化生活的批评，并且在面对令人沮丧的军事形势时，坚持美国必胜的信念。

潘恩对英国的痛恨随着军事冲突进一步增强。他在 1777 年 1 月的《危机》第二篇文章中写道，"英国作为一个国家，是……全世界最大、最忘恩负义的反对上帝的罪犯……无论是愚蠢的专制君主、放荡的宫廷、非法交易的议会，还是盲目的人民，他们也许会认为，国家欠上帝的债务有朝一日一定会得到清算"。在 1778 年 11 月第七篇文章中，潘恩甚至号召英国的"商人和生产者""冒着革命的风险"反对"你现在的国王和大臣"，而不是允许他们把国家"从疯狂带向绝望，从绝望带向毁灭。美国已经为你们树立了榜样，你们应当学习它并获得自由"。

[140]

　　潘恩也把他的笔触转向反对革命的内部敌人。"每一个托利派，"他在第一篇《危机》文章中声称，"都是懦夫；托利主义的基础是奴性、盲从和自私的恐惧；受这种影响的人也许会很残忍，但绝不会勇敢。"他敦促宾夕法尼亚议会制定法律，要求所有选民和公职人员进行忠诚宣誓。这项政策很快被新的州政府采纳，进一步加剧了该州的政治混乱。

　　但是潘恩也能在对军事形势的理性分析中掩盖自己的激情。尽管殖民地军队持续退却，但他不可思议地抓住了它的军事优势并将其揭示出来，而且宣传了华盛顿采取的战略，最终带来了美国的胜利。早在 1777 年 1 月，潘恩就预测英国军队将发现它不可能占领殖民地。"就像比赛一样，我们能够让出 1 平方米土地让你进入，是为了之后占领 2—3 平方米土地 ⋯⋯ 在所有你之前参与的战争中，你只有军队可以依靠；而现在你可以凭借军队和乡村进行战斗。"他坚持认为，英国人能够占领美国的城市（豪将军的确将在 1777—1778 年的冬天占领费城），但是他们从来不能真正占领乡村地区。"我非常了解英国及其人民的性格，"潘恩声称，"我相信我们发动革命比你们占领这里更加容易。" [141]

　　潘恩 1777 年的大部分时间都在费城，并且随大陆会议在那年冬天撤退到约克乡村，而英国人则在享受费城的舒适，华盛顿的军队在福吉谷（Valley Forge）受挫。英国人在 1778 年春撤离费城，大陆会议和潘恩回到了这里。他在秋天撰写了《危机》第六篇文章，支持大陆会议不与最近到来的英国特派员进行接触，除非英国承认美国独立。美国最近签署了与法国的同盟条约，而且得到了跨海军事援助的保证，胜利的前景逐渐明朗。潘恩写道，"在法国，我们找到了深情的朋友和可靠的盟友；在英国，我们除了专制、残忍和不忠之外，什么都找不到"。[1]

因此，潘恩在 1777 年和 1778 年埋头处理国事和战事。但毫不奇怪的是，当参与关于宾夕法尼亚新政府架构的争论时，他站在了宪法主义者一边。除了拉什之外，几乎所有潘恩在费城的盟友都完全支持新宪法和州政府。在 1776 年 10 月费城召开的修改州宪法的公共大会上，坎农、梅拉克和扬努力捍卫新的政府架构。1777 年建立的州政府任命梅拉克为最高行政委员会秘书，里腾豪斯为司库，坎农和里腾豪斯为安全委员会委员，扬为战争委员会秘书。扬认为州宪法"是典范，通过细微的调整，将成为人类制定的近乎完美的东西"。他在 1777 年把一份州宪法的文本发到了佛蒙特（Vermont），引起了一场小风暴。他在那里的朋友伊森·艾伦（Ethan Allen）是被扬称为"与纽约垄断者进行斗争"的领导人。大陆会议的纽约州代表坚持在 1777 年 6 月通过决议谴责扬的干预，但是佛蒙特很快宣布建州，并且通过了模仿宾夕法尼亚政府架构的州宪法。[2]

当潘恩的宾夕法尼亚朋友们在 1777 年 4 月建立辉格协会（Whig Society）来捍卫州宪法，并由查尔斯·W. 皮尔担任主席时，他加入

[142]

---

[1]　Hawke, *Paine*, 66–75; Foner, *Complete Writings*, I, 65–67, 70–71, 77, 132–155.

[2]　Foner, *Complete Writings*, I, 73; "Consideration," *Pa. Gazette*, October 30, 1776; Force, *American Archives*, 5 ser., II, 1154–55; Baumann, "Democratic-Republicans," 19–20; *Pa. Archives*, 2 ser., I, 725; Duane, ed., *Remembrancer of Marshall*, 139; Walton, ed., *Records of Vermont*, I, 394–395.

了宾州的通信委员会（Committee of Correspondence）。在 1777 年 3
月和 6 月，以及 1778 年 12 月写给宾夕法尼亚媒体的一系列信件中，
潘恩把他的笔触转向为州宪法辩护。为了保持自己居于政党之上的
地位，他明确拒绝使用阶级对立和攻击富人的修辞，而这些修辞被
其他宪法主义者在报纸上大量使用。毕竟，潘恩扮演着战争宣传者
的角色，他正努力维持全国统一的氛围，避免发生内部冲突。他不
再攻击富人，而是努力使他们相信州宪法符合其最大利益：

> 我已经提前听到那些反对目前州宪法的人说，这是一部对
> 穷人有利的宪法。我回应说，这是对富人最有利的政府，因为
> 它为土地利益集团提供了购买者、承租者和劳工，为商人提供
> 了消费者 ……我在任何情况下都不为一方反对另一方的理由申
> 辩；因为我明确相信，一方的真正利益也是双方的真正利益。

与通常的情况一样，潘恩的目标是为共和政府赢得最广泛的
支持。[1]

潘恩关于宾夕法尼亚州宪法的信件全面阐述了他在政治权利平
等问题上的观点。在《常识》中，他只是模糊地提到了普遍选举权
的效用，现在他明确而坚定地打破了认为选举权应当与财产所有制
相联系的传统。但是他仍然保持对这种观点的认同，那就是某种程 [143]
度的个人独立对选民来说非常必要，从而把激进派思想与英国内战

---

[1]　*Pa. Gazette*, April 9, 1777; Foner, *Complete Writings*, II, 282–283.

时的拉平派（Levellers）和 1776 年时扬和坎农的思想区别开来。的确，潘恩这里的观点使人想起拉平派的自由观念，它被 C. B. 麦克弗森（C. B. Macpherson）称为"占有性的个人主义"。潘恩声称，"我认为自由是一种个人财产"，他坚持认为"我在任何地方使用'自由'或'权利'一词时，希望被理解为人们的完全平等"。但是与拉平派一样，潘恩允许在一些情况下，暂时丧失自由：[1]

> 我认为自由与人不可分离；但它可能最后在犯罪中丧失，或者这项权利在他成为仆人时无法行使。我所说的被奴役的意思是所有公务员或被国家雇佣的人，自愿接受自由和利益的损失。所有家庭中的仆人也是如此；由于他们的利益系于主人手中，生病和健康都取决于主人，能够自动摆脱税收和各种公共服务，所以他们并不关心公共事务上的选择；一旦他们重新找回人的原始特点，并且亲自接触世界，他们会重新享有与那个特点相连的自由。我打算得出的结论是，在生活中除非自愿，否则一个人的自由不可能被剥夺。

---

[1] Macpherson, *Possessive Individualism, passim*; Foner, *Complete Writings*, II, 285–287. 我应当指出，关于拉平派的最新著作将他们关于选举权的主张视为近乎成年男性普选权，超过了麦克弗森所认为的程度。他声称拉平派意味着排除整个工薪阶层，但是这种观点受到了挑战，参见 Roger Howell, Jr. And David E. Brewster, "Reconsidering the Levellers; The Evidence of *The Moderate*," *Past and Present*, XLVI（February, 1970）, 68–86; 还可以参见 Keith Thomas, "The Levellers and the Franchise," in G. E.Aylmer, ed., *The Interregnum: The Quest for Settlement*, 1646–1660（London, 1972）, 57–78。

潘恩在这里争取的是最广泛的选举权。他坚持认为财产资格本质上是不公平的，因为财产"几乎无法区分一个人对社会的价值"。这明显与他反服从的态度相一致。他认为必要的选举资格是人身独立而非经济独立。潘恩观点的核心是仆人"自愿"放弃了他们的独立——这种观点对于契约奴来说是有说服力的，他们在大多数情况下自愿签订了合同，但显而易见的是，一定程度的富足和经济机会不能迫使任何人放弃他的个人独立，只要这违背了他的意愿。

[144]

从 1778 年开始，潘恩总是抨击选举的财产资格限制。但是他继续相信，正如他在 1786 年所写的那样，"依附破坏了自由"，甚至在《人的权利》中，他声称选举权应当"与税收一样普遍"——这个提议在英国语境下非常激进，因为几乎每个英国成年男性都要支付某种非直接税，但这与男性普选权并不是一回事。直到 1795 年，潘恩在对那年起草的法国宪法的评论中明确指出，"剥夺任何阶级的选举权"都是错误的，因为选举权是"保护其他权利的首要权利"。[1]

即使在 1778 年潘恩对选举权的定义中，也允许由于贫穷而无法纳税，但是没有成为仆人的人享有投票权，其范围远比他支持的州宪法条款规定的大，更不用说其他州范围小得多的选举资格。但从整体上看，1776 年州宪法将潘恩共和主义的基本理念付诸了实践。在对州宪法的辩护中，潘恩支持在革命时期的宾夕法尼亚州扩大政治参与，他自己在 1776 年的写作和活动为此付出了很大的努力。

---

[1]　Foner, *Complete Writings*, I, 330; II, 285–287, 399, 578–581.

第五章　价格控制和自由放任主义：
潘恩与美国民众的道德经济

[145]　　潘恩在 1777 年和 1778 年参与了关于宾夕法尼亚州宪法的辩论，这拉开了他深度参与地方事务的序幕。在混乱的 1779 年，直接引发宾夕法尼亚和其他殖民地动荡的问题是物价的大幅上涨，原因是立法机构大量印发纸币，而且一些商人极力在军队供应和面向城市的农业生产中牟取暴利。经济危机导致各个殖民地建立法外的地方委员会，努力控制商品价格，管理商业活动。它引发了关于共和主义"美德"观和"奢侈"观含义的激烈争论。这一时期殖民地一些人士获得巨大利润，而另一些人则生活困难。财产权到底是绝对和不可侵犯的，还是为了全社会的利益而应当得到管控，殖民地人士在这个问题上产生了分歧。

[146]　　与这个变动时期的许多美国人一样，潘恩在经济管制的传统观念和自由放任的新观念之间摇摆不定。他既同意自由贸易拥护者的某些观念，也认同价格控制支持者的某些观念。在 1779 年的经济危机中，他发现很难在争取法外价格管制的日益激烈的民众运动中维持前后一致的立场。但最终，他发现自己的观念与自由放任主义的

"现代"观念有更多共同之处，而与为了公共利益而管理经济活动的传统观念相去甚远。

一

　　近些年来，英国和法国的历史学者已经关注到作为 18 世纪群众运动主要形式的食物骚乱和民众控制价格，并且关注到引发如此行动的"道德经济"的合法观念。城市和农村的穷人与许多工匠相信，自由市场的运作违背他们的经济利益。他们反对刚出现的自由贸易原则应用于谷物、肉类和面包，否认农民、面包师、商人和店主在生活必需品方面拥有绝对的财产权。相反，他们重申了面包"公平价格"的传统观点，将磨坊主和面包师视为整个社会的仆人，而不是普通的企业家。在匮乏时期，他们有时诉诸"平民税收"（taxation populaire）来控制食品供应，以传统的价格水平来销售。在 18 世纪的民众心中，食品价格的上涨不是由于市场力量的无情作用，而是由于囤积居奇者（那些从市场上囤积商品的商人）、垄断者（那些垄断关键商品的人）和投机商的贪婪活动。正如 E. P. 汤普森描述的那样，"道德经济"的传统反对食品的贸易自由，认为这种要求是"野蛮人的自由"，支持经济由国家根据消费者的利益进行管理的传统理想。[1]

[147]

---

[1]　E.P. Thompson, "The Moral Economy of the English Crowd in the Eighteenth Century," *Past and Present*, L（February, 1971）, 76–136; Louise A. Tilly, "The Food Riot as Form of Political Conflict in France," *Journal of Interdisciplinary History*, II（Summer, 1971）,（转下页）

当然，认为"道德经济"的传统在美洲殖民地与在欧洲以完全相同的形式存在是错误的。例如在英国，要求价格控制的民众运动从中世纪的法律传统和仍然支配社会的一整套家长式关系中获得支持。相比之下，宾夕法尼亚的乡村地区不仅生活着农民和大土地所有者，而且生活着独立的自耕农，他们中的许多人习惯于市场需求，认为价格由供求关系决定是合理的。正如我们所见，在费城，一个重要的工匠群体在 18 世纪 70、80 年代变得倾向于自由市场。

另一方面，来自英国和爱尔兰的移民使殖民地人口持续增长。对他们来说，"平民税收"和地方治安法官应当建立食物的最高限价的观点，是他们文化传承的一部分。大量 18 世纪 60 年代末和 70 年代初抵达费城的英国移民，来自最近刚受到食物骚乱冲击的社会。民众对高物价的不满导致官方在 1766 年宣布了反对垄断市场的老爱德华法令，1768 年伦敦的群众"在白教堂召集屠夫并告诉他们，除非以合理的价格出售猪肉，否则他们将自行决定价格"。[1] 就像 18 世纪 70 年代的事件证明的那样，费城人充分地意识到了食物骚乱和"平

（接上页）23–57; R.B. Rose, "Eighteenth Century Price Riot and Public Policy in England," *International Review of Social History*, VI（1961）, 277–292; Rudé, *Crowd in History*, 21–45, 108–121, 228; Thompson, *Making of the English Working Class*, 62-67; Soboul, *The Sans Culottes*, 14–18, 59–60, 252–257.

[1]　关于这些骚乱的最新研究参见 Walter J. Shelton, *English Hunger and Industrial Disorders: A Study of Social Conflict during the First Decade of George III's Reign*（New York, 1973）。遗憾的是，这并不是一个对该主题的充分研究。参见 Peter Linebaugh 发表的评论文章，Bulletin of Society for the Study of Labour History, XXVIII（Spring, 1974）, 57–61, 它提到了伦敦 1768 年的群体性事件，参见前文边码 [61] 所引用的。

民税收"的欧洲传统。这些传统在费城长期蛰伏，在经济危机的压力下能够迅速恢复，尤其是在贫穷的城市居民中间。

美洲殖民地人与同时代的欧洲人一样，习惯于政府进行广泛的经济管理。殖民地的法典中有很多管理价格和工资的法律，禁止垄断行为，并且限制了面包、啤酒、肉类和其他食品的最高价格。在 18 世纪，自由放任主义思想的确在商人和受教育阶层中间非常流行，许多旧的经济法规遭到废止。但纵观整个世纪，地方当局都在试图缓解穷人在食物短缺时期遇到的困难，以固定价格出售谷物。很明显的是，相当多城市人认为商人是社会上不从事生产的人，因此普遍对他们有所怀疑。"每个人都同意拨专款来管理社会和经济生活"，一项近期关于殖民地经济思想的研究得出结论，而且"公平价格"的思想既存在于大众思想中，也存在于 18 世纪的法律原则中，那就是契约义务必须建立在公平或公正的基础上，只是双方同意是不够的。经济自由应当服从社会的公共利益的观点，也成为殖民地人士在 18 世纪 60、70 年代采取的反对英国税收政策措施的基础。抵制进口的协定明显侵犯了贸易自由，而且经常规定商人不能通过提高稀缺英国商品的价格来获利。[1]

在波士顿，大批 18 世纪的群众在食物短缺时期强行阻止食品出

---

[1]　引自 Crowley, *This Sheba, Self,* 6; Richard Morris, " Labor and Mercantilism in the Revolutionary Era," in Richard Morris, ed., *The Era of the American Revolution* (New York, 1939)，76–91; East, *Business Enterprise,* 26–28; Morris, *Government and Labor, passim*; Bridenbaugh, *Cities in Revolt,* 280; Jensen, *Maritime Commerce,* 26; Horowitz, "Historical Foundations of Contract Law," 917–918, 923–927; Arthur M. Schlesinger, *The Colonial Merchants and the American Revolution, 1763-1776* (New York, 1957 ed.)，211, 498–499, 554–555, 584–585。

口。与那里不同，费城在殖民地时期没有发生食物骚乱。毕竟，宾夕法尼亚生产和出口了大量的食品，而且茂盛的农田离费城就几英里远。在 18 世纪大部分时期，食品价格保持低位，费城人的饮食比同时期的英国人更加多样和丰富。但是因为 18 世纪 60 年代末出现了一系列歉收，欧洲的需求突然增加，这使美国的食品价格急剧上涨。到 18 世纪 70 年代初，城市消费者高调反对农民和商人，指责他们抬高了食品的价格。[1]

[149]

与正在出现的价格控制议题密切相关的是资助革命战争的巨大问题。在殖民地时期，每个殖民地都通过发行纸币来应对持续多年的硬币短缺。支撑纸币价值的不是承诺通过金银来兑换纸币，而是愿意接受用纸币纳税和做其他事情。宾夕法尼亚在维持纸币价值方面尤其成功，导致该州的物价水平在革命之前的 50 年相当稳定。由于没有殖民地"货币财政"体系的替代选择，发行纸币的实践在 18 世纪 70 年代之前并不是一个主要议题；是革命本身破坏了有产者对纸币的信心，使他们支持"稳健的货币"政策，把货币与金银挂钩。

然而，在与英国的战争开始时，发行纸币来支付政府支出的习惯根深蒂固，其他的财政方法都没有被认真考虑。（唯一的替代选择是，通过借钱来补充沉重的税收，即未来税，这对支配大陆会议的

---

[1] David Klingaman, "Food Surpluses and Deficits in the American Colonies, 1768–1772," *Journal of Economic History*, XXXI（September, 1971）, 562–565; Maier, *Resistance to Revolution*, 4-5; Henretta, *Evolution of American Society*, 20, 70–72; Jensen, *Maritime Commerce*, 7–8; East, *Business Enterprise*, 16, 199; Bezanson, *Prices in Colonial Pennsylvania*, 12–19, 46–47; Anne Bezanson, "Inflation and Controls, Pennsylvania, 1774–1779," *Journal of Economic History*, VIII（1948）, Supplement, 1-3; Bridenbaugh, *Cities in Revolt*, 79–80, 280, 283.

有钱人毫无吸引力。）到 1775 年底，大陆会议发行了大约 600 万美元的纸币，到《独立宣言》签署时，这个前所未有的数量又翻了一番。潘恩在《税务官事件》中抨击了英国由于发行纸币而导致物价上涨的现象，在《常识》中呼吁美国人"用金银来代替我们的纸币"。当物价在 1776 年和 1777 年急剧上涨时，潘恩重申了他之前的分析。他1777 年 4 月在第三篇《危机》文章中指出，"只有减少纸币的发行量，商品的价格才能真正降低"。潘恩呼吁每年征收所有财产价值 10% 到 20% 的税收，从而取代纸币来资助战争。[1]

　　大陆会议无权征收直接税，而且缺乏潘恩呼吁的自我牺牲精神，在 1777 年和 1778 年大部分时间里试图全力解决通货膨胀和纸币的问题。1777 年 2 月，发生了一场围绕这个主题的辩论，要求控制价格的情绪伴随着两大新生"政党"的分裂而来———一个政党是新英格兰人和弗吉尼亚人的联盟，另一个政党的支持者集中在中部州的商业中心，并且有一些其他地区的保守派参与，比如约翰·亚当斯。价格管制的主要批评者中有两位来自宾夕法尼亚的大陆会议成员———本杰明·拉什和詹姆斯·威尔逊（James Wilson）。拉什用医学术语攻击这项政策是"一种麻醉剂"，没有解决通货膨胀的主要原因———纸币。威尔逊是一位出色的律师，他评论说，"先生，有些事情是绝对的权力无法做到的"———供求关系本身能够决定商品

[150]

---

[1]　E. James Ferguson, *The Power of the Purse: A History of American Public Finance*, 1776–1790（Chapel Hill, 1961）, xv, 2–19, 26–27; Howard R. Marraro, "Philip Mazzei on American Political, Social, and Economic Problems," *Journal of Southern History*, XV（August, 1949）, 364; Foner, *Complete Writings*, I, 33, 98–99.

的价格。[1]

虽然约翰·亚当斯本人反对这项政策，但是他不得不承认，价格管制的主张在"大陆会议中极受欢迎"。甚至许多怀疑这种法律有效性的南方人，仍然急于"抑制投机性垄断实践"，因为它"在所有的北部州中"非常流行。比如，理查德·亨利·李抨击"宾夕法尼亚的贪得无厌"，因为该州的价格控制措施失败了，他感到这样的管制也许会有助于"降低恶行的严重程度"。在 1777 年和 1778 年上半年，大陆会议没能成功限制货币的发行，也没能使各州征税偿还已经发行的纸币。与此同时，大陆会议承认之前的措施无效，而且建议各州废除所有管制价格的立法。[2]

在战争初期，由于缺乏有效的国家行动来控制通货膨胀，所以地方采取行动管制价格和禁止"垄断"的大门开启了。毫不奇怪的是，这种措施在新英格兰地区最为流行，因为当地有清教共和国的传统。马萨诸塞州不仅有来自城市居民"几乎普遍"的控制食品价格的要求，而且采取直接行动来反对商人可能的牟取暴利和垄断商品的行为。在 1777 年，贝弗利（Beverly）的妇女袭击了商店，一群波士顿的妇女将一个主要的"垄断者"扔进马车，轰出城市，并且截获了他的商品，当时"一大群男人看得目瞪口呆"。在纽约州的新

[151]

---

[1]   S. Weir Mitchell,"Historical Notes of Dr. Benjamin Rush, 1777," *PaMHB*, XXVII(1903), 131–39; Butterfield, ed., *Rush Letters*, I, 132.

[2]   William Graham Sumner, *The Financier and the Finances of the American Revolution* (2 vols.: New York, 1892), I, 55–59; Adams, ed., *Familiar Letter*s, 239–240; Ferguson, *Power of the Purse*, 29–34; Burnett, ed., *Letters*, II, 233, 257, 340, 568; III, 167; *Connecticut State Records*, I, 599, 609–614; Ford, ed., *Journals*, VII, 124; IX, 956; XI, 569; C. H. Gardiner, *A Study in Dissent* (Urbana, 1968), 102–103, 108.

温莎（New Windsor），一群人在 1777 年截获了一船运往奥尔巴尼的茶叶，并以传统的"公平价格"出售。然而，南部州对价格管制的热情要小很多。乔治·华盛顿经常哀叹垄断者和囤积居奇者是"社会的害虫"，他们的行为干扰了对军队的供应。但是与大多数种植园主一样，他相信价格管制与"事物的本质相矛盾，而且本身也不切实际"。[1]

在费城，1775 年建立的地方观察和检查委员会负责监督对进口商品的抵制，确定像盐和茶这样的稀缺商品的价格，公开谴责那些违反价格表的商人。在组成委员会的工匠、专业人士和辉格派商人中，只有本杰明·拉什反对价格控制政策。他向自己的同事读了一段休谟（Hume）关于价格控制在爱德华二世（Edward II）统治时期不切实际的文章。相比之下，克里斯托弗·马歇尔希望委员会截获并以"公平价格"销售商人从市场上囤积的商品，但是他的提议也遭到否决。[2]

---

[1]　Oscar and Mary Handlin, "Revolutionary Economic Policy in Massachusetts," *WMQ*, 3 ser., IV（January, 1947）, 3–26; East, *Business Enterprise*, 203; Morris, "Labor and Mercantilism," 93–96, 103–106; Adams, ed., *Familiar Letters*, 286–87; Andrew M. Davis, "The Limitation of Prices in Massachusetts, 1776–1779," *Publications*, Colonial Society of Massachusetts, X（1905）, 121–125; Theophilus Parsons, Jr., "The Old Conviction Versus the New Realities: New York Anti-Federalist Leaders and the Radical Whig Tradition"（unpublished doctoral dissertation, Columbia University, 1974）, 16; John C. Fitzpatrick, ed., *The Writings of George Washington*（39 vols.: Washington, 1931–44）, XIV, 313; Burnett, ed., *Letters*, III, 167–168, 202.

[2]　Schlesinger, *Colonial Merchants*, 211, 498–499, 554–555, 584–585; "A True Patriot," *Pa. Gazette*, April 14, 1779; *Pa. Evening Post*, April 18, 1776; *Pa. Archives*, 2 ser., III, 625–631; Ryerson, "Leadership in Crisis," 480–481; Corner, ed., *Rush Autobiography*, 116–117; Duane, ed., *Remembrancer of Marshall*, 58, 62, 74.

尽管费城委员会的态度几乎一致，但是许多城市商人从未对价格控制政策感到满意。在 1776 年 4 月，90 位商人向观察和检查委

[152]

员会请愿，否认它有权管制价格，并宣布他们打算拒绝进一步的合作。费城舆论已经开始指责"垄断者"抬高价格，其中一位记者指出，在英国"如果有类似的情况，垄断者手中倒卖的商品会被强制没收，交到绅士手中。他们以合理的价格出售这些商品，并将钱还给垄断者"。商人们在 4 月份的请愿激起了另一场反对"大商人"的运动，这些大商人垄断了贸易并得到了"大量地产"。运动使用的语言与独立的支持者们在同一时期的反贵族诉求刚好吻合。[1]

尽管有商人们的反对，1776 年州宪法大会明确授权地方委员会控制价格。地方层面的管制类型反映在秃鹰镇（Bald-eagle township）委员会通过的决议中，该镇位于宾夕法尼亚西部的诺森伯兰（Northumberland）县。决议禁止该镇出口谷物，"除非穷人的基本需求得到满足"，并警告说委员会将扣押任何拒绝供应市场者的谷物。县委员会似乎已经发现这项决定有些极端，因为它提醒秃鹰镇慎重考虑，找到"一种介于收缴财产和满足穷人需求之间的方式"。[2]

---

[1] *Pa. Evening Post*, March 7, April 30, 1776; "A.B.," *Pa. Gazette*, September 3, 1777; Worthington Ford *et al.*, eds., *Journal of the Continental Congress*（34 vols.: Washington, 1904–1937）, IV, 320; Force, ed., *American Archives*, 4 ser., V, 85–86; "Luke," *Pa. Gazette*, March 13, 1776.

[2] *Pa. Gazette*, June 12, August 28, 1776; *Journals of the House of Representatives of the Commonwealth of Pennsylvania*（Philadelphia, 1782）, 69; *Pa. Packet*, October 22, 1776; *In Council of Safety*, Broadside, November 7, 1777; Brunhouse, *Counter-Revolution*, 51; Minutes of the Committee of Safety, Northumberland County, March 1777, 28–29, HSPa.

　　为了回应地方控制价格的运动，自由放任主义新原则的支持者们，在 1777 年和 1778 年对政府有责任为了公共利益而管理商业的传统观念发起了挑战。革命的主要人物早就接受了自由贸易的新原则。富兰克林相信，"政府干预商品价格违背了商业的本质"。杰斐逊认为，通货膨胀只是由于纸币——任何其他的解释都是"无稽之谈"。值得尊敬的商人们对控制价格的立法非常反感，"贸易能够很好地自我调节"的原则在商人群体中几乎得到了普遍的认同。纳撒尼尔·格林将军是一位重要的商人，他在 1777 年年中表达了商人阶级的观点。他谴责了价格控制不仅无效，而且完全不符合"商业的原则"，并建立在"民众的贪婪心理之上，他们希望少数人的财产贬值，不符合财产所有人的合理要求"。一位纽约商人认为，价格法令是"对工业的制约，而后者是每个国家财富的主要组成部分"。[1]

　　亚当·斯密的著作最为系统地阐述了自由放任主义思想的哲学基础。斯密的《国富论》（ *The Wealth of Nations* ）于 1776 年在英国出版，但是作为"18 世纪中叶许多重要讨论都驶向的中央车站"，它表达了之前几年已经在大西洋两岸广为流传的观点。斯密的世界不是之前共同的家长式共和国，而是一群富有竞争意识的、自利的个人，他们野心勃勃，通过市场的运作从而创造最大的公共利益。斯密将政

---

[1]　Smyth, ed., *Franklin Writings*, IV, 469–470; V, 535; Merrill D. Peterson, *Thomas Jefferson and the New Nation* (New York, 1970) , 189, 304; Johnson, *Foundations of American Economic Freedom*, 7–8; East, *Business Enterprise*, 31; Joseph Dorfman, *The Economic Mind in American Civilization*, 1606–1865 (2 vols.: New York, 1946) , I, 215; "Rationalis," *New Jersey Gazette*, March 11, 1778; "Revolutionary Correspondence," Rhode Island Historical Society *Collections*, VI (1867) , 193–194.

府根据一些公正的标准来分配物品的古老功能，转变为客观的市场机制。他用"自由竞争的价格"取代了"公平价格"的观念，并且依靠供求关系的自然运作保持食品的低价，取代所有"荒谬的反对垄断者和囤积居奇者的法律"。他写道："我们的晚餐不是源于屠夫、酿酒师或面包师的仁慈，而是源于他们对自身利益的关切。"对利益的自私追求不受立法或民众偏见的控制，它确保了社会利益的最大化。[1]

[154] 斯密关于经济生活的观点与18世纪80年代出现的麦迪逊式的政治观点非常接近，将政府的稳定建立在多元利益和野心的竞争之上，而不是建立在人的美德或对统一的公共利益的有意识追求之上。由于这个原因，自由放任主义经济学和潘恩式共和主义之间存在着张力。潘恩仍然支持传统观点，认为社会建立在统一的公共利益基础之上，社会的所有成员都有意识地认识和追求它，他不认为社会仅仅由相互竞争的个人组成，也不同意社会的进步不是有意识计划的结果。[2]斯密至少在经济事务上只强调狭隘的个人利益，没有给其他的人类品质留下空间，而潘恩总是相信，理性能够在塑造人类的行为方面起主要作用。[3]

---

[1]   Thompson, "Moral Economy," 89–90; Adam Smith, *The Wealth of Nations* (Penguin ed., London, 1970), 119, 160–64, 246, 495; Wolin, *Politics and Vision*, 301.

[2]   Wood, *Creation*, 606–12; Williams, *Contours*, 323, 333; Max Horkheimer, *The Eclipse of Reason* (New York, 1947), 9–10, 19.

[3]   事实上，斯密的人性观相当复杂。在他更早的著作《道德情操论》中，斯密持一种更积极的人性观，假定良心（"内心中的那个人"）和同情心或同病相怜不仅能（转下页）

尽管如此，潘恩还是很难避开斯密式观点的影响。他住在伦敦附近时，正值英国议会就谷物的自由贸易问题展开漫长的辩论，其高潮是在 1772 年废除反对囤积居奇的法令。自由放任主义思想在英国的知识界和改革圈中广为流传；"任何思想者"将在《国富论》中发现，"他自己已经开始形成的观点处于历史事件的压力之下，并且得到了所有启蒙思想家心照不宣和持久的合作"。潘恩和斯密的思想模式在本质上是一致的。斯密的经济世界是一个"始终科学的体系"——他的崇拜者称他是经济学领域的牛顿，《国富论》是人类事务的《自然哲学的数学原理》（*Principia*）。与牛顿的物理学宇宙和潘恩的政治世界一样，斯密的经济体系反映了世界基本的和谐与秩序，其原则是对人类利益的天然认同。与潘恩一样，斯密严格区分了社会和政府。人类的经济交换和政治交往一样自然且不可避免，二者都来自人类固有的欲望，以及人们只能靠自身满足一小部分需求的事实。"商业社会"依靠自身的发展，将不可避免地在社会所 [155] 有成员中创造大家共享的富裕。与潘恩对君主制的批评一样，斯密认为政府只是干预扰乱了经济社会的自然运作，并制造了贫穷和衰

（接上页）激发大部分人类行为，而且适合人们在社会上生活。斯密基于同情心的道德理论和他建立在自利基础上的经济体制之间有明显的矛盾，这被德国历史学者称为"亚当·斯密问题"。历史学家们还未解决这个问题。参见 Ralph Anspach, "The Implications of the *Theory of Moral Sentiments* for Adam Smith's Economic Thought," *History of Political Economy*, IV（Spring, 1972）, 176–206; Halévy, *Philosophic Radicalism*, 90–91; Glenn A. Morrow, *The Ethical and Economic Theories of Adam Smith*（New York, 1923）, 3–4。

落，而不是富裕与和谐。斯密解释说：[1]

　　每个个人天生努力改善自身状况，当需要给自己施加自由和安全时，这成为一个强有力的原则，它本身不需要任何帮助，不仅能够给社会带来财富和繁荣，而且能克服无数的障碍，人类法律的愚蠢经常阻碍其运作。

　　自由放任主义经济学及其产物——自我调节的市场，将成为19世纪文明的"源泉"。斯密宣告对利益的自私追求，将使他的观点对大西洋两岸的中上阶层具有吸引力。直到最后，自由放任主义成为狭隘的自我利益的同义词，对穷人的苦难无动于衷，并且反对所有的社会立法。但是在18世纪末，这个原则具有深远的解放意义。斯密像潘恩那样，认为所有权威和强制的旧体制对社会自然运作的干预是非法的。斯密虽然对政治兴趣不大，但他似乎倾向于共和主义和"理性宗教"。他不仅反对政府干预商业，而且反对所有阻碍竞争和个人奋斗的社会制度——官方教会、特许公司、长子继承制和限

[1]　Thompson, "Moral Economy," 89; Halévy, *Philosophic Radicalism*, 89, 107, 129; Morrow, *Ethical and Economic Theories*, 42, 72, 83; Robbins, *Eighteenth Century Commonwealthman*, 196; Duncan Forbes, "Scientific Whiggism: Adam Smith and John Millar," *Cambridge Journal*, VII (August, 1954) , 646; Joseph Cropsey, *Polity and Economy: An Interpretation of the Principles of Adams Smith* (The Hague, 1957) , ix, 62–65; George J. Sligter, "Smith's Trayels on the Ship of State," *History of Political Economy*, III (Fall, 1971) , 265. 潘恩无法在写作《常识》之前阅读《国富论》，但是在18世纪90年代他多次正面提到了斯密: Foner, *Complete Writings*, I, 282; II, 654, 664, 672。

制劳工流动及职业选择的法律。[1]

亚当·斯密从未将他的经济体制称为"自由放任"——这是"完全自由和公正的自然体制"，自然秩序的口号是自由、平等和释放人类的能量。他不否认市场对个人的强制，但坚持认为这种强制比政治权威更加合法与公正。市场的经济决策不仅公正，而且"民主"，因为它们代表了所有消费者和生产者的共同判断。同样的观点是，经济社会如果按照自身规律运作，必将导致公正和平等，这也影响了潘恩的社会观点——它解释了潘恩认为政府是贫穷和不平等的原因。[2]

[156]

潘恩和斯密都构想了一个小生产者的平等社会，他们希望改善自身，获得经济利益，而这个社会中的竞争避免了财富的过度积累。斯密的模型之后被用来为垄断和大公司辩护，其性质排除了这种观点，即在一个真正自由的市场中，所有生产者都能够通过个人活动影响供给、需求或市场决策。二人都区分了生产性和非生产性劳动——对于斯密来说，"社会上一些更加体面的阶层"，包括国王、军队、教会、律师和地主，是"不生产任何东西的懒人"。19世纪的资本家会发现斯密的大部分观点与他们意气相投，但是他们很容易忽略斯密对雇主的贪婪的指摘。在1806年著名的费城鞋匠案中，工匠的律师而不是雇主的律师引用了亚当·斯密的话："雇主在任何时间和

---

[1]　Polanyi, *Great Transformation*, 3, 227; Smith, *Wealth of Nations*, 11, 77; Perkin, *Origins of Modern English Society*, 187, 224; Cropsey, *Polity and Economy,* xi, 65, 72, 80–81; Wolin, *Politics and Vision*, 301.

[2]　Cropsey, *Polity and Economy,* 2, 64; Wolin, *Politics and Vision*, 312–313.

任何地方都会形成默契，不会把工人的工资提高到真实水平之上。"[1]

可以理解的是，亚当·斯密的社会观点与潘恩高度契合。不久，托马斯·马尔萨斯和其他作者发现自然规律并非天生进步和有益的，而是成为贫穷的无情法令，大多数人都要承受。对于马尔萨斯来说，自然通过战争、疾病和饥荒实现自己的意志。相比之下，斯密和潘恩的世界非常进步和乐观，国民财富的增长甚至会使"最底层的人民"都能享受"普遍的富裕"。[2]

然而，这很具讽刺意味。因为正如一位历史学者解释的那样：[3]

　　风俗习惯为人民提供了基本的防卫；它也是弱者对抗强者的标准武器，能够使权力得到规训，并做出妥协。风俗习惯是对有产阶级行为的限制；它限制了他们的行动自由（尤其是他们处置财产的自由），让他们承担一些义务，并在许多情况下限制他们的利润。

"道德经济"的传统回顾过去——在一个有机社会中，所有阶级由人身依附和人身隶属联系起来。它主张风俗习惯优于变革，大众

---

[1]　Stark, *America: Ideal and Reality*, 9–10; Horkheimer, *Eclipse of Reason*, 138–40; Smith, *Wealth of Nations*, 169, 201, 391, 430–431; Perkin, *Origins of Modern English Society*, 27–28; Commons, ed., *Documentary History*, III, 151–152.

[2]　Polanyi, *Great Transformation*, 93, 111–124; Wolin, *Politics and Vision*, 317–321; Smith, *Wealth of Nations*, 115, 172–176, 181–184.

[3]　Robert W. Malcolmson, *Popular Recreations in English Society*, 1700–1850（Cambridge, 1973）, 117.

传统优于新的经济理论, 在美国革命时期动员大众参与政治活动时被证明极为有效。

然而潘恩的整个思维框架是向前看的, 而不是传统的。他坚持认为:"合理性和礼节必须由风俗习惯及其应用来检验; 按照这种观点, 今天付诸实践的权利是一种 1000 年来得到传统认可的权利。"潘恩仍然坚持传统观点, 认为自我牺牲的美德和统一的公共利益是共和国的灵魂。但他也希望一个社会能够保证选择的自由, 自我改善的权利, 以及为大众参与政治提供机会。他开始认为自我管理的市场——与历史发展和风俗习惯彻底决裂——比传统的"道德经济"能更好地为这些目的服务。所以不应感到奇怪的是, 在 1779 年的经济危机中, 虽然潘恩的态度相当复杂, 但是他将放弃传统经济学, 开始支持被费城人所称为的"[亚当·]斯密的清澈明亮之光"。[1]

[158]

二

在动荡的 1779 年, 全国的具体情况首先决定了潘恩对价格控制议题的反应。在 1778 年 12 月和 1779 年 1 月, 他突然发现自己置身于一场关于康涅狄格商人赛拉斯·迪恩 (Silas Deane) 的激烈争论中。这位商人三年前被派往法国为军队购买补给品。直接的问题聚焦于这船补给品究竟是法国政府的赠礼, 还是迪恩能够收取佣金的

---

[1] Polanyi, *Great Transformation*, 68–69; Foner, *Complete Writings*, II, 483; Elizabeth Fox-Genovese, "The Many Faces of Moral Economy," *Past and Present*, LVIII (February, 1973), 161–168; "Artemon," *Pa. Gazette*, March 16, 1785.

商业交易。但是在迪恩事件背后隐藏着更大的问题。人们越来越厌恶发战争财的行为，以及像罗伯特·莫里斯这样的商人可疑的伦理标准，他们同时为政府和自己的个人利益服务，经常从自己的公司或商业伙伴那里以过高的价格购买物品，并用关于政府需求的内部消息来进行投机行为。迪恩自己同时是大陆会议和各种私人商业公司的代理人，而且为了自己的利益，"经常把公私事务混在一起"。通货膨胀的议题持续存在，许多大陆会议的代表重新指责牟取暴利者、囤积居奇者和垄断者的行为导致了通货膨胀。将这些议题和其他议题联系起来的是广为流传的传统观点："奢侈"和"腐败"的观念与共和主义水火不容，"美德"应当高于个人利益和利润。[1]

[159]　　与革命时期政治语言的其他方面一样，像"奢侈"和与其相对的"美德"等术语的准确含义取决于使用者。总的来说，"美德"意味着愿意为了社会更大的利益而牺牲个人利益。这种性质被公认为是"共和主义的本质"，虽然越来越多的自由放任主义支持者相信"个人的不道德行为"——自私地追求个人的提升，是经济增长的主要动因。对于传统乡村派意识形态的支持者来说，"奢侈"和"腐败"意味着对商业化和18世纪商业及金融资本主义发展的反感。但是他们对商业动机的攻击经常伴随着强调斯巴达式的自我否定和逆

---

[1]　　Henderson, "Continental Congress," 114–121, 238–251; Hawke, *Paine*, chapter 6; Howe, *From the Revolution*, 9-15; Burnett, ed., *Letters*, II, 401; III, 437, 490–492; Jacob M. Price, *France and the Chesepeake*（2 vols.: Ann Arbor, 1973）, II, 203–205; E.James Ferguson, *The Power of the Purse*（Chapel Hill, 1961）, 71–81, 92–102; Clarence L. Ver Steeg, *Robert Morris: Revolutionary Financier*（Philadelphia, 1954）, 13, 25; Douglass, *Coming of Age*, 30; Merrill Jensen, *The New Nation*（New York, 1950）, 35.

境，这与森严的等级制和社会控制是相容的。许多 18 世纪谴责"奢侈"的人认为，穷人的懒惰和挥霍是比商人的阴谋诡计更加有害的缺陷。相比之下，对于福音派牧师和城市价格控制的拥护者来说，谴责奢侈行为和哀叹"美德"的堕落，不但针对富人的生活方式和引人注目的消费，还针对整个商业伦理和利润动机。[1]

　　"美德"观念最激进的含义没有出现在大陆会议，而是出现在费城街头。但是攻击迪恩的大陆会议成员反对"商业掠夺"，抨击"垄断者"的邪恶行为是"爱国主义的祸害"。大陆会议中带头攻击迪恩的是亚当斯—李派，这是一个像塞缪尔·亚当斯这样的新英格兰人的联盟，他们的社会观念构想了一个"基督教联合共和国"，在那里不会出现奢侈、挥霍和贪婪。攻击者还包括像理查德·亨利·李这样的南方人，他推崇"节俭和勤劳"的新英格兰精神，以及亨利·劳伦斯，他是大陆会议议长，还是自律的进口商和企业家。在 1778—1779 年冬，亚当斯的信件包括了更多关于美国人奢侈、挥霍、"各种罪恶"，以及缺乏"冷静的方式……自我节制、节俭、刚毅和其他男性美德"的道德说教。李也开始指责"贪婪、敲诈勒索和发财的恶魔"抓住了社会的"所有阶层"，并开始缩小"腐败的"英国和"美德的"美国之间的道德差距。像罗伯特·莫里斯这样的富有商人和大部分南方代表则为迪恩辩护，他们的生活方式比李的奢侈和铺张。李冷

[160]

---

[1]　Wood, *Creation*, 52–53, 68–69, 476–479; Richard Bushman, "Corruption and Power in Provincial America," in *Development of a Revolutionary Mentality*, 63–64; Heimert, *Religion and the American Mind*, 55–56, 261, 267, 434–435, 487, 495; Dorfman, *Economic Mind*, I, 117.

静的举止使法国大使错把他当作长老会教徒。[1]

潘恩没有分享对商业的厌恶，而许多美国人认为这隐含在"美德"概念背后。他之后指出，"在我的所有作品中，……我都支持商业"，在《常识》中他专门把新国家的经济希望与商业自由联系起来，同时把对贸易的限制归因于英国的统治。在1777年和1778年的《危机》系列文章中，潘恩重申了他坚信"贸易在自由时最繁荣，而限制自由是无力的政策"，并且认为价格上涨是由于纸币的超发——价格控制的反对者也做出了同样的诊断。[2]

潘恩对迪恩事件的参与导致他暂时放弃了自己对商人的高度关切，并且开始攻击"垄断者"。（当然，二者并不相互排斥——正如我们所见，斯密式的自由市场是基于市场免受垄断控制的观念。）作为李和劳伦斯的密友，潘恩开始发表文章，在有关迪恩的争论中站在他们一边，结果发现自己因在作品中提到了有关法国援助美国的秘密外交信函而受到攻击。这个不慎的行为同时激怒了大陆会议和法国大使。1779年1月，潘恩被迫辞去外交事务委员会秘书的职务。他发现自己在舆论中被称为"陌生人，在这个国家既无关系，也无财产"，不配担任需要公众信任的职务。报纸上的辩论持续到春

[161]

---

[1] Wood, *Creation*, 416−21; Williams, "Samuel Adams," 47−57; Henderson, "Continental Congress," 121−123, 252; East, *Business Enterprise*, 196−197; Harry A. Cushing, ed., *The Writings of Samuel Adams*（4 vols.: New York, 1904−1908），IV, 7, 67; James C. Ballagh, ed., *The Letters of Richard Henry Lee*（2 vols.: New York, 1911−1914），II, 30, 33, 65; Burnett, ed., *Letters*, III, 438; Morgan, "Puritan Ethic," 25−32; East, "Business Entrepreneur," 22. 还可以参见 Curtis B. Nettels, *George Washing and American Independence*（Boston, 1951），3−4。

[2] Foner, *Complete Writings*, I, 400, 20, 36, 80, 153; II, 5.

天。直到 5 月份，潘恩仍然称迪恩是贪污犯，攻击他的商业伙伴罗伯特·莫里斯涉嫌腐败，而迪恩与莫里斯都同样公开提出了自己这方的说法。[1]

这场旷日持久的争论暂时中止了潘恩与独立战争的联系，把他带回了宾夕法尼亚的政治，使他成为把个人利益置于公共利益之上的商人们的公开批评者。潘恩很快成为他 1776 年以来的激进派盟友欧文·比德尔的秘书。比德尔现在是宾夕法尼亚战争委员会的负责人。18 个月来，潘恩没有撰写一篇《危机》文章。他在大陆会议上的名望逐渐消失，但在大陆会议之外仍然闻名遐迩。按照当时人的说法，迪恩和他的支持者们"在费城遭到了普遍的蔑视"。[2] 有关迪恩的争论促使潘恩在价格控制的民众运动中扮演了主要角色，这场运动在 1779 年撼动了费城的社会结构。

与其他州一样，宾夕法尼亚州的商品价格在 1776 年开始上涨，到 1778 年年中时已经达到了令人震惊的增长速度。到 1779 年年初，通货膨胀完全失控——在 1 个月之内，商品价格增长了 45%。但通货膨胀并没有止步。到 1779 年底，总体的商品价格水平达到了 1777 年的 7 倍。然而，并不是所有商品以相同的速度涨价。在战争之初，国内食品的价格仍然相对稳定，而像朗姆酒、茶叶和糖蜜这样的进

---

[1]　Foner, *Complete Writings*, II, 136, 141, 1176; Hawke, *Paine*, 89–94; "Plain Truth," *Pa. Packet*, December 21, 1778; "Candid," *Pa. Packet*, January 12, 1779; "Common Sense [not Paine]," *Pa. Journal*, February 3, 1779.

[2]　Biddle, "Biddle," 315; Burnett, ed., *Letters*, III, 545; IV, 110; "The Lee Papers," III, 331; Paine to Henry Laurens, January 9, 1779, Gimbel Collection, American Philosophical Society.

口商品引领了价格上涨。但是在 1778 年和 1779 年，情况发生了逆转，像谷物、小麦和面粉这样的基本食品的涨价速度远远超过了西印度群岛的商品。比如在 1779 年的一年里，谷物的价格上涨了惊人的 1255%，而朗姆酒的价格甚至没有达到原来的两倍。[1]

[162]   大部分历史学者赞同潘恩，以及像约翰·亚当斯和本杰明·拉什这样的自由放任主义的同时代支持者的观点，即通货膨胀的主要原因是联邦政府和州政府持续发行纸币。但如果这是唯一的原因，那为什么一些商品的价格比其他商品上涨得更加迅速？战时经济的特殊情况完全破坏了贸易的常见模式和食品市场。食品价格上涨的一个原因是军队供应代理商对食品的突然需求，它建立在成本加成利润（cost-plus profit）的基础上，而且随着近期法国舰队的到达，他们经常用黄金来支付商品。商业化农民拒绝接受纸币支付，从通货膨胀中获利颇丰，而且磨坊主拒绝在费城市场出售面粉，因为他们能够在马里兰州和法国人那里卖出高价。到 1779 年 5 月，费城在战前作为宾夕法尼亚、特拉华和西新泽西的谷物和面粉主要出口地的地位完全遭到了破坏；在夏季，这些产品的确有时必须从巴尔的摩（Baltimore）船运到城市。最终，一些商人毫无疑问地利用了混乱的经济形势，从市场上囤积了可能会涨价的商品，而其他像罗伯特·莫里斯这样的人利用他们与法国的关系，获得了大宗订单和黄

---

[1]   Anne Bezanson, *Prices and Inflation During the American Revolution: Pennsylvania*, 1770–1790（Philadelphia, 1951）.

金，从而垄断了那些之后会有巨额利润的商品。[1]

在某种程度上，商品价格上涨的真正原因没有民众对通货膨胀的反应那么重要，这种反应是由"道德经济"的传统价值所塑造的。对通货膨胀的强烈抗议席卷了费城，与之相伴的是民众在思想上越来越确定托利派、投机和垄断的商人，以及一般而言富有的人就是通货膨胀的原因。大家普遍认为，任何人的财富如果"以目前这样的速度"增长，他将是"自己国家的敌人"。"贸易自我调节的错误原则"被托利派和"更好的人"所认同，他们"沉湎酒色"，并"慷慨激昂地陈述个人罪恶就是公共利益的原则"。[2] [163]

英军在经过几个月的占领之后，于1778年6月从费城撤出，广大民众要求对托利派和合作者进行报复。在英国人统治时，费城大部分上层人士参加过占领军主办的舞会和戏剧表演。他们还参加了1778年5月举办的莫西年华（Meschianza），这是一场狂欢活动，包括划船比赛、中世纪骑士盛装游行和骑马比武。不那么招摇的娱乐活动在费城美国指挥官本尼迪克特·阿诺德（Benedict Arnold）的支持下持续到了秋天。阿诺德本人过着富丽堂皇的生活，乘坐花哨的四轮马车在费城巡视。而华盛顿的军队在不远处驻扎，口粮定量不

---

[1]　East, *Business Enterprise*, 34–35, 152; Ver Steeg, *Morris*, 53; Butterfield, ed., *Rush Letters*, I, 120; Handlins, "Revolutionary Economic Policy," 16–17; Warner, *Private City*, 29–30; Bernard Mason, "Entrepreneurial Activity in New York During the American Revolution," *Business History Review*, XL（Summer, 1966）, 196, 204–205.

[2]　Burnett, ed., *Letters*, IV, 92; "A.B.," *Pa. Gazette*, September 3, 1777; "Wilbraham," *Pa. Packet*, March 24, 1781; "A Citizen," *Pa. Packet*, August 20, 1778; "A Fair Trader," *Pa. Packet*, December 3, 1778.

足，而且城里的真实工资由于通货膨胀而严重缩水。费城舆论对"宴会和其他奢侈活动"的巨额花费提出了严厉的批评，因为许多城市中的人"缺乏生活必需品"。[1]

这种对有钱人的敌意在清教主义的影响下得到进一步强化，它多年来与美国革命连在一起。1774 年，大陆协会就谴责了"各种奢侈和挥霍行为，尤其是赛马、各种形式的赌博和斗鸡"。在费城，贵格会、福音派长老会和德国路德会教徒的联盟长期抨击剧院会鼓励"虚荣、淫乱……放荡和荒淫"。在革命时期，对剧院的反复抨击不仅反映了对世俗的宗教异议，也反映了对富人的世俗敌意。费城的剧院在 1774 年关闭，但是它们在英国占领时期重新开放，并在阿诺德时期继续运行。1779 年 3 月，州议会在宪法主义派的乡村长老会教徒的支配下，通过法律抑制"罪恶和不道德行为"，不仅宣布剧院非法，而且宣布斗鸡、所有周日的娱乐活动、"亵渎神灵的咒骂、诅咒、酗酒"、赌博、赛马和"类似可能会败坏共和国公民的心灵，并腐蚀他们道德的邪恶实践"都是非法的。很明显，这项措施不针对单一的社会阶层，但是赢得了许多厌恶精英奢侈行为的费城人的支持。然而，据说"绅士"仍然相信"他们有权赌博、饮酒和咒骂：这项法律打算禁止这些娱乐活动，结果却导致了

[164]

---

[1] Brunhouse, *Counter-Revolution*, 50; Hawke, *Rush*, 227; Scharf and Westcott, *Philadelphia*, I, 371–380, 389; Frederick D. Stone, "Pennsylvania Society One Hundred Years Ago, or the Reign of Continental Money," *PaMHB*, III（1879）, 362–365; "Philanthropos," *Pa. Packet*, January 21, 1779. Cf. "A Countryman," *Pa. Packet*, December 29, 1778; "A True Patriot," *Pa. Packet*, April 7, 1779.

粗俗"。[1]

针对"不道德行为"的法律进行投票超越了党派的界限，但是整体来看，宾州激烈的党派斗争加剧了 1779 年的社会动荡。州宪法的反对者包括像本杰明·拉什这样的价格控制的主要反对者，还包括像罗伯特·莫里斯和托马斯·维灵（Thomas Willing）这样的商人，他们属于人数不多但是非常显眼的政府承包商群体，从战时经济的特权地位中获利甚丰。1779 年 3 月，他们建立了共和协会（Republican Society），致力于修改州宪法，导致州政府架构的捍卫者们，包括一些潘恩 1776 年以来的朋友和同事，建立了宪法协会（Constitutional Society），并与大陆会议中的反迪恩派联合起来。鉴于共和派领导者的特点和大家对价格上涨的普遍愤怒，宪法协会不久就谴责"正派和公德的衰落"，"罪恶、欺诈和勒索的泛滥"，以及"囤积居奇者和垄断者"的阴谋诡计。与此同时，州议会宣布不在现有市场销售食品的行为是非法的，禁止商人和农民通过购买或销售"生活必需品"来换取硬币，从而取代纸币。如果任何人违反了这些规定"将被视为囤积居奇者"，并受到相应的

---

[1]　Ford, ed., *Journals*, I, 78; Bridenbaugh and Bridenbaugh, *Rebels and Gentlemen*, 139–146; *Pa. Archives*, 1 ser., X, 141–143; *Pa. Packet*, September 3, 1778; Watson, *Annuals*, I, 473; J. Thomas Jable, "The Pennsylvania Blue Laws of 1779: A View of Pennsylvania Society and Politics During the American Revolution," *PaH*, XL（October, 1973）, 420–425; *Pa. Freeman's Journal*, August 8, 1781; Elizabeth Cometti, "Morals and the American Revolution," *South Atlantic Quarterly*, XLVI（January, 1947）, 62–71.

处罚。[1]

但是当这项措施像之前那样，无法阻止价格的上涨时，越来越多的费城人得出结论，只有法律之外的行动才能够化解经济危机。早在 1778 年 12 月，一位自称"流动"（Mobility）的作者在费城的报刊上写下了"一项暗示"，形象地论证了"道德经济"这一欧洲传统的生命力：[2]

[165]

> 由于垄断者和囤积居奇者臭名昭著的行为，这个国家已经到了毁灭的边缘。他们不满足于垄断欧洲和西印度的商品，最近开始垄断生活用品。因此，出现了面粉的短缺和高价。在英国和法国，当由于囤积居奇者的贪婪而出现面包短缺时，人民总是充分发挥自己的能力来解决问题。他们打开了弹匣——为了自己的需要占用商店但不付钱——在某些情况下，他们处决了造成自己悲惨状况的罪魁祸首，但是没有经过法官和陪审团的判决。听到这些而颤抖吧，你们这些自由和祖国繁荣的敌人。我们可以没有食糖、糖蜜和朗姆酒，但是不能没有面包。饥饿将冲破石墙，由它激起的怨恨将以你们的破坏行为而告终。

---

[1] Owen S. Ireland, "The Ethnic-Religious Dimensions of Pennsylvania Politics, 1778–1779," *WMQ*, 3 ser., XXX（July, 1973）, 441–442; *Pa. Packet*, March 25, 30, April 1, 1779; *Pa. Gazette*, April 28, 1779; H. James Henderson, "Constitutionalists and Republicans in the Continental Congress, 1778–1786," *PaH*, XXXVI（April, 1969）, 120, 130–132; *An Act for the Regulation of the Markets*, Broadside, April 1, 1779.

[2] "A Hint," *Pa. Packet*, December 10, 1778.

1779 年 1 月，100 多名海员手持棍棒在街上游行，要求提高工资。与 1776 年一样，由民兵带头。当民兵们"勇敢地向前冲锋"，保卫自己的国家时，"社会上的有钱人"正在"偷偷地"使货币贬值，"在垄断的阳光下，进行囤积居奇和敲诈勒索，并且放纵自己安逸、贪婪和奢侈的邪恶本性"。民兵们长期以来对这一事实非常不满。5 月 12 日，费城炮兵第一连队向州议会提交了一份很长的备忘录，回顾了 1776 年来的商品价格上涨，以及带给他们家庭的痛苦。"我们手持武器，并知道如何使用它"，备忘录用直接行动进行赤裸裸的威胁，但是"我们自己没有进行报复……而是耐心地等待立法机构的干预"。13 名军官和 38 名士兵在备忘录上签名，其中的 3 人只是写上了 X。这次请愿反映了"中等阶层和穷人"对商品价格的大幅和持续上涨感到绝望。[1]

在暴力的威胁之下，宪法协会——其中皮尔、里腾豪斯、马歇尔和其他 1776 年的激进派发挥了主要作用——要求在 5 月 25 日召开一次处理价格问题的民众大会。"带有威胁色彩的传单"已经出现，要求降低商品价格。在大会当天，一群手持棍棒的人强迫许多店主降低商品价格。这次民众大会是前独立时代以来费城最重要的法外集会。丹尼尔·罗贝多是民兵中的准将，也是西印度群岛商人和富兰克林长期的政治盟友。据说他是费城最受欢迎的人之一，并被选为大会主席。他的发言论证了法外行动的正当性： [166]

---

[1]　Brunhouse, *Counter-Revolution*, 68–69; Scharf and Westcott, *Philadelphia*, I, 403; "A True Patriot," *Pa. Gazette*, May 5, 1779; Moses Hazen to Thomas McKean, September 28, 1778, McKean Papers, HSPs; *Pa. Archives*, 1 ser., VII, 392–394.

毫无疑问，提高商品和供应品价格的人形成了联盟。因此社会为了自卫，有权抵制这样的联盟，并限制这种影响自己的邪恶行为。

罗贝多随后提出了一项由"一些值得尊敬的公民"——也许是宪法协会的领导人——制定的计划。按照这个计划，商品价格将立刻降至5月1日的水平，并将在之后每个月的第一天进一步降低。大会成立了两个委员会，一个负责调查罗伯特·莫里斯事件，他被指控从市场上囤积食品；另一个执行降价措施。两个委员会都任命梅拉克、里腾豪斯、皮尔和托马斯·潘恩为委员。[1]

5月25日的大会没能缓解经济危机导致的社会紧张。一位贵格会效忠派诗人表达了城市精英对大会的态度，他讽刺"这个规模巨大的乡镇大会"聚集了"印刷工、理发师、学徒工"和民兵。这些人像炼金术士一样相信，他们能将"旧抹布和油烟（大陆货币）变成黄金"。但是也许他的评论中有些地方是正确的，那就是大会的组织者担心这会导致混乱和暴力，

[168]

如果大会充满悲伤和怜悯；

---

[1]　Duane, ed., *Marshall Rememberancer*, 217; *At a General Meeting of the Citizens of Philadelphia*, Broadside, May 25, 1779; Henry D. Biddle, ed., *Extracts from the Journal of Elizabeth Drinker*（Philadelphia, 1889），116. 关于罗贝多，参见 Labaree, ed., *Franklin Papers*, XVII, 81n.; *PaMHB*, IX（1885），278–279n.罗贝多是西印度群岛圣克里斯托弗的本地人，他于1779年卖掉了那里的地产，从而消除"在未来的某个时候我的孩子开始蓄奴的可能性，这个行为我绝不会容忍"。Labaree, ed., *Franklin Papers*, XVII, 86.

那么很快就会摒弃乌合之众——

并为会议得出结论

选出一个委员会。

在某种程度上，民众大会的目的是为了将民众的不满引入制度化的轨道，从而减少暴力的风险。

其中，新的委员会暂时是成功的。的确，在乡镇大会之后，"成千上万的普通人"在河边聚集，"因为面包而吵闹"。一位商人、一位屠夫和一位"投机者"被指控有涨价行为，正被押赴监狱。但在夏天时，委员会通过规定价格水平，质询被指控售价过高的商人，禁止从费城出口商品，以及在穷人中分发面包和面粉来行使自己的职能，所以几乎没有公开的暴力行为。委员会确实不反对使用暴力威胁。在 6 月份，委员会敦促商人们进行合作，提醒他们"对面粉的需求在所有国家都会制造最致命的怨恨"。它号召费城之外的地方委员会寻找囤积的谷物，而且如果必要的话，"用武力打开和进入谷仓"，收缴面粉并按照评估和控制的价格付款给商人。[1]

到 1779 年 7 月，费城的例子促进了在宾夕法尼亚各地建立法律之外的价格控制委员会，其他州也是如此。克里斯托弗·马歇尔长

---

[1] Watson, *Annuals*, II, 303-05; John W. Wallace, *An Old Philadelphia: Colonel William Braford, The Patriot Printer of 1776* (Philadelphia, 1884), 304-05; Rosswurm, "'That They Were Grown Unruly,'" 126-127; *Pa. Archives*, 1 ser., VII, 461; Broadside, June 26, 1779; Charles W. Peale Diary, July 13, 1779, Peale Papers, American Philosophical Society; *Pa. Journal*, July 7, 1779.

Committee-Room.

May 28. 1779.

RESOLVED,

THAT the Retail Prices of the underwritten Articles on the firſt Day of May were as follows----

Coffee,	per pound,	£	0 : 17 : 6
Bohea Tea,	ditto,		4 : 15 : 0
Loaf Sugar,	ditto,		2 : 15 : 0
Muſcovado Sugar,	ditto,	frcm	0 : 18 : 9 to £ 1 : 5 : 0
			according to Quality.
Weſt India Rum,	by gallon or quart,		7 : 0 : 0
Country Rum,	by do. or do.		5 : 5 : 0
Whiſkey,	by do.		2 : 0 : 0
Rice,	per pound,		0 : 3 : 0

And as it is abſolutely neceſſary, that Dry Goods, and all other Commodities, whether imported or the Produce of the Country, ſhould fall in Price as well as thoſe Articles which are already Pub-liſhed, therefore,

Reſolved, That this Committee do earneſtly requeſt and expect, that no Perſon do ſell any Commodity whatever, at a Higher Price than the ſame was ſold for on the firſt Day of this Month.

By Order of the Committee,

WILLIAM HENRY, Chairman.

§*§ *The Committee meets at Nine o'Clock preciſely, on Monday Morning next, at the Court-Houſe.*

PHILADELPHIA: Printed by FRANCIS BAILEY, in Market-Street.

[167]   这是法律之外的费城价格控制委员会印制的书面抨击，其中制定了各种商品的零售价格。
（Library Company of Philadelphia）

期以来批评"那种似是而非的伪装……即不受控制的贸易总是能自我调节"，现在他协助在兰开斯特（Lancaster）组织一次民众大会，该大会通过了一个类似费城的计划，并且通过呼吁农民和乡镇居民同意"采取对双方都有利的措施，努力缓和城市—乡村之间的敌意"。[1] 在波士顿，伴随舆论的警告，即报复将"降临在垄断者头上，就像 10 年前降临在讨厌的印花税收税者头上一样"，商人们接受了一份控制价格的清单。登载在费城报刊上的一则来自奥尔巴尼的报道称赞了贵格会的城市居民"最近拥有了大陆勒索者的称号"，并宣布奥尔巴尼和周边地区会"追随（费城的）做法"。两位商人以极高的价格销售朗姆酒，被"委员会命令在城市里公开游街"，并被迫承认他们在奥尔巴尼市场上的罪行——这是殖民地时期传统的民众"惩罚方式"。[2]

[169]

随着委员会活动的进一步扩大，价格控制这一概念的反对者和法外委员会行动的批评者的抵抗也在增加。对于一些人来说，委员会的运动看起来就是"一帮暴民聚集起来管控价格"。在 7 月份，费城的报纸刊登了一篇作者署名为"一位弗吉尼亚农夫"的文章，文章指责价格管控威胁到了社会的基础，"即保障财产安全"，并且否

---

[1] W.B. Reed, *Life and Correspondence of Joseph Reed*（2 vols.: Philadelphia, 1847），II, 144; "Letters of Christopher Marshall to Peter Miller," *PaMHB*, XXVIII（1904），76–77; Duane, ed., *Marshall Rememberancer*, 218–220; *Pa. Evening Post*, June 15, 1779; *Pa. Journal*, July 7, 1779; *Pa. Gazette*, July 7, 1779.

[2] *Boston Gazette*, April 26, 1779; *Pa. Journal*, June 23, 30, 1779; *Pa. Packet*, July 13, August 12, 1779; *Massachusetts Spy*, July 1, 1779; *Continental Journal*, July 15, 1779; *Pa. Evening Post*, July 26, 1779.

认目前的运动能与独立之前的法外委员会划等号。他声称，后者已经"进行了系统化的运作，并且表现出我们所期待的克制"。为了回应这种批评，费城委员会为自己的活动进行了长篇辩护，明确驳斥了"贸易进行自我调节"的观点，重申了"道德经济"这一传统观念中的核心概念，即公共利益高于个人野心：[1]

[170]

> 人们通过社会契约或公民社会联合起来，并被纳入国家之中，这要求任何人拥有或行使每项权利或权力时应当服从公共利益，任何与之相悖的东西，都必须通过规章或法规，使其服从公共利益……如果贸易自由是[绝对的]，那么所有囤积、垄断和独占行为都应当得到认可，因为[商人的]贸易自由观点允许每个人做他愿意的事情；这项权利……与社会和政府的基本原则是相悖的。

毫不奇怪的是，对这种观念最强烈的反对来自费城商人，他们普遍同意其政治和经济领导人罗伯特·莫里斯的观点，那就是贸易应当"像空气一样自由"，商人的个人利益与公共利益"密切相关"。1779 年的经济和社会危机迫使商人比之前更加完整和连贯地阐述这些观点。一位康涅狄格州出生的商人佩拉泰亚·韦伯斯特（Pelatiah Webster）在 1779 年夏发表了一系列文章，充分表达了他们

---

[1] Wood, *Creation*, 324; "A Farmer of Virginia," *Pa. Packet*, July 15, 31, 1779; Butterfield, ed., *Rush Letters*, I, 224, 229–235, 239; *Pa. Packet*, September 10, 1779.

的立场。"贸易自由，或者按照个人意愿拥有或处置财产的不受限制的自由"，韦伯斯特坚持认为，"对每个社会的繁荣绝对必要"。"利润"是"工业的灵魂"，是经济增长的动力。韦伯斯特谴责"责难和辱骂的狂潮"，他认为这是针对农民、商人和工匠的，并将物价上涨只是归咎于"我们有太多的钱"。他对物价上涨的解决办法纯粹是亚当·斯密式的：

> 消除我们商业中的一切限制。让贸易像空气一样自由。让每个人尽可能地充分利用自己的商品，且按照自己的方式，如此他将得到最大的满足……在独立之后的影响中有一个不好的预兆，那就是对自由更大程度的限制和削弱，这比我们最近宣布放弃和摆脱的政府统治时期的情况更加严重。

1779 年 9 月，80 位费城商人呼吁城市委员会撤销价格管制，因 [171] 为它侵犯了"关于财产的法律"，韦伯斯特和莫里斯也在其中。商人们竟然认为，尽管"民众厌恶"囤积居奇者，但他们通过追求个人利益，人为制造稀缺，从而减少了消耗，使实际的匮乏不那么严重，真正促进了公共利益。然而，他们也承认这可能会被认为是"与众不同"的观点。[1]

来自商人的反对是可以预见的。委员会更加担心的是 7 月份由

---

[1]　Ver Steeg, *Morris*, 38; Johnson, *Foundations of American Economic Freedom*, 28–29, 168–171; Pelatiah Webster, *Political Essays*（Philadelphia, 1791）, 9–20, 30–46; *Pa. Packet*, September 10, 1779.

一群制革工人、鞋匠和皮革匠举行的纪念活动。他们攻击对皮革业的价格控制，表明工匠群体本身围绕价格控制问题产生了观点上的分歧。作为城市中的消费者，所有工匠与其他群体共同反对食品的高价，但是作为生产者和零售商，他们认为必须把原料成本的上涨转嫁给消费者。皮革的价格在 1778 年 5 月到 1779 年 7 月间增长了 7 倍，皮革业成为委员会管理的首要行业。然而抗议不仅是基于委员会的"片面行动"，它还允许其他行业能够自由追求利益，而不受管控。它指出，许多工匠销售产品时允许赊账，所以受到货币持续贬值的伤害。弥补损失的唯一方法是提高价格。的确，皮革业的工匠使用与商人完全相同的语言——"贸易应当像空气一样自由，像潮水一样不受阻拦"，它总能回到自然的水平。[1]

很难说这次抗议在反映整个工匠群体的观点上有多典型。皮革业是费城工匠人数最多的行业之一，大概占工匠总人数的 1/7。鞋匠整体上工资较低，人数也较少，传统上通过行会和行规进行管理，他们在殖民地时期经常会抱怨商人们通过控制现有供给和出口皮革来提高皮革价格。1772 年，州议会为了回应鞋匠的抗议，通过一项法规来管理皮革的质量，并禁止垄断，但一年之后在制革工人的要求下撤销。制革工人资本雄厚，是战前少有的谴责"限制贸易"的工匠群体。

很难说 1779 年的抗议者中有多少是制革工人，有多少是鞋匠。但是"一位辉格派鞋匠"声称，抗议书是由"高级工匠"起草的，

[172]

---

[1] *Pa. Packet*, July 15, 1779; Bezanson, *Prices*, 336.

他们"对共同事业心怀不满"，愿意在占领期间为英国人服务。不管他们忠诚的真相是什么，抗议者是高级工匠——他们的抗议提到价格控制将使他们面临解雇熟练工的危险。无论如何，并不是所有鞋匠都反对委员会的工作。10 位鞋匠宣称他们打算执行受到管控的价格——抗议者们回应说，这个行动将使这 10 个人陷入"生命中最悲惨的境地"。[1]

虽然工匠们参与了 1779 年价格控制运动的每个阶段——至少他们中的 9 个人，包括 2 名鞋匠和 1 名制革工人，参加了 5 月份建立的 26 人委员会——但当夏季到来时，许多高级工匠无疑对价格控制不再抱有幻想。民兵在第一阶段促进了运动的发展，毕竟民兵主要由劳工、熟练工和贫穷的工匠组成，他们大部分是城市中的消费者，与市场的真正联系极为有限。然而像制革工人这样的群体为数量日益增多的高级工匠辩护，他们在革命期间"完成了从行会心态到商业心态的转变"。有关价格控制的争论显示了工匠群体内部日益扩大的鸿沟，因为商业导向的工匠开始认同商人的群体利益，拒绝传统的"道德经济"，而且与商人一样，越来越把自我调节的市场视作其经济活动的唯一合法的仲裁者。[2] [173]

对价格控制越来越多的反对使委员会和潘恩陷入一个两难困境。在 5 月、6 月和 7 月，潘恩非常支持价格控制运动。他不仅在委

---

[1]　Jensen, *Commerce*, 31, 35; Olton, "Philadelphia Artisans," 42–48; "A Whig Shoemaker," *Pa. Packet*, July 15, 1779; "A Mechanic," *Pa. Evening Post*, July 22, 1779; "Committee," *Pa. Packet*, July 20, 1779.

[2]　Olton, "Philadelphia Artisans," 229–30, 319–20.

员会负责制定价目表，而且参加了针对罗伯特·莫里斯行为的调查小组。潘恩起草了一份报告，在承认没有垄断行为的具体证据的同时，声称"我们无法找到任何其他的名称"来描述莫里斯的行为。[1]

在整个夏天，潘恩都陷入了公开争论的漩涡。他被舆论指责为"公共和平的扰乱者，谎言的传播者和人民纠纷的制造者"。[2] 在 7 月底，好几百名"下层民众"聚集在怀特海·汉弗莱斯家门前，他是费城一座炼钢厂的厂主，曾在报纸上攻击过潘恩。在数天之后的一场民众大会上，约翰·卡德瓦拉德（John Cadwalader）将军愤起谴责了这场"骚乱"，但被一群持枪者禁言。大会一致通过决议，指出"托马斯·潘恩先生被大会认定为美国事业的朋友"。[3]

然而潘恩，也许还有其他激进派朋友，对弥漫在 1779 年夏天费城的混乱气氛并不感到高兴。查尔斯·威尔逊·皮尔是 1776 年的激进派，他努力驱散汉弗莱家门口的民众。潘恩总是在寻找一种能够凝聚整个社会，为公共利益服务的方法。7 月份，潘恩和欧文·比德尔制定了"一项公民计划"，目的是降低价格，凝聚"公私利益"来支持政府和独立战争。潘恩总是相信——与商人和自由放任主义[174] 的支持者一样——纸币是通货膨胀的主要原因。现在他的计划要求大陆会议停止发行纸币，并制作捐款名单，记录那些自愿捐钱支持

---

[1] *Pa. Packet*, July 24, 1779; Foner, *Complete Writings*, II, 171–172.

[2] "Junius," *Pa. Packet*, August 3, 1779; "Cato," *Pa. Evening Post*, July 9, 1779.

[3] "Letter of Silas Deane to His Brother Simeon Deane," *PaMHB*, XVII（1893），350; J.L. Bishop, *A History of American Manufactures*（2 vols.: Philadelphia, 1861–64），I, 570; *Pa. Evening Post*, August 2, 1779; *Pa. Packet*, July 29, 1779.

战争的人，他们的捐款被用来抵消未来 3 年的州税。也许停止印刷机的工作能够恢复对货币和降价的信心，而公共捐款不仅将资助政府，而且能使有钱人证明他们对独立事业的忠诚。[1]

实际上，公民计划是价格控制之外的另一种选择，但是潘恩继续卷入了委员会的运动。在 8 月初，他与梅拉克、比德尔、皮尔和里腾豪斯这些 1776 年来的伙伴一起，成为扩大的城市委员会的 120 名成员之一。这份候选人名单以大幅领先的优势击败了罗伯特·莫里斯为首的候选人名单，后者包括 9 名商人、5 名店主、1 名引航员、1 名船长、1 名水手和至少 47 名工匠，其中有 7 名鞋匠。这些人在最顶层和最底层除外的费城社会颇具代表性。但是扩大后的委员会运转不灵，而且不起作用，到 9 月底就停止了运作，因为它无法管控相邻各州农产品和商品的价格。农民们继续拒绝在受到管控的市场中销售商品，而且商人们也停止销售食盐这样的商品，因为其成本两倍于委员会规定的应在费城销售的价格。潘恩相信，价格控制的措施无法充分管理市场。到 9 月时，他提出解除从州内出口食品的禁令，从而使出口的面粉和面包能够支付急需的食盐和朗姆酒的费用。[2]

城市委员会的失败和州政府反对采取有效行动——由约瑟

---

[1]　*In Council*, Broadside, July 8, 1779; Charles W. Peale Autobiography（打印本），Peale Papers; *Pa. Packet*, July 10, 29, September 11, 1779; *Pa. Archives*, 1 ser., VII, 621–622. 宾夕法尼亚最高行政委员会支持这个计划，但是提出捐款只能用于抵消为了邦联的需要的税收，并不是为了救济穷人或者供州使用。

[2]　*Pa. Packet*, August 5, 14, 28, September 10, 1779; Olton, "Philadelphia Artisans," 230; Edward Burd to Jasper Yeates, August 24, 1779, Yeates Papers, HSPa: "C___. S___.," *Pa. Packet*, September 11, 1779; *Pa. Gazette*, September 22, 1779.

[176] 夫·里德带头，他是富商之子，相信"人类的商业必须自由，否则几乎所有的交易都将停止"[1]——为1779年10月初的"威尔逊堡骚乱"（Fort Wilson viot）创造了条件。由于民众表达不满的制度化渠道失效，对富商造成通货膨胀的怨恨以传统的民众运动的形式爆发。10月4日，一群民兵开始进军城市中心，最后来到詹姆斯·威尔逊家。威尔逊长期被"社会上相当多的人厌恶"，因为他反对价格控制，为两位1778年被处决的托利派提供法律辩护，而且他坚决反对1776年州宪法。大约20名政治盟友在他家中，包括罗伯特·莫里斯。一些人开枪射击，民兵们随后攻击房屋。几分钟之内，里德和蒂莫西·梅拉克手持刀剑，带领一队城市轻骑兵（City Light Horse）到达，他们是费城带有贵族色彩的"丝袜旅"（silk stocking brigade）。民兵被赶走，其中许多人遭到逮捕，虽然他们第二天就被释放了，因为一群民兵军官威胁了监狱。[2]

本杰明·拉什相信民兵"主要由于喝多了酒而愤怒"，说他们的目标"不为人知"，但很明显的是，尽管威尔逊家的冲突并不是有预

---

[1]　John F. Roche, *Joseph Reed: A Moderate in the American Revolution*（New York, 1957），116-121, 149-151, 158-160; Reed, *Reed*, I, 302; II, 139.

[2]　关于"威尔逊堡骚乱"最新和最好的研究参见 John Alexander, "The Fort Wilson Incident of 1779: A Case Study of the Revolutionary Crowd," *WMQ*, 3 ser., XXXI（October, 1974），589-612。Rosswurm, "'That They Were Grown Unruly,'" 143-167, 提供了有些不同的分析。C. Page Smith, "The Attack on Fort Wilson," *PaMHB*, LXXVIII（April, 1954），177-188, 包含了一些有用的信息，但是受到一种观点的损害，即"骚乱"的基本问题是"紧随革命而来的潜在的兽性暴力和恐慌"（p.181）。Cf. Reed, *Reed*, II, 150-152, 423-428; James Bayard to William B. Reed, November 15, 1825, Joseph Reed Papers, New-York Historical Society; Brunhouse, *Counter-Revolution*, 24; Stackhouse, *Matlack*, 12.

谋的，可是民兵游行的目的是为了支持"州宪法、贸易法和贸易委员会"，抓捕"托利派"，反对导致通货膨胀的"内部敌人"。然而，拉什很有洞见，他这样描述民众："他们的领导人抛弃了他们。"查尔斯·W.皮尔拒绝领导游行，蒂莫西·梅拉克带领"丝袜旅"破坏了游行。对于潘恩来说，他写了一封悲观的公开信，主要谴责了事件中聚集在威尔逊家里的人，他坚持认为不能指责威尔逊和他的朋友是托利派："不受支持和被认为是敌人之间的区别很大。"潘恩将事件的发生归咎于民兵被爱国主义误导，他通过批评民兵，表明自己讨厌群众运动："那些有行动能力的人很难致力于深思熟虑。"[1]　[178]

三

"威尔逊堡骚乱"是革命时期费城民众激进主义史上的主要转折点。这一事件不可挽回地使工匠—知识界的激进派领导者从群众运动中分离出来，正如关于价格控制的辩论扩大了商业导向的工匠上层和小工匠、熟练工、劳工和穷人之间的鸿沟。它成为一年来民众反对通货膨胀和"托利派"行动的顶点，由强烈的平等主义、对经济活动的敌意，以及城市商人的精英生活方式所激发。但是事件的结果标志着一个10年的开始，其间这样的运动将零星发生，并且未见成效。

当然，价格控制政策几乎完全失败。1779年，威尔逊事件之后

---

[1]　Butterfield, ed., *Rush Letters*, I, 240; "Journal of Samuel Rowland Fisher," *PaMHB*, XLI（1917）, 169–170; Burnett, ed., *Letters*, IV, 468; Charles W. Peale Autobiography（打印本）, 71–75, Peale Papers; Reed, *Reed*, II, 15; "C＿＿. S＿＿.," *Pa. Packet*, October 16, 1779.

政府最后一波活动的目标是避免暴力再次出现。州议会在费城穷人中分发面粉，优先照顾民兵家庭，并制定了另一部反对"垄断和囤积居奇的邪恶行为"的法律。约瑟夫·里德明确警告商人，他们不能期待"生活得舒适、富足和安全，而其他公民却缺乏所有生活必需品"。[1]

价格控制故事的最后篇章书写于 1780 年初。代表们在费城集会，他们来自从新英格兰南部到弗吉尼亚的各个州，目的是制定一个控制价格的总体计划。很明显，在费城的价格控制的支持者们对这次大会抱有很高的期待——本杰明·拉什语带讥讽地评论道："我们的政治庸医（包括会场内外）希望见到所有点石成金的神话立刻发生在我们的货币上。"然而最终，与这一时期许多其他类似的努力一样，费城大会失败了。来自纽约和弗吉尼亚的代表们没有出席，大会在 4 月份休会，等待这些州的行动。但它再也没能重新召开。[2]

[179]

"我们希望"，这次费城大会的康涅狄格州代表们在 2 月份向州长报告，"一些措施将很快得到执行，从而提供一种稳定的贸易方法，使限制价格变得没有必要"。币值稳定由此被视作价格控制之外的另一种选择。1780 年 3 月，大陆会议宣布以 40 : 1 的比率使货币贬值，并批准发行 6 年内可兑换的新钞票，维持 5% 的利率。这项措施

---

[1]　*Pa. Packet*, October 9, 12, 1779; *To the Merchants and Traders of Philadelphia*, Broadside, October 26, 1779.

[2]　*Pa. Gazette*, February, 16, 1780; Burnett, ed., *Letters*, V, 4, 16, 23, 27, 40; Butterfield, ed., *Rush Letters*, I, 246; "Proceedings of a Convention to Regulate Prices," *Collections*, Massachusetts Historical Society, 7 ser., III（1902）, 15–17; Roche, *Reed*, 172.

Philadelphia august 10.th 1779

WHEREAS the rapid and alarming depreciation of the Currency in the Months of January, February, March, April, and May laſt, occaſioned a Town Meeting to be held, in the State-Houſe Yard in this City on the 25th Day of the laſt mentioned Month ; at which it was reſolved (as the only expedient immediately practicable) to reduce the Prices of ſeveral Articles then mentioned and others, to what they were on the firſt Day of the Month preceding : But as in ſo doing, the Prices of ſeveral of thoſe Articles, as well of Merchandize as Manufacture, became, by the unavoidable fluctuation of Trade, diſproportionate to each other.

And Whereas the General Committee have appointed us the undermentioned Perſons, viz. Blair M'Clenaghan, J. B. Smith, Timothy Matlack, Thomas Paine, Matthew Irvine, Jacob Shriner, Thomas Fitzſimmons, Robert Smith, George Orde, James Budden, Charles W. Peale, Emanuel Eyre, and John M'Culloch to be a Committee for enquiring into the State of Trade. Therefore,

RESOLVED, That in order to enable this Committee to do Juſtice to all Perſons concerned, it be requeſted of the Importers, and Retailers of Wet and Dry Goods, and of the ſeveral Traders and Manufacturers in this City and Liberties, to ſend to this Committee an atteſted Account of the Prices they ſeverally ſold for, or charged at, in the Year 1774, with an Account of their Prices and Charges for the ſame Articles, &c. at this Time, together with ſuch information reſpecting their preſent ſituation in Trade, as they may find it proper to give.

BLAIR M'CLENAGHAN,
Chairman of the Committee for enquiring into the State of Trade.

N. B. The above Committee will meet at Four o'Clock preciſely each Day at the Court-Houſe, and requeſt the information of all perſons concerned, as ſoon as poſſible.

PHILADELPHIA: Printed by F. BAILEY, in *Market-Street.*

当时的一封书面抨击提到了潘恩的名字，这份印出的决议记录了潘恩曾参与关于价格控制的民众运动。（Library Company of Philadelphia）　　　　[175]

A PROCLAMATION

By His Excellency JOSEPH REED, Esquire, President, and the Supreme Council of the Commonwealth of Pennsylvania.

WHEREAS the Honourable the General Assembly of this State, at the earnest Solicitations and Instance of the Merchants and Traders of this City, did resolve that a Ship of War should be fitted out with all possible Dispatch, for the Protection and Security of the Trade and Commerce of this State. And this Board having accordingly procured and equipped a Vessel for the said Purposes, at a very great public Expence; it is now represented that, notwithstanding the great Encouragement given, a sufficient Number of Seamen and Mariners have not yet entered on board said Ship, and also that many Masters of outward bound Vessels have received and carried off Seamen belonging to said Ship, who had taken the public Bounty, whereby there is just Cause to fear that the said Ship may be delayed on her Cruize, and our inveterate Enemies continue their Depredations and Insults without any Check. In order, therefore, the more effectually to execute the beneficial Intentions of the Legislature, and answer the reasonable Expectations of the Merchants and other Traders, by affording them immediate Relief and Protection, all other Measures to remedy said Evil having been found ineffectual, We do hereby lay an Embargo on all outward bound Vessels whatsoever for and during the Space of *Fifteen Days*, and for that Purpose do forbid the clearing out and Dispatch, and the Sailing of any Ship or other Vessel: Of which the Naval Officer, the Commanding Officers of the Gallies and of the Forts on the *Delaware*, and the said State Ship, and all other Officers in the Service of this State, are to take Notice, and govern themselves accordingly. AND WHEREAS it hath been represented to this Board, that some Persons, prefering their own private Gain to the Benefit and Service of their Country, have clandestinely shipped and exported Flour and other Provisions, contrary to the Law of this State: We do, therefore, hereby strictly enjoin and require all Merchants, Traders, Masters of Vessels and others, to pay a due Regard to the said Law, declaring that the most effectual Measures will be taken to detect and punish such Practices in future, and the Law enforced in its fullest Extent.

GIVEN, under the Hand of His Excellency the President, and the Seal of the State, at Philadelphia, this Thirtieth Day of April, in the Year of Our Lord One Thousand Seven Hundred and Seventy-nine,

Attest. T. MATLACK, Secretary.

JOSEPH REED, President.

GOD Save the PEOPLE.

Printed by HALL and SELLERS. 1779.

[177] 虽然没有关于"威尔逊堡骚乱"的图片，但是事件两天之后签署的宣言强烈呼吁制止恐怖，反映了政府官员和其他许多人对这个重要事件的态度。（Library Company of Philadelphia）

并没有结束通货膨胀，但却标志着对货币和价格问题态度的根本转变，还成为罗伯特·莫里斯开始主导金融政策的信号。到 1781 年，莫里斯坚决反对整个"限制贸易的可恶群体"，支持硬通货和"财政责任"，呼吁建立城市商业利益和大陆政府的强大联盟，几乎成为大陆会议金融政策的独裁者。[1]

宾夕法尼亚州很快服从于新的财政秩序。在 1780 年和 1781 年，它将大陆和州货币定为法定货币，禁止垄断和出口面粉的法律都被州议会废除，虽然它仍然由莫里斯昔日宪法主义派的政治敌人所主导。费城的商人们支持新政策，同意接受新货币与金银等价。这项政策虽然会造成金钱损失，但也许是对莫里斯承诺的回应，即一旦"我们的金融状况变好，人民就不再骚动"。大多数城市工匠现在对价格控制的试验完全失望，开始支持莫里斯的政策，希望他最后能稳定货币，降低价格，并恢复经济信心。在 1780 年的秋季选举中，莫里斯的共和派横扫费城的选票。[2]

[180]

在 1780 年 3 月大陆会议宣布货币贬值之后，州和地方管控价格

---

[1] Burnett, ed., *Letters*, V, 36; Edmund C. Burnett, *The Continental Congress*（New York, 1941）, 426–427; E.James Ferguson *et al.*, eds., *The Papers of Robert Morris*, 1781–1784（Pittsburgh, 1973—）, I, 180–181; Francis Wharton, ed., *The Revolutionary Diplomatic Correspondence of the United States*（6 vols.: Washington, 1889）, V, 58–59; Ferguson, *Power of the Purse*, 115–116, 136–137; Main, *Sovereign States*, 253–262.

[2] Brunhouse, *Counter-Revolution*, 83–84, 94–95; Roche, *Reed*, 172–174; Diary of George Nelson, March 18, 1780, HSPa; East, *Business Enterprise*, 208; Robert Morris to Stacey Hepburn, September 23, 1779, Society Collections, HSPa; Olton, "Philadelphia Artisans," 245–247; Raymond E. Hayes, "Business Regulation in Early Pennsylvania," *Temple Law Quarterly*, X（February, 1936）, 155–165.

的行动停止。费城的两大主要党派很快接受了商人们 1779 年的立场，即价格控制完全无视财产权利。当审查委员会 1783 年开会期间认为价格控制违反了州宪法时，宪法主义派的领导人支持一份报告，谴责之前的价格控制不仅"荒谬绝伦和无法实现"，而且"违反了州宪法，侵犯了财产权利"。18 世纪 90 年代初，宾夕法尼亚终止了由地方官员规定一条面包的价格、重量和所含之物的传统实践，支持立法委员会的判断，即"大部分国家和时代限制面包价格的实践"违反了州宪法规定的权利平等原则。[1]

政府有责任为了消费者利益来管控价格这一观念的失败，当然不意味着政府对经济所有形式的干预突然停止。各种经济管控持续到 19 世纪，尤其是当国家有必要采取行动来刺激企业时。共和国之内的自由市场原则，经常与崛起的美利坚帝国的商业和领土扩张需要由强有力的中央政府来推动的信念携手并进。即使在 18 世纪 80 年代，同样反对价格控制的商人和工匠强烈支持建立联邦政府，使其有权促进美国商业，为家庭手工业提供保护，并鼓励国家的经济发展。

[181] 传统的"道德经济"观念也没有突然在城市下层阶级中消失，虽然费城在 18 世纪 80 和 90 年代的第一批罢工，反映了挣工资的群

---

[1] Louis Hartz, *Economic Policy and Democratic Thought: Pennsylvania*, 1776–1860 (Cambridge, 1948), 206, 291; *The Proceedings*, 87, 113; Reed, *Reed*, II, 140; "To the Inhabitants of America," *Pa. Packet*, March 11, 1780 [下面这部著作认为文章作者是古维诺尔·莫里斯，参见 Jared Sparks, *The Life of Gouverneur Morris* (3 vols.: Boston, 1832), I, 218–219]; Richard C. Bull, "The Constitutional Significance of Early Pennsylvania Price- Fixing Legislation," *Temple Law Quarterly*, XI (April, 1937), 317–319.

体对通货膨胀问题做出了更加"现代"的回应。传统观点无疑仍然存在，但是它们不再在政治领域或法律体系下进行表达。道德和经济问题出现分离，"公平价格"和公平契约的传统观念被更加现代的原则——买家要小心（let the buyer beware）所取代，这些现象在 19 世纪初已经开始出现。即使在这之前，政治领导人都直率地宣称竞争本身创造了"每件商品的公正价值"，这是"完全的自由贸易"的优势，确保了"农民产品的最高价格"。[1]

对于潘恩来说也是如此，1779 年标志着他在思考经济事务时发生了根本转变。也许这迫使他完全意识到自己倾向于自由放任主义经济学的"现代"学派。潘恩热情地支持莫里斯 1780 年的经济计划。他不再支持对价格的管控。1793 年法国大革命期间，他警告丹东（Danton），巴黎的无套裤汉（Sans-culottes）要求控制价格，不仅毫无效果，而且适得其反，因为农民们只会拒绝将商品推向市场。[2]

潘恩直接看到了旧的"道德经济"管控价格的失败，价格最终取决于全国甚至国际经济的状况。但是这不仅是不切实际的问题。潘恩开始接受自我调节的市场——劳动力和商品都是如此——是进步的工具的观念。在《人的权利》中，他谴责了限制劳动者工资的法律："为什么不让他们自由决定自己的工资，就像立法者允许他们的农场和房屋被自由定价一样？个人的劳动是他们拥有的全部财

---

[1]　Hartz, *Economic Policy, passim*; Horowitz, "The Historical Foundations of Contract Law," 932–935, 940–945; George Logan, *Letters Addressed to the Yeomanry*（Philadelphia, 1791）, 18, 41–42.

[2]　Foner, *Complete Writings*, I, 185; II, 228–229, 1336.

[182]　产。"[1] 潘恩在 1779 年的经历不仅使他进入了亚当·斯密的经济学世界，而且使他接纳了美国革命时期出现的市场关系的迅速扩张。这就为他在 18 世纪 80 年代与昔日的对手罗伯特·莫里斯结盟，并且支持费城战后经济中最具争议性的机构之一——宾夕法尼亚银行创造了条件。

---

[1]　Foner, *Complete Writings*, I, 439.

第六章　潘恩与新国家

1780 年，有关价格控制的民众运动宣告失败，开启了潘恩一生中最具争议和令人困惑的时期。在 18 世纪 70 年代，他与"费城的民主派"一起参与争取独立和制定宾夕法尼亚州宪法的斗争。现在他发现自己逐渐与一些昔日的盟友意见相左，却与之前的政敌意气相投。受到有钱且有政治地位之人的讨好，他在观点上与费城的商人精英逐渐接近。潘恩与之前的敌人罗伯特·莫里斯结盟，并写文章支持莫里斯加强全国政府的计划，以及他在财政方面的创造物——北美银行。

许多作者认为，潘恩在 18 世纪 80 年代倾向于保守主义。然而潘恩的活动并不代表他与之前的政治和经济观点完全决裂。他长期支持强有力的中央政府，猛烈抨击由州政府发行纸币，而且为像银行这样的新的资本主义机构辩护，认为它是美国经济发展的必要支柱。潘恩在 1779 年就发现，"道德经济"的传统无法有效地管理经济生活，这段经历只是强化了他对不受管制的市场关系的信任——他的新盟友持同样的观点。更重要的是，潘恩与莫里斯的结盟不代表他与工匠支持者彻底决裂，他们中的大部分人与费城商人联合，反对重新进行价格控制，并支持莫里斯 18 世纪 80 年代的金融计划。工匠群体的大部分人站在潘恩和莫里斯一边，反对带头攻击宾夕法尼亚银行的平均地权论者。与此同时，银行战争使潘恩开始重新思考共和政府的本质，并试图初步解释基于不同经济利益而产生冲突的美国政治。

一

在 1780 年初，尽管潘恩对价格控制运动不再抱有幻想，可是他仍然坚定地与宾夕法尼亚的宪法主义派结盟。在 1779 年 10 月，"威尔逊堡骚乱"一周之后，费城人成群结队地去投票，使宪法主义派的候选人获得了压倒性胜利，把罗伯特·莫里斯逐出了州议会，选举查尔斯·W. 皮尔和乔治·布莱恩代表费城进入州议会。尽管宪法主义派的领导人谴责了威尔逊事件，但该事件只是强化了大部分费城选民对像莫里斯这样的富商和共和派的敌意。新的州议会任命潘恩担任秘书，执行雄心勃勃的改革计划，包括逐渐废除奴隶制，没收佩恩家族的地产，重组宾夕法尼亚学院这个辉格保守派和效忠派的大本营。新的理事会成立，成员包括大卫·里腾豪斯和一些宪法主义派的领导人乔治·布莱恩和约瑟夫·里德。詹姆斯·坎农被从 1778 年移居的查尔斯顿（Charleston）召回，并获得了教授职位。1780 年 7 月，改革后的学院召开了第一次毕业典礼，潘恩被授予荣誉硕士学位。[1]

[185]

---

[1]　Burton A. Konkle, *George Bryan and the Constitution of Pennsylvania*, 1731–1791（Philadelphia, 1932）, 189, 202–203; *Pa. Gazette*, December 1, 1779; Brunhouse, （转下页）

　　然而事实上，像潘恩、坎农和其他健在的 1776 年费城激进派对宪法主义派影响很小。到 1780 年，这个派别的领导权掌握在一群边远地区的农民、商人、土地投机者和新兴的小镇资本家手中。费城人乔治·布莱恩和约瑟夫·里德在党派内部仍然拥有相当大的影响力，但是新兴的领导人是乡村长老会教徒，如威廉·芬德利（William Findley）、约翰·斯迈利（John Smilie）和罗伯特·怀特希尔（Robert Whitehill）。宪法主义者仍然使用平等主义话语，它弥漫在 18 世纪 70 年代的宾夕法尼亚政治中，而共和派继续主张两院制议会、单州长和提高选民的财产资格。一份宪法主义者的书面抨击称共和派"富有、影响力巨大、骄傲和显赫"，许多同时代人相信宾夕法尼亚的党派的确分成了"少数人和多数人……贵族派和民主派"。[1]

　　然而，作为一个由乡村领导人控制的党派，宪法主义者在许多问题上与潘恩和大部分费城工匠很少有共同观点。他们有时展示了传统上农村对城市的不信任，建议大陆会议和州议会离开费城。此外，乡村宪法主义者是发行大量州纸币的热情支持者，潘恩和许多城市工匠对此表示反对。但是在工匠看来，关键的问题是保护他们

（接上页）*Counter-Revolution*, 77–81; Ireland, "Ethnic-Religious Dimension," 424–427, 436–437; James Cannon to Joseph Reed, May 12, 1780, Gratz Manuscripts, HSPa; *Pa. Packet*, February 7, 1782; Duane, ed., *Marshall Rememberancer*, 171, 187, 197, 209, 233, 238, 247; Williamson, *Paine*, 94.

[1] Edwin G. Burrows, "Albert Gallatin and the Political Economy of Republicanism" (unpublished doctoral dissertation, Columbia University, 1973), 176–179, 184; Brunhouse, *Counter-Revolution*, 157–158; "One of the Majority," *Pa. Journal*, March 20, 1784; *Pa. Packet*, March 12, 1785; Constitutionalist Broadside, August, 1783; Main, *Sovereign States*, 395.

[186] 免受从英国进口的制造品的影响。费城的工匠在 1781 年和 1783 年期间享受了一段繁荣的时期——因此许多人感谢罗伯特·莫里斯的财政政策。但是随着 1783 年《巴黎和约》的签署，费城充斥着英国的制造品，所以 18 世纪 80 年代中期不时有工匠呼吁保护本国制造业。一位工匠问："这些勤劳的公民为这个国家的独立做出了巨大的贡献，他们现在被遗忘，他们的家人蒙受着巨大的不幸，在其各自行业希望得到雇佣，我们能让这种情况存在吗?"（工匠在 1779 年转而支持市场的至高地位并不彻底，他们希望的是在一国范围之内的自由市场。）但无论是乡村宪法主义派还是商人支配的共和派掌权，州议会几乎不能采取任何措施来保护工匠免受英国进口商品的毁灭性竞争。

事实上，敌意构成了工匠－宪法主义者话语的基础，它在 1779 年的价格控制斗争中已经非常明显，当时许多城市人谴责农民拒绝把他们的产品投入受到管控的市场中。在 1785 年，一位"宪法主义者"提醒工匠，农民是"我们土地上的骄傲和支持力量"，敦促失业的工匠离开城市作农民，"在乡村获得更独立的支持"。一位"工匠"回应说，农民觊觎工匠"努力挣得的地产"，并保证不管处于何种困境，工匠"将一直蔑视你和你们这类人 …… 将一直观察你邪恶的企图，你这个叛徒!"[1]

---

[1] Brunhouse, *Counter-Revolution*, 63, 82, 149; Olton, "Philadelphia Artisans," 245–247, 284–297; "A Hint," *Pa. Packet*, June 28, 1783; "A Friend to Mechanic," *Pa. Gazette*, June 25, 1783; "A Constitutionalist," *Pa. Independent Gazetteer*, January 15, 1785; "A Tradesman," *Pa. Independent Gazetteer*, January 22, 1785.

在一些问题上，乡村宪法主义者和城市工匠截然对立。在 18 世纪 80 年代，工匠群体内部越来越多的声音号召工匠放弃党派，选举自己担任公职。"一位工匠兄弟"声称："分裂本州的两大党派之间的竞争只是为了权力。"一位工匠警告说，宪法主义派与"工匠群体的目标并不相同"；另一位工匠指责党派的决定与 18 世纪 60 年代 [187]一样，由一个秘密的小团体做出，没有得到"任何工匠或德裔移民"的允许。工匠甚至指责由宪法主义者控制的州议会在 1785 年制定的选举法，旨在"阴险地"将"工匠或生产者，以及那些没有应纳税财产的人"排斥在选举之外。为了回应贵族的傲慢和农民的冷漠，工匠重申了他们这个群体的尊严：[1]

> 祈祷圣保罗不是制作帐篷之人？……
> 祈祷那些目前在费城开启对
> 英国的反抗之人不是工匠？
> ……祈祷富兰克林博士，我们国家驻
> 法国宫廷的大使，不是印刷工？是的，他
> 也是一位印刷业的熟练工。

与此同时，保护的动机强化了工匠群体认识到他们自身的利益

---

[1] "Irish Cooper," *Pa. Journal*, March 20, 1782; "A Brother Mechanic," *Pa. Independent Gazetteer*, October 11, 1783; "A Philadelphia Mechanic," *Pa. Independent Gazetteer*, October 8, 1785; "A Mechanic," *Pa. Independent Gazetteer*, January 8, 1785; "To the Mechanics," *Pa. Gazette*, September 13, 1786.

也是社会的重要组成部分，而且发现自己不能认同支配州政治的任何一个党派。工匠在 1779 年之后不再领导下层阶级的直接行动。结果，费城的下层政治回归其革命之前的形式。例如，在 1781 年，康沃利斯投降的消息使"一批无名之辈"打碎了在庆祝活动中没有装饰灯的房屋的窗户——回归了长期以来大家熟悉的大众行为方式。

这并非表明革命没有改变大众的政治意识。1783 年，一位来费城访问的外国人注意到了城市中恭敬态度的缺失："这里的人民按照革命鼓励的方式思考、行动和讲话；最贫穷的临时工在特拉华河畔坚持自己有权在宗教和政治事务上发表意见，与绅士拥有同样的自由。"但是 18 世纪 70 年代大众激进主义留下的是顽固的民主和平等态度，以及对托利派和富人的敌意，它们缺乏明确的领导和组织化的政治表达。[1]

[188]

这种政治形势对理解潘恩本人在 18 世纪 80 年代的经历非常必要。在之前的 10 年里，他与其他费城激进派一起，帮助向争取独立和共和主义的民众运动提供意识形态领导，这一民众运动联合了整个费城的下层阶级，并在 1776 年州宪法和捍卫州宪法的党派中进行了政治上的表达。但是在 18 世纪 80 年代，旧的激进群体不再是政治上的积极力量，工匠离开了两大政党，那些社会地位在他们之下的人回归"前政治的"群众运动方式来表达自己的怨恨和不满。无需奇怪的是，在 18 世纪 80 年代初，潘恩完全脱离了宾夕法尼亚政治。但是他

---

[1] *Colonial Records of Pennsylvania*, XII, 319; Watson, *Annuals*, I, 327; Schoepf, *Travels in the Confederation*, I, 99; Brunhouse, *Counter-Revolution*, 107, 140–142.

仍然坚定地致力于支持独立战争。当注意力从宾州事务回到全国性事务时，也许他不可避免地与罗伯特·莫里斯这样的人接近，他们拥有全国性的视野，以及军队和大陆会议极为需要的资本和组织能力。

1780年5月，潘恩首次直接接触莫里斯及其商人同伴。作为州议会的秘书，潘恩的一个并不愉快的任务是在州议会的闭门会议上宣读华盛顿将军的来信，描述军队的悲惨状况和英军占领查尔斯顿之后暗淡的军事形势。这封信使一位议员惊呼美国独立事业的失败，但是潘恩立刻组织费城商人进行自愿捐款，为州议会几乎耗尽的财政筹集资金，并捐出了自己的工资。他的目标是建立一个军队补给基金，并为独立战争提供最广泛的支持——形成一个"财产和民众"的联盟。[1]

潘恩的关切从州转向全国在1780年底得到了进一步的证明，那时 [189] 他出版了小册子《公共利益》（*Public Good*），反对弗吉尼亚州对西部土地的占有，坚持认为这块土地属于所有州，应由邦联政府管理。潘恩的朋友，弗吉尼亚的李家族猛烈抨击了他的著作，但是弗吉尼亚很快将西北领土让给了邦联政府。潘恩也开始关注国家的外部需要。在1781年初，他陪同约翰·劳伦斯（John Laurens）上校访问法国，从法国政府那里获得进一步的援助。他1781年的大部分时间都在做这件事，协助劳伦斯起草大量的进展报告，发回邦联国会，但并没有在劳伦斯和富兰克林负责的复杂谈判中发挥作用。这二人是现在的美国驻

---

[1] Foner, *Complete Writings*, I, 169–70; II, 383–384, 1183–1187.

巴黎大使，继续负责获得一大批来自法国人的武器、衣服和援助款。[1]

潘恩在1781年底回到美国，除了对战争的持续支持外，他没有任何对宾夕法尼亚或全国性政治的直接支持方式或直接联系。1782年2月，他参与了与财政部长罗伯特·莫里斯、国务卿罗伯特·R. 利文斯顿（Robert R. Livingston）和大陆军司令乔治·华盛顿的秘密合作，写作公开信件和小册子"来支持邦联国会及其部长们的措施"，并且"使人民认识到这种限制，这种税收和关税"都"对他们自己的福祉绝对必要"。4年之前，在潘恩写的关于宾夕法尼亚州宪法的信中，他谴责"无耻之徒"写作"为了面包的任何主题，或承担任何获得薪水的工作"，但是现在他接受了每年800美元的工资，钱来自财政部长莫里斯控制下的秘密资金。在1782年，潘恩经常使自己的作品符合莫里斯的观点。[2]

[190]

潘恩和莫里斯的联系也许不像表面上看起来的那样，虽然这位富商和潘恩在某些方面是奇特的伙伴。莫里斯是政治上的精英主义者——他的私人信件表明了他对普通人民的蔑视。他在1781年和1783年间领导加强邦联政府权力的运动，部分原因在于他认为强大的中央政府能够"限制各州的民主精神"。潘恩从不认同这种观点，但是在一些基本问题上，他与莫里斯有更多的共同观点，超过了宾

---

[1]　Hawke, *Paine*, 108–109, 115–120; Rutland, ed., *Papers of George Mason*, II, 699.

[2]　Wharton, ed., *Revolutionary Diplomatic Correspondence*, V, 134–135n.; Memorandum; February 10, 1782（国会图书馆原件的影印件）; Gimbel Collection, American Philosophical Society; Paine to Robert Morris, April 7, 1782（影印件）, Gimbel Collection; Foner, *Complete Writings*, II, 283; Hawke, *Paine*, 121–130.

夕法尼亚和其他州反对强大中央政府的平均地权论者。平均地权论者的政治是地方导向的，他们的领导人一般是州政治人物，很少为邦联国会或战争期间的大陆军服务。潘恩是来自英国的新移民，没有很深的地方根基，1776 年以来，他把大部分时间花在促进全国性的独立战争上面。潘恩是罗贝多将军的秘书，也是华盛顿将军的密友。他写作《危机》文章来宣传战争，并在 1781 年成为外交官的助手。潘恩的生涯与莫里斯这样具有世界眼光的人有更多相似之处，而与农业地方主义者不太相似。

此外，莫里斯希望美利坚帝国拥有"控制力、影响力和显赫地位"——这种对未来的设想也出现在了《常识》中。[1] 潘恩从不认为资本主义的商业企业与"美德"之间有任何矛盾；的确，从《常识》开始，他就把商业和国债视为国家实力的来源（再次证明他与农业乡村派在思想方面的不同，后者将债务视为腐败和道德堕落的潜在来源）。潘恩在稳定货币的必要性和纸币危害的问题上同意莫里斯的观点，特别是在见证了 1779 年价格控制的尝试失败之后。1780 年和 1781 年，在接受莫里斯的财务安排之前，潘恩已经开始支持"财政责任"的新政策。因此，当潘恩加入支持莫里斯团队 18 世纪 80 年代的经济和国家主义政策的行列时，他既没有为了薪水而违反自己的原则，也没有在支持莫里斯精英主义的同时，放弃对平等主义和民众广泛参与政府的信念。潘恩与许多费城工匠一样，将强烈的平

[191]

[1] Ferguson, *Power of the Purse*, 120–121; E. James Ferguson, "The Nationalists of 1781–1783 and the Economic Interpretation of the Constitution," *JAH*, LVI（September, 1969），241–261; Wood, *Creation*, 403–405.

等主义政治观念与支持自由企业、商业扩张和全国性经济发展结合起来。

在 1782 年和 1783 年，潘恩对莫里斯团队的主要支持是他写的一系列公开信件，主题是关于对进口商品征收 5% 的关税，邦联国会将其作为邦联政府的长期税收来源。1781 年 10 月，康沃利斯在约克镇投降，独立战争出于种种实际目的而结束，但是潘恩和莫里斯认为全国性政府不能解散。潘恩与莫里斯都相信，国家的经济困难"是由于邦联松散和几乎支离破碎的状况"，他希望关税成为加强邦联政府的第一步。当罗德岛拒绝这项举措时，潘恩发表了一系列信件，强调了建立更强大的中央政府的必要性。他声称，各州的联合是"我们的《大宪章》——是我们在帝国世界的支柱 ⋯⋯这是我们不可分割的主权，我们的伟大与安全，以及我们对外贸易安全赖以存在的基础"。他甚至警告国会措施的反对者们，认为他们的反对"只会扰乱公共意识，甚至在他们自己所在的州，损害公民和道德社会的每项义务，损害所有良好政府的必要责任；只会导致肆意挥霍，也许人们迟早会认为所有财产都是共有的"。这种夸张的语言表明潘恩非常接近莫里斯团队的观念，即一个更加强大的中央政府是各州危险的激进倾向的屏障，这一呼吁具体针对罗德岛的商人，他们领导了该州反对邦联国会征收关税的活动。[1]

[192]　随着罗德岛对关税的否决与独立战争的结束，18 世纪 80 年代初的国家主义运动逐渐筋疲力尽。潘恩继续在出版于 1783 年 4 月和 12

---

[1]　Foner, *Complete Writings*, I, 232–234; II, 333–347, 364, 1213–1214.

月的《危机》最后几篇文章中呼吁建立更加强大的中央政府，但是
他没能继续获得秘密工资，因为莫里斯在 1783 年初离开了邦联国会
财政部门负责人的位置。潘恩几乎不再关心政治事务。在 18 世纪
80 年代中期，他每年会花数月时间与朋友柯克布里奇上校（Colonel
Kirkbridge）和柯克布里奇夫人（Mrs. Kirkbridge）在一起，后者在
新泽西州的包登敦（Bordentown）拥有一个农场。他在 1784 年和
1785 年很少写作，而是花费大部分时间参与运动，要求邦联国会和
州议会为他在革命期间的贡献提供报酬（他将从《常识》之后写作
的小册子中获得的稿费全部捐给了独立战争）。华盛顿和杰斐逊在弗
吉尼亚催办了他的请求，但是州议会拒绝执行，也许因为潘恩在《公
共利益》中反对该州的土地要求。但是纽约州赠予他一块没收的新
罗谢尔（New Rochelle）效忠派的土地。1785 年，邦联国会投票决定，
给潘恩一笔 3000 美元的酬劳，足够他之后 20 年的生活。[1]

一

　　直到 1785 年底，潘恩都没有重新回到政治领域。北美银行是美
国第一家银行，由罗伯特·莫里斯和他的同伴建立于 1781 年底，目
的是增强商人群体与邦联政府之间的关系。北美银行是一家私人的
盈利机构，由邦联国会和宾夕法尼亚州议会颁发特许状。邦联国会

---

[1]　Hawke, *Paine*, 135–147; Arnold K. King, "Thomas Paine in America, 1774–1787"（未
出版的博士论文，University of Chicago, 1951）, 325–345.

和各州议会的财政资源一度几乎告罄，纸币仍然不值钱，莫里斯希望银行能够成为"美国信用的支柱"，并发行币值稳定、认可度高、不会贬值的货币。到 1782 年秋，北美银行在公共目标和私人目标两个方面都获得了巨大成功：它发行的纸币与费城的金银价值相等，银行的股东获得了可观的利润。

[193]

北美银行由一个以莫里斯为中心的商人小圈子和共和派政治家来控制——第一任行长托马斯·维灵是莫里斯在 18 世纪 70 年代的合作伙伴——它加速了在革命时期的费城已经开始的经济转型。北美银行坚持按期支付债务，广泛地影响了费城商人的商业活动，它提供的短期贷款促进了商业的扩张。但是北美银行很快遭到指责，认为它在提供贷款时有所偏袒，并且试图垄断费城的银行业。建立银行的一个目的是为费城商人提供贷款，他们的信贷之前来自英国，但是北美银行的贷款政策高度保守，倾向于银行高管的亲戚朋友，以及长期经营稳定和具有商业头脑的商人，而不是新兴企业。

1784 年，一群贵格会商人和费城商人准备建立一个新的竞争性银行，结果遭到了莫里斯的强烈反对。这群商人不代表特定的政治利益，他们的共同目的是更容易得到贷款，都对莫里斯充满敌意，而且都没能在北美银行中占有股份。最终，莫里斯的银行扩大了股份，将这群商人纳入其中。印刷商威廉·布拉德福德评论说："你也许看到了残暴的辉格派、愤愤不平的托利派和温和派联合起来……宪法主义者和共和派手挽手；贵格会和长老会教徒在这个利益联盟中忘记了宗教敌意。"[1]

北美银行成功应对了这第一个挑战，但很快面临更严峻的挑　　[194]
战，因为控制州议会的乡村宪法主义者开始破坏莫里斯的金融计
划。州议会授权发行新的州纸币，并且承担拖欠宾夕法尼亚公民的
邦联债务——这对利用邦联债务作为增强中央政府手段的国家主义
计划构成了直接的挑战。当北美银行拒绝兑换新的州纸币时，州议
会在 1785 年 9 月撤销了给予它的特许状。[2]

在 1785 年和 1786 年大部分时间里，银行成为宾夕法尼亚辩论的
主要议题。对于北美银行的敌人来说，它已经成为共和派的堡垒，
是特权的工具和州政府建立的封闭性公司，其本质威胁了共和主义
的平等理念。在州议会中，对北美银行的攻击由西部宪法主义派的
三位领导人威廉·芬得利、约翰·斯迈利和罗伯特·怀特希尔共同
发起。芬得利声称，北美银行"违反我们的法律——我们的习惯——
我们的方式"。共和主义的本质是"财富和权力"的平等，而"个人

---

[1]　Janet Wilson, "The Bank of North America and Pennsylvania Politics, 1781–1787,"
PaMHB, LXVI(January, 1942), 3–28; Bray Hammond, *Banks and Politics in America*(Princeton,
1957) , 42–52; Herman E. Kroos, "Financial Institutions," in David T. Gilchrist, ed., *The
Growth of the Seaport Cities*, 1790–1825(Charlottesville, 1967), 115–123; M.L.Bradbury,"Legal
Privilege and the Bank of North America," *PaMHB*, XCVI (April, 1972) , 139–166;
Baumann, "Democratic-Republicans," 38–49; Brunhouse, *Counter-Revolution*, 111, 150;
George D. Rappaport, "The Sources and Early Development of Hostility to Banks in Early
American Thought"(unpublished doctoral dissertation, New York University, 1970) , 12–14,
32–33, 89.

[2]　Baumann, "Democratic-Republicans," 50–51; Henderson, "Constitutionalists and
Republicans," 138–141; Main, *Political Parties*, 193.

占有的大量财富"总是"在自由州制造危险"。芬得利补充说，银行特许状的唯一目的是"通过一部专门的法律使有钱人能够增加收益"，因为"只有富人""有钱留给银行家"。怀特希尔同意北美银行与整个州有着"对立利益"的观点，州议会委员会的报告建议撤销特许状，坚持认为"大量财富聚集在一个声称永续经营的机构手中"完全不符合"公共安全"。[1]

[195] 反银行议员的观点预见了 50 年之后杰克逊（Andrew Jackson）总统当政时期的银行战争时，用来反对美利坚银行（the Bank of the United States）的话语。在这两场运动中，出现的社会激进主义成分也许比大家看到的要少。罗伯特·莫里斯以费城代表的身份回到州议会，他直率地评论说，如果反银行的力量非常关心平等，那么他们应当提出"一部平均土地的法律，使财产能够平均分配"。但这不太可能发生，因为莫里斯继续指出："我认为，他们中的每个人现在拥有的财产比那种平均分配获得的财产更多。"芬得利和斯迈利的确明确反对这种观念，即他们的平等理想能够使分配现有财产合法化。正如斯迈利指出的那样，他不愿意"煽动仇富精神，通过对宾州公民的财产施加限制，从而阻碍工业的运作 ……（或者）以掠夺和不公为基础，建立一种共和平等的虚幻结构"。[2]

与杰克逊时代的银行战争时一样，北美银行的敌人组成了一个相当多元的经济和社会联盟。他们包括在原则上反对所有银行和公

---

[1]　Matthew Carey, ed., *Debates and Proceedings of the General Assembly of Pennsylvania*…（ Philadelphia, 1786 ）, 52–57, 62-69, 79, 130; Bradbury, "Legal Privilege," 148–149.

[2]　Carey, ed., *Debates*, 57, 66; "Atticus," *Pa. Packet*, June 28, 1786.

司特许状的人——他们受到乡村派传统的影响，将这种机构视为"腐败"和道德堕落的代理人——对于莫里斯的商业竞争者来说，放高利贷者怨恨银行制定的低利率，公共担保的投机者们支持州政府承担邦联债务，工匠则认为自己被排斥在莫里斯银行的贷款之外，希望莫里斯银行的关闭能够引发许多新银行的建立，使他们更容易获得贷款。与19世纪30年代一样，这个联盟发现他们更容易在废除北美银行的消极政策上达成一致，但很难在取代北美银行的积极财政计划上取得共识。[1]

对于乡村宪法主义者来说，能够替代北美银行的选择是回归殖民地时期，建立一个能发行纸币，并能以土地做担保，以低利率贷款给农民的州机构。这种"土地银行"肯定比私营公司更适合平等的共和理念，但是这样一个机构很难帮助工匠，他们指责"少数富有的商人和那些有良好信用的商人"才能从银行获得贷款。工匠通常没有土地，他们没资格从州土地银行获得贷款。 [196]

事实上，费城的工匠群体在银行问题上产生了分歧。许多工匠回应了宪法主义者的反贵族诉求，希望北美银行的关闭能够使大家更容易获得贷款，但是其他许多人担心这会导致纸币大量发行和新一轮的通货膨胀。在18世纪80年代，能否获得资本成为工匠面临的关键问题，尤其是企业家或他们当中有抱负的企业家。正如我们所见，之前是工匠的本杰明·富兰克林，希望创办一个信贷基金，

---

[1] Forrest McDonald, *E Pluribus Unum*（Boston, 1965），48–51; Main, *Political Parties*, 186; Carey, ed., *Debates*, 113.

使正在学徒期的"年轻已婚工匠"建立属于自己的商店。大部分工匠希望获得资本，他们不是反对银行业本身，而是反对北美银行对信贷的垄断。当州议会撤销北美银行的特许状时，并没有对工匠的经济需要做出相应规定——更容易获得贷款，并免受英国商品的竞争——费城的工匠转而在选举中支持共和派。随着银行特许状被撤销，费城的贸易发展放缓，工匠对宪法主义者的敌意得到进一步强化。[1]

如果说工匠群体发生分裂，那么费城的商业和金融行业则联合起来支持北美银行。一些北美银行的支持者直率地声称，财产的不平等必然且适当，即使在共和国，财产也值得受到州议会的特殊保护。"不同程度的勤劳和节俭（那些伟大的共和美德）"，按照一位作者的说法——恰当地称自己是"坦诚的"——将"带来财产的不平等，在一个商业国家中尤其如此"。其他人以一种也许不明智的方式，将银行描述为经济平等的动因。"北美银行没有制造垄断，而被设计为最重要的拉平者"，一位作者认为，"它将富人与穷人置于平等的地位。它需要的是勤劳和公平的特点"。相比之下，平均地权论者钟爱的措施——纸币被视为高利贷、投机、通货膨胀和道德堕落的动因，最终会通向"贵族制与奴隶制"。此外，按照詹姆斯·威尔逊的说法，他写了一本重要的小册子为北美银行辩护，认为撤销北

[197]

---

[1]　*Remarks on a Pamphlet Entitled 'Considerations on the Bank of North America'* (Philadelphia, 1785)，11–14; "Colbert," *Pa. Packet*, March 31, 1785; Olton, "Philadelphia Artisans," 273–280, 302–305, 318–323; *Pa. Packet*, March 29, 1786.

美银行的特许状将成为撤销"宾夕法尼亚其他所有特许状"的先例。[1]

潘恩并不急于加入关于银行的争论。一方面，这个撤销银行特许状的州议会拨款 500 英镑作为潘恩在革命期间活动的酬金。（潘恩是否收到钱现在并不清楚。1786 年，他抱怨拨款并没有得到落实。）潘恩也不急于与他宪法主义派中的朋友公开划清界限，他们在过去的政治冲突中经常并肩战斗。[2] 但是 1785 年 12 月，他开始在报纸上公开发表一系列信件；于 1786 年 2 月出版了一本广为流传的小册子《论政府、银行事务和纸币》(*Dissertation on Government; the Affair of the Bank; and Paper Money*)；他继续在费城的报纸上讨论银行问题，直到那年年底。

某些方面，潘恩在他关于银行的著作中只是重申了长期形成的观念。他对政府发行纸币的敌意从未表达得如此强烈，但绝不新鲜。他声称："纸币、纸币和纸币现在在好几个州都是泡沫和罪恶。"（"泡沫"这个词汇在他的读者中有强烈的历史共鸣，使他们回想起著名的 1720 年南海泡沫：英国政府积极提高了它在南海贸易公司中的股份，导致股票价格先是暴涨然后暴跌，并最终导致英国财政大臣以欺诈罪遭到逮捕。）潘恩给报刊投了一篇罗德岛商人所写的文章，抗议该州的立法使拒绝像接受黄金那样来接受纸币变成非法行　　[198]

---

[1] "Candid," *Pa. Gazette*, April 6, 1785; "An Old Banker," *Pa. Gazette*, March 30, 1785; "Nestor," *Pa. Gazette*, July 19, 1786; Robert G. McCloskey, ed., *The Works of James Wilson* (2 vols.: Cambridge, 1967), II, 833–839.

[2] *Pa. Gazette*, December 21, 1785, February 15, 1786; Paine to Thomas Mifflin, December 19, 1785, Gimbel Collection; Foner, *Complete Writings*, II, 382.

为。潘恩说，这在任何州都是"最邪恶和专断的法令之一"，同时威胁了"自由和财产"。

潘恩不相信经济在缺少纸币的情况下能够运作，但他明确区分了由私人和像银行这样的公司来发行纸币与由州来发行纸币，潘恩认为前者能使个人根据实际情况来接受或拒绝使用它，后者自动就能成为法定货币。他解释说：

> 纸币唯一合适的用途是成为本票，承担用硬币支付的义务……纸币以这种方式流通，并且为了这种目的，继续针对地方和人，货币将拥有并最终找到自己的家；而且打开主人的箱子，支付给持有者。但是当州议会着手发行纸币时，整个体系的安全和确定性遭到破坏，财产处于漂浮状态。

换句话说，纸币能够正当而方便地代表黄金和白银，但并不能取代它们。潘恩区分了社会和政府，自然规律和人工产物。他声称"黄金和白银是自然的产物，纸币是人工的产物"，因此一个是正当的，另一个则是人为和强制的。潘恩甚至说，任何制定出纸币是法定货币的法律的立法者都应当被判处死刑。（历史学者布雷·哈蒙德[Bray Hammond] 评论说，这"走得太远了"。[1]）

对于潘恩来说，银行是抵御州发行的纸币的堡垒，因此对整个

---

[1] "Common Sense," *Pa. Packet*, November 7, 1786; "Common Sense," *Pa. Packet*, August 21, 1786; Hammond, *Banks and Politics*, 60–61; Foner, *Complete Writings*, II, 404–406; Homer, *History of Interest Rates*, 153–154.

社会的繁荣非常有益，"是能够促进国家商业和农业发展的最好机构之一"。潘恩的观点与亚当·斯密的极为相似，后者在《国富论》中对银行业的评论当时在费城广为流传，詹姆斯·威尔逊在他为北美银行辩护的小册子中引用了这个观点。斯密认为，私人银行通过为生产性企业提供资本，使工业和商业充满活力。与潘恩一样，斯密也觉得纸币非常便利，但坚持认为它必须以"黄金和白银作为其牢固的基础"，他还谴责将纸币定为法定货币是"非常不公正的行为"。[1]

[199]

　　银行在潘恩的美利坚共和帝国的构想中扮演了关键角色。但是国家发展需要的并且银行能够促进的"伟大的改革事业"——内部改进（internal improvement）以及道路和桥梁（潘恩自己正在设计一座铁桥）的建设，在废除银行特许状引发的氛围中无法进行。他抱怨说，如果"一项法令……由一个议会制定，再由另一个破坏的话"，就"不能相信政府"。

　　潘恩的思想发生了新的转变，他区分了法律和立法契约（legislative contracts）——前者能在任何时候废除，后者必须得到下一届议会的尊重。在某种程度上，潘恩预示了之后由约翰·马歇尔（John Marshall）阐述的契约理论，认为州在诸如银行特许状这样的契约中处于"普通公民"的地位。但是潘恩也声称，没有哪个议会的法令能够"永远"存在。从这个方面来说，银行特许状是错误的。由于没有任何一代人能够正当地约束未来一代人，所有的法令和契

---

[1]　Foner, *Complete Writings*, II, 415; McCloskey, ed., *Works of Wilson,* II, 835–836; Smith, *Wealth of Nations*, 393–398, 419–426.

约应当到 30 年时就自动失效。这个观点预示了潘恩之后坚持反对埃德蒙·伯克，认为过去的人在政府中无权发声，"活人的权利"是至高无上的观点。因此，路易斯·哈茨（Louis Hartz）的评论是正确的，"潘恩在人民主权问题上的观点很难与他在特许状契约问题上的观点相适应"。一个当时银行的反对者问道："如果一个议会没有智慧来纠正之前的错误，那么年度选举的好处何在？"20 年之后，潘恩在他

[200]

最后一部出版的著作中，改变了他在银行问题上的观点，认为所有的契约和特许状应当由一个议会提出，另一个议会投票表决，从而避免"年度选举的意图、本质和原则"遭到破坏。[1]

潘恩也反对北美银行构成了某种贵族制的观点。如果银行遭到破坏，"一些有钱人"——只有他们拥有足够的个人财富资助商业企业——将垄断这个州的商业。信贷促进了经济发展，通过提供低息贷款，银行能促使企业挑战居于费城经济上层的富商。对于潘恩来说，银行并不是特权的机器，而是一个平等主义机构。它服务于整体的经济需求，尤其是小生产者和小商人，远远好于战前的非正式安排，那时获得资本只能靠个人财富和私人关系。

毫无疑问，潘恩关于银行的作品反映了他在卷入银行战争的经济利益问题上有些天真。但是，潘恩仍然认为商业和经济企业服务于公共利益，银行也是如此，它促进了经济活动，"在个人中间建立起了失去多年的信用和信心，没有这些，农业、贸易和商业一定会

[1]　Foner, *Complete Writings*, II, 376, 395, 413, 991; Hawke, *Paine*, 154; Hartz, *Economic Policy*, 250, 304; "Atticus," *Pa. Packet*, May 8, 1786.

衰落和萎靡不振"。然而很明显，潘恩还认为在撤销银行特许状后损失最大的人是"生产者和工匠"，因为这批人"反对那些在发行纸币中有直接利益的人"。纸币不仅降低了他们的实际工资，使他们的财产价值得不到保障，而且还驱逐了"所有国家通过出口得到的硬通货"，用它在国外"购买外国制造品和小珠宝"。所以禁止发行纸币是对美国制造业"最有效的激励方式"。[1]

在一个重要方面，潘恩在银行争论中表达的观点与之前的作品 [201] 有很大不同。潘恩对 18 世纪 80 年代宾夕法尼亚激烈的党派竞争感到震惊。早在 1784 年，他就谴责了宾州"糟糕的党派状况"，抨击"冲动的辉格派"，他说这些人试图"控制政府"。在潘恩关于银行的作品中，他重申了自己对政治状况的不满：一个州"被党派撕裂"，制定的法律深受"党派精神和充满敌意的偏见"的影响。"建立在党派基础上"的法律，比如撤销银行的特许状，与只是为了公共利益而制定的共和法律有很大不同。[2]

这种幻灭使潘恩重新思考自己对一院制议会的支持。"我关于一院制议会的观点，"他解释说，"总是建立在一个愿望之上，那就是不管州内有什么样的个人党派，它们都会在良好政府的一般原则上联合起来并达成一致……公共利益或整体利益是议会的治理原则。"但是现实表明，这种共和乌托邦的经典观念被党派意识所压倒。潘恩只能得出结论，一院制议会处于单一党派的控制下时，"能够在其

---

[1]　Foner, *Complete Writings*, II, 391, 416, 424, 428; *Pa. Gazette*, December 21, 1785, September 20, 1786.

[2]　Foner, *Complete Writings*, II, 1247, 1255, 390.

存在时建立一种完全的贵族制"。为了使一院制议会运行良好，"党派的偏见不应当出现在政府内部的运作中，这是绝对必要的"。但是废除银行特许状表明，宾夕法尼亚人受到党派偏见的影响，所以服从于"专断原则的激情和违宪的行为"。

不言而喻，潘恩似乎开始转向保守观点，即只有两院制议会才能制约人民的激情与莽撞。18 世纪 80 年代中期，这个观点在商人和企业家中间非常流行，他们与潘恩共同支持银行。这是潘恩整个生涯中唯一一次公开支持约翰·亚当斯或罗伯特·莫里斯的政治观点。在 18 世纪 90 年代，他将回归更为熟悉的乐观的一院制立场，虽然他在《人的权利》中增加了一个建议，那就是一院制议会被分成两组，在每个组依次进行立法辩论，但是最后一起投票表决，从而避免过于匆忙的行动。[1]

[202]

18 世纪 80 年代的党争也使潘恩重新思考他关于共和制美国如何免于阶级利益冲突的设想。潘恩首次用经济术语来分析政治行为，提出了"一个人的思想一般受其目前的状况和条件的影响而产生"的原则。他把对银行的反对归因于平均地权派的现实状况限制了他们的观点，而且他们在宾夕法尼亚没有物质利益。边远地区的农民成为宪法主义派的核心，他们远离市场。"他们地处偏远的地区，所以 [他们] 对这个州更加稳定和经济状况良好的地区的繁荣几乎没有兴趣。"他们与商业化的农民截然不同：

---

[1]　Foner, *Complete Writings*, II, 409; I, 390; "Common Sense," *Pa. Gazette*, September 20, 1786.

他们关于政府、农业和商业的观点来自并局限于自己在边疆的居住经验……一位定居者还不是一位农民……在定居者阶段，他的思想主要是为了定居。如果他能生产足够的东西养活自己的家庭，那么这将是他目前最大的希望。他没有东西能够推向市场，或者在市场销售，所以商业对他毫无意义；他认为银行是没有用处的机构。

此外，潘恩指出，来自边远地区的出口产品从萨斯奎哈纳河（Susquehanna River）运往巴尔的摩，而不是运往费城及其周边地区。[1]

不管潘恩的观点作为历史分析有什么优点，它都标志着对潘恩 [203] 思想的背离。潘恩从未接受麦迪逊的政治科学——政治应当争取个人利益的平衡，而不是有意寻找统一的公共利益。他也非常反感社会冲突在政府中的制度化。但是关于银行的著作以独到的方式，提供了对社会阶级意识增强的预演，潘恩将在他写于18世纪90年代英国和法国的小册子中展现出来。

潘恩对银行的辩护和对乡村宪法主义者的态度，消耗了他在这个党派中的名声。约翰·斯迈利声称："我不能设想在作品的广阔语境中，还有什么更值得我们厌恶和蔑视，那就是一位作者之前捍卫自由原则，现在放任它们来煽动党派斗争，并且……滥用自己的笔来毁灭自己的国家。"（斯迈利暗示潘恩被银行收买的观点看来是错

[1]　Foner, *Complete Writings*, II, 426, 1256. Cf. Klett, *Presbyterians*, 262; "A Friend to Prosperity," *Pa. Gazette*, November 29, 1786; Walzer, "Transportation in Philadelphia Trading Area," 48–49, 313.

误的，虽然潘恩的确在银行存了钱。）但是不管潘恩是否受到农民的
欢迎，他仍然在费城的工匠中有很多追随者，他们基本上远离了宪
法主义者。在 1786 年 1 月有关银行争论的高潮时，"一大批印刷工"
聚集在葡萄串酒馆（Bunch of Grapes tavern），庆祝本杰明·富兰克
林的 81 岁生日。他们的祝酒辞包括称赞印刷工的手艺、出版自由、
鼓励文学创作、乔治·华盛顿——和托马斯·潘恩。[1]

三

　　支持银行的共和派横扫了 1786 年的选举，包括费城在内，而且
北美银行在第二年春天重新获得了特许状。潘恩 1786 年的大部分时
[204]　间都在包登敦从事一系列发明，从无烟蜡烛到一座铁桥的设计。在富
兰克林的帮助下，潘恩于 1787 年 1 月在费城州议会展示了他的铁桥
模型。1787 年 3 月和 4 月，潘恩参加了新成立的政治研究协会（Society
for Political Inquiries）的会议。致力于使美国摆脱欧洲的习俗和思想
模式，并且"提升政府科学和促进人类幸福"，协会每周都在富兰克
林图书馆聚会。协会成员是一群费城的商业和政治领导人，包括罗伯
特·莫里斯、小威廉·布拉德福德和本杰明·拉什。潘恩在美国最后
的"政治"活动是 4 月份在协会宣读一篇文章，题目为《论乡镇的合并》
（"On the Incorporating of Towns"）。好几天之后，他从纽约乘船前
往欧洲，希望宣传他的铁桥，并计划一年内返回美国。他相信自己的

---

[1]　"Atticus," *Pa. Packet*, April 25, 1786; Hawke, *Paine*, 156–157; *Pa. Gazette*, January 25, 1786.

"政治生涯"已经"结束"，并且计划从此投身于"科学的宁静领域"。[1]
没有人，尤其是潘恩自己，能够预见他在18世纪90年代的动荡生涯。

潘恩抵达美国时只是一个一文不名、鲜为人知的小人物；而他
离开美国时则拥有了国际知名度，并且跻身世界性知识分子、改革
家和科学家的跨大西洋群体行列。1788年在巴黎，他参加了与杰斐
逊和拉法耶特（Lafayette）关于联邦宪法的辩论，这典型地体现了他
的新交往。潘恩会支持新制定的联邦宪法并不令人惊讶，因为他长
期拥护更加强大的中央政府。早在1776年，他就在《常识》中指出，
"联系整个大陆的纽带太松弛了"，在1780年的《公共利益》中，他
呼吁选举代表参加"大陆大会，其目的是制定一部大陆宪法，界定
和描述邦联国会的权力和权威"。潘恩随后声称，他反对1787年制
定的宪法的许多特点，他仍然喜欢一个多元的行政机构，反对参议
院的漫长任期。他也很可能像杰斐逊一样，对制宪会议没能在新的
政府架构中包含一个权利法案感到忧虑。但是与杰斐逊一样，潘恩 [205]
在1787年是联邦主义者，因为他相信"建立一些联邦权威的绝对必
要性"。[2]

1787年宪法有时被视为是反革命的，被认为背叛了1776年理
想。但是潘恩并不这样看。增强联邦政府权力运动的主要支持者

[1] Hawke, *Paine*, 164–69; Paine to George Clymer, December 13, 1786, Gimbel Collection; Foner, *Complete Writings*, II, 909; Minutes, Society for Political Enquiries, HSPa; Paine to Edmund Burke, August 7, 1788, Gimbel Collection.

[2] Louis Gottschalk, *Lafayette Between the American and French Revolutions*（Chicago, 1950）, 374–375; Foner, *Complete Writings*, I, 44; II, 332, 691–693, 1390–1391; Sisson, *The American Revolution of 1800*, 108.

们的确是精英，他们害怕各州的民主，希望建立一个强大的中央政府，由美国"天生的贵族"控制，从而确保共和政府免受民众的过度影响。[1] 但这不是支持宪法的唯一群体。一位研究这一时期的学者总结道："对于工匠来说，支持宪法的运动是对争取独立斗争的直接延续。"在波士顿、纽约、费城、巴尔的摩和查尔斯顿，18 世纪 80 年代中期是一个经济困难的时期，当时英国商品充斥市场，工资暴跌，重要的造船业停滞不前。在费城，1786 年只建造了 13 艘船，而 1784 年的是其 3 倍，"木匠、铁匠、细木工和大量依赖于造船业不同部门的技工"，受损尤其严重。乔治·布莱恩是宾夕法尼亚主要的反联邦主义者，他指出，"我们的商业状况"导致费城人几乎一致支持宪法。[2]

在 18 世纪 80 年代的经历之后，费城工匠相信，宾夕法尼亚州本身不能"促进我们初创期的制造业"或者"给我们饥饿的工匠提供食物"。一位"砖匠"声称，"由于经济不景气，我失去了工作"，"我比过去有更多闲暇来阅读报纸"；他用自己所在行业的语言得出结论，认为宪法是"一座安放美国自由的巍峨大厦"。另一位作者指出，宪法根本不是一份贵族文献，它的确反映了费城民众的生活状况："我们普通人首先是美国公民，而不是某个州的公民。我们中的

[206]

[1] Wood, *Creation*, 497–547. 当然，这个观点至少可以追溯到 Charles A. Beard 的 *An Economic Interpretation of the Constitution* (New York, 1913)。

[2] Lynd, *Class Conflict*, 123–126; Konkle, *Bryan*, 301–305; Adams, "Wage Rates," 405; Charles L. Chandler, *Early Shipbuilding in Pennsylvania*, 1683–1812(Philadelphia, 1932), 29; "A Citizen," *Pa. Gazette*, April 2, 1788.

许多人死在与出生地不同的地方……国会将要征收的进口税只会使富人感到沮丧。"布莱恩所称的繁荣的"金色幻影"摇曳在建立联邦政府这一运动背后的费城工匠、劳工和海员中间：[1]

> ……它将有精力和实力管控你们的贸易和商业，强制征收你们的关税、国内货品税和进口货品税。这个国家的贸易将不再受制于外国，我们的港口将停满我们自己的船只，我们将成为欧洲的运输者。政府将对所有能够在我国生产的外国制造品征收高额关税。……我们国家的制造厂将兴旺发达——我们的工匠将会挺胸抬头，发家致富。

1788 年 7 月 4 日，费城举行盛大游行，庆祝联邦宪法得到批准，生动展示了费城工匠和下层阶级的态度。费城的每个行业，从轮船木匠到鞋匠，从马车制造工到织布工，从乐器制造工到潘恩的老本行——制作胸衣鲸骨的工匠，都参加了这次不同寻常的游行，每个行业的游行队伍都有精心制作的彩车、旗帜和标语。从一种观点来看，这次游行有"一种奇特的反常现象"——因为庆祝一部共和宪法诞生的人们按照类似中世纪行会的划分组织起来。各种不同的标语和彩车表达了工匠们对新政府的期望。水手和造船工的横幅上声

---

[1]　Olton, "Philadelphia Artisans," 309–311, 342–357; "A Federalist," *Pa. Independent Gazetteer*, October 15, 1787; "A Bricklayer," February 15, 1788; "Sidney," *Pa. Gazette*, April 2, 1788; John B. McMaster and Frederick D. Stone, eds., *Pennsylvania and the Federal Constitution* (Philadelphia, 1888), 605, 615; "One of the People," *Pa. Gazette*, October 17, 1787.

称"希望商业会繁荣，工业会得到奖励"；面包师宣称"希望联邦政府复兴我们的贸易"；搬运工说"希望工业得到鼓励"；酿酒师的标语更加直接，"家庭酿酒业是最棒的"。当游行队伍经过费城时，一家报刊正在路边采访，一首据说是富兰克林创作的歌曲正在传唱，它反映了工匠对手艺、技能的自豪，以及在革命时期结束时对未来的乐观：[1]

[207]

> 你们这些愉快的工匠，来加入我的歌曲中，
> 让轻快的合唱跳跃着经过；
> 虽然一些人很穷，一些人很富，
> 但是所有人都满足、幸福和自由。

> 你们这些裁缝！拥有古老和高贵的名声，
> 为乡村或城镇的人量体裁衣，
> 记住亚当斯，你们的父亲和领袖，
> 这位世界的贵族，曾经是一个裁缝……

> 刷毛工、纺纱工和织布工参加了，
> 接受了你的朋友穷人理查的建议；
> 坚守在织布机、纺纱轮和薄纸板旁，

---

[1] "Account of the Grand Federal Procession," 57–75; Quimby, "The Cordwainers' Protest," 87; Watson, *Annals*, II, 345–346.

你们从不需要担心岁月艰难 ……

你们这些造船工！装配工！和帆船制造工！
新宪法已经占据上风！
你们很快将看到自豪的浪潮，
哥伦布的船只得意洋洋地航行在大海上。

　　按照本杰明·拉什的看法，这一天"各个等级 …… 都忘记了所有的诉求"，17000 名商人和熟练工、律师和海员都在庆祝宪法的通过。（拉什的说法有些夸张，因为在一些行业游行时，明显能看到高级工匠与熟练工和学徒工不在一起。）棉纺织业配有梳棉机和纺纱机的彩车，以及促进制造业协会写有"希望联邦政府保护美国制造业"的横幅，给拉什和其他观察者留下了极其深刻的印象。拉什相信，这种展示是"我们国家未来财富和独立"的象征。仅仅 4 个月之前，制造业协会就得到了这些梳棉机和纺纱机，很高兴从此以后，"50 人的工作将由一位成年人、一个男孩和一部机器来完成"。然而与潘恩和拉什一样，参加游行的工匠没有发现新技术和其自身利益之间的冲突。在 7 月 4 日的游行中，独立的手工纺织工与使用新机器的纺纱工和织布工并肩走在一起。技术进步将成为美好生活的威胁而非预兆的时代还未到来。[1]

[208]

---

[1]　Butterfield, ed., *Rush Letters*, I, 470–475; *Pa. Gazette*, March 19, 1788; Marx, *Machine in the Garden*, 166.

[209]　　如果潘恩参加了游行的话，他会与这些工匠一样，并不认为支持宪法与坚持平等主义政治之间有什么矛盾。在 1788 年，潘恩政治观点的特征与他在《常识》中提出的基本一样：共和主义，政治平等主义，支持强大的中央政府，鼓励商业和经济扩张。在 1776 年，这些思想看起来完全兼容；而在其他时期，其中一个方面会占据主导地位。但潘恩总是努力联合整个国家为获得独立而斗争，并为美利坚共和帝国奠定基础。他为实现这些目标付出了诸多努力；在 18 世纪 90 年代，他将把美国革命的理想带到欧洲。

第七章　尾声：英国、法国和美国

当潘恩在 1787 年返回欧洲时，他已经 50 岁了。潘恩作为革命 [211]
时期的小册子作者获得了巨大的成功，但他之后的 20 年人生充满了
失望，并最终走向了绝望。无论是文学价值还是政治影响，潘恩 18
世纪 90 年代写作的小册子——《人的权利》和《理性时代》都能与
《常识》相媲美。潘恩的作品有助于促进英国大众激进主义的高涨，
并使他被选为法国大革命时期国民公会的议员。但是潘恩之后的生
涯并没有赢得国际革命者的桂冠，他在法国的停留陷入困窘和孤
立，并最后在恐怖统治时期坐了 1 年牢。在 1794 年底被释放之后，
潘恩在法国又度过了不愉快的 8 年，最终在 1803 年返回美国，结果
发现自己先是被诋毁，接着被遗忘。

潘恩最后的 20 年生涯总有一些未解之谜。但是正如潘恩参加
美国革命一样，他的经历能通过他的思想与他作为激进知识分子之 [212]
间的关系，以及与他的民众支持者之间的关系得到最好的理解。作
为一个革命时期的小册子作者，潘恩在推翻旧政府的时刻处于最佳
状态，当时政府原则遭到质疑，新的阶级出现在政治生活中。但是
潘恩在个人性格及思维习惯方面都不适合应对和处理政府的日常事

务，无论是在和平时期，还是在革命发生的紧急时刻，都需要暂时偏离潘恩详细阐明的抽象原则。在英国，刚政治化的工匠和下层阶级使《人的权利》成为英国历史上最流行的政治小册子。然而在法国，潘恩不再担任国民公会议员，而且他受到不懂法语的限制，以及和美国的吉伦特派（Girondin）支持者圈子密切的私人和意识形态联系，使他无法拥有民众支持者，不能受到在美国和英国那样的欢迎。当潘恩回到美国时，他几乎很少谈论政治体制问题，因为它似乎已经确立了自己的基本原则。此外，潘恩18世纪90年代的宗教作品使他的追随者局限在少数自然神论者中。当潘恩在1809年去世时，美国人几乎完全忽视了这位革命时期最杰出人物之一的逝世。

一

当潘恩1787年抵达英国时，改革政治在5年内行将就木。18世纪80年代初，一群伦敦的中等阶层激进派要求扩大选举权，克里斯托弗·威维尔牧师（Rev. Christopher Wyvill）的约克郡协会（Yorkshire Association）要求增加乡村"独立乡绅"在议会中的代表。最极端的改革者是约翰·卡特赖特（John Cartwright）少校，早在1776年，[213] 他就已经支持成年男性普选权、年度选举、平等划分选区和支付议员工资等主张。卡特赖特是宪法信息协会（Society for Constitutional Information）的灵魂人物，这个组织成立于1780年，负责分发有关改革的小册子。在其年度晚宴上，协会成员虽然在祝酒辞中称"人民的陛下"，但是更多成员在名字后面用"esquire"，而不是在名字前用"Mr."，而且每年 1 几尼的会费并不有意鼓励民众参加协会。

从 1787 年到 1790 年，潘恩花费更多的精力改进自己的铁桥设计，而没有关注政治问题。他在 1787 年和 1788 年来往于伦敦和巴黎之间，寻求科学协会的支持，并希望得到官员的财政支持。他在约克郡花了大量时间监督铁桥模型的建造。但是潘恩不是那种完全放弃了政治兴趣的人。他在 1787 年成为宪法信息协会的荣誉会员，到 1790 年，他正在与像协会的约翰·卡特赖特、约翰·霍恩·图克和托马斯·霍利斯（Thomas Hollis）这样的改革者，以及辉格派领导人查尔斯·詹姆斯·福克斯和早期的女权主义者玛丽·渥斯顿克雷福特（Mary Wollstonecraft）交往。这些人支持美国人争取独立的斗争，并将潘恩视为名人，因为他参与了美国革命。他们还热情欢迎法国正在进行的革命。[1]

1789 年爆发的法国大革命改变了英国的政治状况，重振了宪法信息协会和类似的团体，并很快在英国人的生活中制造了分裂。1790 年，埃德蒙·伯克出版了《反思法国大革命》（*Reflections on the Revolution in France*），这本杰出的小册子不仅抨击了革命在法国的进展，赞扬了英国的政治体制，而且剖析了支撑着平等、革命和人权诉求的政治哲学。伯克将社会视为制度和传统的复杂综合体，既不　　[214]

---

[1]　Ian R. Christie, *Wilkes, Wyvill, and Reform*; Pole, *Political Representation*, 436−468; John W. Osborne, *John Cartwright*（Cambridge, 1972）, 17−26, 38, 52; SCI Minute Book, TS 11/1133/1, 7, 43, PRO; Hawke, *Paine*, 179, 195, 202−206.

会迅速建立，也不会轻易改变。他认为，过去积累的智慧比抽象的"反复强调人权"能更好地指导政治行为，后者有推翻长期存在的制度的危险倾向，并且会扰乱"天然服从的原则"，这是稳定的政府对"全体人民"的要求。[1]

在 1790 年之前，伯克已经以改革者的身份而闻名——他支持美国在 18 世纪 70 年代的独立事业，要求减少对天主教徒和异教徒在政治上的限制。他和潘恩在 1788 年和 1789 年成为"有些亲密"的熟人。但是潘恩和他的改革派盟友对法国大革命的热情程度，与伯克对法国大革命的警觉程度一样。毫不奇怪的是，潘恩决定再次执笔反对伯克，捍卫革命和共和主义。伯克—潘恩的辩论成为传统与革新、等级制与平等制、秩序与革命之间的经典对抗。[2]

《人的权利》出版于 1791 年。一些改革者已经写文章回应了伯克，但是潘恩的著作吸引了公众的注意力。与在美国一样，潘恩作品的风格与内容是一致的。伯克在强调选民和官员的"政治国家"时引用了大量古典的和英国权威的著作。潘恩的读者是全体成年人。与潘恩的美国作品一样，他的语气、风格和修辞证明了政治议题可以用平时讲话的语言来表达。他公开嘲讽伯克的文字风格："作为好奇的读者，伯克先生自认为的谈话对象，也许无法理解所有这些学术性的用语，我将成为其解释者。"潘恩的作品非常有力和直接，并

---

[1] Edmund Burke, *Reflections on the Revolution in France* (Penguin ed., London, 1968) , R.R. Fennessy, *Burke, Paine, and the Rights of Man* (The Hague, 1963) .

[2] Fennessy, *Burke and Paine,* 85; Paine to Thomas Jefferson, January 15, 1789, Jefferson Papers, Library of Congress; TS 11/961/166−168, PRO.

有意识地使用日常生活的用语。（"用水手的话来说，"他写到伯克时说，"他已经擦拭了甲板。"）潘恩还明确地用读者的文化框架来吸引他们。《人的权利》充满了像"国家和贵族的木偶剧"这样的 [215]
形象，引用了滑稽戏、民谣歌剧、默剧和18世纪英国普遍存在的其他形式的流行戏剧。[1]

《人的权利》题献给乔治·华盛顿，部分是为法国大革命辩护，部分是为了阐明共和政府的一般原则。《人的权利》用很长的篇幅叙述了推翻旧制度、巴士底狱（Bastille）风暴、向凡尔赛（Versailles）进军，并且为这些事件辩护，反驳伯克的反复攻击。伯克对王室家庭非常同情，对旧制度的牺牲品却无动于衷，这种对比使潘恩格外愤怒：

> 我在伯克的全书中找不到他把任何怜悯的目光和同情的反思给予那些在最黑暗的监狱里过着最悲惨、最无望的生活的人们 ……他对触动心灵的悲惨现实无动于衷，却被激发其想象力并披着华丽外衣的现实所打动。他怜惜鸟的羽毛，却忘记了垂死的鸟儿。

潘恩明确地对比了法国新的政府体制与英国的政府体制——法国人范围广泛的选举权与英国人范围狭窄且"多变的"选举权，基

---

[1] Boulton, *Language of Politics*, 139–43; Foner, *Complete Writings*, I, 318–319; Hawke, *Paine*, 221–222.

于平等选区的国民议会与 7 年期限的议会和腐败的选区系统，法国对信仰自由的保证和英国宗教异见人士面临的限制。他重申了美国人对宪法的界定是"先于政府的事物 ……不是政府的法令，而是人民建立政府的法令"。潘恩不再关注传统改革者关心的宪法的腐败，而是否认英国有任何宪法。"伯克先生能够制定英国宪法吗？如果他不能，那么我们将公平地得出结论，虽然它已经被谈论了很多，但是仍没有一部类似宪法这样的东西存在。"

[216]　　《人的权利》的观点与风格一样，都模仿了潘恩在美国的作品。与在《常识》中一样，潘恩对君主制和世袭特权进行了尖锐的讽刺："世袭立法者的观点与世袭法官或世袭陪审团的观点一样反复无常，与世袭数学家或世袭哲人的看法一样荒谬。"他再次为与传统进行根本决裂的必要性辩护，反对伯克用先例与经验为英国的政府体制辩护：

> 每个时代和世代的人在任何情况下都必须像以前的时代和世代的人那样自由行动。死后统治的狂妄设想是所有暴政最荒谬和最无礼的地方。人们不能以其他人为私有财产；任何一代人也不能以后代为私有财产 ……我在为生者的权利辩护，反对它被死者一纸空文规定的权威所夺走。

潘恩的结论是他对世俗千禧年主义的经典表述："从我们现在看到的情况来说，政治世界的所有改革都是可能的。现在是革命的时代，任何事情都有可能发生。"[1]

当《人的权利》出版时，潘恩正在写作该书的姊妹篇，就像他之后评论的那样，将"原则和实践"结合起来。在 1792 年 2 月，潘恩最大胆和最伟大的著作出版，《人的权利：第二部分》。他在开头概括了政府的一般原则，几乎与他在《常识》中写的一样。他再次区分了社会和政府——社会建立在相互需要和人类内在的"社会感情"的基础上，天然而仁慈；而至少旧世界的政府仅仅是"一幅人类不幸的可憎图画"。潘恩再次抨击了祖国的政治体制。君主制只是起源于"一伙暴徒"占领了国家，然后允许"暴徒的首领""偷偷把强盗的名字换成了君主"。至于议会上院，"为什么一个立法机构应当完全由出租土地的地主组成，这与为什么要由那些雇佣或本身就是酿酒师、面包师或任何其他不同行业的人组成，同样是没有道理的"。 [217]

与在美国的作品中一样，潘恩创造了一种新的政治语言。他不仅重新界定了"共和制政府"，认为它只是"为了公共利益而建立和组成的政府"，而且放弃了"民主"的传统负面含义——通常被认为是全体人民的无政府统治，并反复从正面使用这个词，坚持认为代表制政府优于直接民主只是因为前者更加方便。事实上，潘恩呼吁读者以新世界为模范来改造旧世界的政府。他以 1776 年在宾夕法尼亚的经历为例，说明人民如何能够制定一部新宪法，而且他描绘了一幅美国人受益于共和政府的乌托邦图画：

---

[1] Foner, *Complete Writings*, I, 251–254, 260, 278–280, 289, 326–327, 344.

那里的穷人没有受到压迫，富人也没有特权。工业也没有因为宫廷的奢侈开销而感到困窘。美国人交纳的税收很少，因为政府是公正的；那里没有什么使他们变得悲惨，也没有什么能导致骚乱和混乱。

到目前为止，潘恩没有说出什么新东西，虽然他从没有说得这么好。但是在第五章，潘恩突然展示了一个新观点，即共和国是一位（提供）社会福利的使者。潘恩首次将自己与读者等同起来。他明确指出自己出身于下层阶级："我的父母在为我提供教育之外不能再给我一个先令了；就这样也使他们手头拮据。"他比较了贵族（懒惰的"寄生虫"）与生产者阶级，还延伸到了工匠瓦特·泰勒（Wat Tyler）领导的 14 世纪起义，得出结论："如果值得为贵族在兰尼米德（Runnymede）立纪念碑（为了纪念《大宪章》），那么也值得为泰勒在史密斯菲尔德（Smithfield）立纪念碑。"

[218]

很明显，潘恩在向劳动人民喊话，他首次声称为了消除欧洲的贫困，需要做的比只是转变为共和政府更多。潘恩提出了一个 18 世纪能够想到的类似福利国家的经济计划。税收的基础从低税率的、对消费品征收的递减税，转变为对财产，尤其是土地征收的直接累进税。每个贫穷的家庭都将从税收中得到直接拨款，用于子女的教育；社会保障体系使所有工人都能在 60 岁退休（"不是体面和恩惠的问题，而是权利问题"）；公共工作和失业保障将给予"暂时的穷人"；政府会出钱为"那些出公差时去世而远离亲友的人"办一场体面的葬礼，这个问题在"四处奔走"的工匠中非常普遍。潘恩回顾了他最早的政治事业，甚至包括他呼吁为税务官提高工资。如果政府停止发动战争，并且给贵族发放养老金的话，所有这些举措都会顺带为大部分英国人减税。正像潘恩在评论一位贵族的年金时所说：[1]

　　谈论从任何国家的公共税收中每年拨出100万英镑来供养任何个人，而数以千计的人却要被迫为此做出贡献，保持匮乏，并与痛苦做斗争，这是极不人道的。政府不能在监狱和宫殿，贫穷和排场的对比中建立，它不能掠夺国民的生活必需品，增加穷人的不幸。

《人的权利》第二部分的出版，标志着英国激进主义历史的转折点。潘恩是首个为英国改革运动提供社会方案的人，使议会改革的 [219] 传统诉求对中等阶层和劳动者的日常生活产生了意义。潘恩没有放弃他基本的经济观点——他重申了对财产权的尊重，相信商业是人际交往中自然和仁慈的体制。他仍然猛烈抨击政治体制的不平等及其后果——不公平的递减税导致了贫穷。但他现在坚持认为，共和政府将采取决定性措施来改善英国迫切的贫困问题。事实上，潘恩认为，民主国家承担传统的家长式秩序中的社会责任，同时抛弃仍

---

[1]　Foner, *Complete Writings*, II, 471; I, 355–358, 360–361, 370–372, 376–378, 410, 414–417, 424–441; R.R. Palmer, *The Age of the Democratic Revolution*（2 vols.: Princeton, 1959–1965），I, 19.

然支配着英国社会的服从与等级制社会关系。[1]

《人的权利》的反响只能说是势不可挡的。到 1793 年底，大约 20 万本《人的权利》被售出或免费发放。小册子到达了英伦三岛的每个角落。正式的《年度登记簿》（*Annual Register*）声称："这本书被中下层民众如饥似渴地阅读，……尤其是那些在英格兰和苏格兰的大制造业城镇中，阅读的热情简直难以置信。"潘恩的作品成为英国政治的分界线，许多改革者从潘恩提出的社会观点中后撤。令人尊敬的克里斯托弗·威维尔重申他相信议会改革的必要性，但是坚持认为，"潘恩先生持这种违宪的立场，并且在下层民众中建立了一个共和派，坚持劫富济贫的愿望……这对公共事业是不利的"。[2]

与 1776 年在美国一样，潘恩这些年里在正确的时间成为正确的人。在《人的权利》出版之后，英国出现了前所未有的激进政治的热潮。当然，潘恩的作品本身没有制造激进运动。18 世纪 60 年代威尔克斯运动中大众政治的发展，18 世纪 80 年代宪法信息协会分发的短文，以及大众政治文化中弥漫的"生而自由的英国人"的弹性传统，都为激进政治奠定了基础。最重要的是，美利坚共和国的存在与法国大革命的爆发，共同创造了英国政府体制的现实替代选择，

[220]

---

[1]　Thompson, *Making of the English Working Class*, 93−94; Henry Collins, "The London Corresponding Society," in *Democracy and the Labour Movement*, ed., John Saville（London, 1954）, 108; Cannon, *Parliamentary Reform*, 120.

[2]　Thompson, *Making of the English Working Class*, 107−108; *Annual Register*, 1792, 172; Hawke, *Paine*, 240−246; Christopher Wyvill, *Political Papers*（6 vols.: York, 1794−1804）, V, iii-vi, xiv−xvi, 51.

极大地激发了英国的改革诉求。与在美国一样，潘恩阐述和强化了
目前民众的不满和渴望，尤其是工匠和劳工对他们政治上的无权和
经济上的绝望状况的怨恨。《人的权利》有助于建立新的激进组织，
其社会基础比之前参与议会改革运动的群体更加广泛。这些 18 世纪
90 年代的协会会费很低，每周缴纳 1 便士即可，而且采取"成员不
受限制"的公开政策，标志着"社会中下阶层"开始参与组织化的
激进政治。[1]

二

18 世纪 90 年代的新激进协会主要由工匠组成，他们中的大多
数人没有投票权，所有人都被禁止组织工会，许多人都生活在贫困
中。他们在伦敦和地方的城市手工业中心力量最为强大——"巨大
而可观的制造业城镇"，约翰·霍恩·图克声称，是"对乡村贵族利
益的重要平衡"。第一个这样的团体是宪法信息协会，成立于 1791
年末的谢菲尔德（Sheffield），那里是有专门技能和识字能力的工匠
和熟练工的中心。一位震惊的政府官员在 1792 年中指出，"潘恩的
煽动性原则"在谢菲尔德广为流传，"程度超乎我的想象"。他阐明 [221]
了小工匠的本质如何为政治活动提供了基础：

---

[1] Thompson, *Making of the English Working Class*, 17–21; W.A.L. Seaman, "British Democratic Societies in the Period of the French Revolution" (unpublished doctoral dissertation, University of London, 1954); Eugene C. Black, *The Association* (Cambridge, 1963), 225–227.

　　这个城镇的制造业不需要太多资本就能运作,用一小笔钱就能雇佣 2—4 名工人,而且这是普遍的情况。这里和其他城镇一样,没有人有足够的力量凭借自己的影响力,或凭借他们雇佣的人数在骚乱中发挥作用。由于熟练工的工资很高, ……他们通常工作 3 天就能获得足够的钱供他们喝酒,并能在其他时间闹事,因此这里最适合进行煽动。

　　谢菲尔德协会起源于"5 到 6 名工匠"开会讨论"粮食的高价",宫廷的"奢侈和放荡",以及议会中"人民的虚假代表"。到 1792 年年中,协会拥有了超过 2000 名成员,其出版物包括《人的权利》的便宜版本,在"下层民众"中间广为流传,并在"手工业作坊中"被"如饥似渴地阅读"。[1]

　　到 1792 年,效仿谢菲尔德协会的团体遍布英伦三岛。最著名的是伦敦通讯协会(London Corresponding Society),由托马斯·哈代(Thomas Hardy)成立于 1792 年初。他是一个出色的鞋匠,所受的政治教育来自宪法信息协会 18 世纪 80 年代出版的短文。哈代是 18 世纪末典型的激进派工匠。他称自己是"一位朴素而勤奋的公民 ……具有深刻而严肃的思想",避免"一切 ……放荡的场景"。首次会议在贝尔酒馆举行,只有 8 位成员参加,但是到 1792 年底,协会宣布

---

[1]　John Horne Tooke to Sheffield Constitutional Society, TS 11/951/ 3495, PRO; Col. DeLancey to Secretary Henry Dundas, June 13, 1792, HO 42/20/176, PRO; Thompson, *Making of the English Working Class*, 150–151; ? to Rev. H. Zouch, December 28, 1791, Fitzwilliam Papers, F.P. 44/2, Sheffield Central Library.

拥有数千名"工匠、技工和店主"成员，包括伦敦大部分行业的熟
练工和高级工匠。一份当时的书面抨击评论道："穷人很少有时间参
加这些公共集会，……他们很难理解其目标，也很难预见对其自身
利益的影响。"但是到 1794 年时，伦敦通讯协会的集会吸引了搬运工
人、码头工人，甚至绅士的仆人也来参加。[1]

　　工匠、店主和劳动者中间的独立政治组织的出现，标志着他们
抛弃了服从与家长制模式。甚至哈代起初也相信，一旦伦敦通讯协
会建立，"有才之人将挺身而出，我们作为协会最早的创立者，既
无法从日常工作中抽出时间，也没有才能完成这么重要的事业，故
将退居幕后……但我们很快发现，那个阶层产生了警觉，因为民
众协会罕见地出现了……"结果，像哈代这样的人不得不领导政
治组织的运作和激进文字的传播。当伦敦通讯协会首次发表公开声
明时，许多成员不愿意签名，担心失去中上层人士的庇护。哈代回
忆说，"我是那时协会最独立的成员"，并在 1792 年 4 月站出来发表
声明，只署了自己的名字。但是参加伦敦通讯协会和类似组织的经
验，有助于许多哈代的同时代人摆脱传统的依附模式。一位成员事
后回忆说，"协会的道德影响很大。它促使人们阅读书籍，而不是
把时间浪费在酒馆里，教会了他们尊重自我……分组讨论，周日
晚上的阅读，以及小型辩论会，使他们开始了解之前从未有过的

---

[1]　　Place Collection, Add. MSS 27, 808, f. 13; 27, 811, f.5; 27, 815, f.180; 27, 817, f.67, British
Museum; *Memoir of Thomas Hardy*（London, 1832）, 4-8, 12-13, 59-60; *War*, Broadside,
Manchester, December 10, 1792: TS 11/959/3505, PRO; Thompson, *Making of the English
Working Class*, 133, 155-157; Seaman, "Democratic Societies," 29-34.

观点"。[1]

潘恩的作品为这些人提供了一种政治和社会分析，解释了英国生活的不平等。潘恩超越其他任何个人，成为激进派协会的英雄。

[224] 在谢菲尔德，刀匠们为国歌的曲子谱上了新词：

> 上帝保佑伟大的托马斯·潘恩
>
> 他的《人的权利》
>
> 　向每个灵魂做了解释。
>
> 他使盲目之人发现
>
> 自己上当受骗，变身为奴
>
> 他在世界各地
>
> 　宣扬自由。

一首伦敦歌曲也表达了这种情感：[2]

> 有个人名叫潘恩，他是《常识》之人，
>
> 从费城来到这里，传播思想；

---

[1] Place Collection, Add. MSS 27, 812, f.64; 27, 814, ff. 29−30; 27, 808, f.59. Cf. TS 11/960/3506(1), PRO: 威廉·哈顿(William Hatton)的评论，他在伦敦拥有一个黄油仓库，1791 年希望发表自己关于法国大革命的思考："我生活中的一个人在这么重要的问题上自由地公开发表自己的观点，而且我意识到许多人（也许一些人就是我的顾客）对这个观点评价很高，所以我认为接受'一位世界公民'的签名是最明智的行为。"

[2] John Wilson, *The Songs of Joseph Mather* (Sheffield, 1862), 56−57; *Politics for the People*, pt. II, no.1 (1794), 3−4.

他认为人人权利平等，都是自然之子，

权利来自天堂的普遍赠予。

他告诉我们，法定权力来自人民意志，

统治者为被统治者的利益服务；

真理都来自理性计划，

他写了一本小书，名叫《人的权利》。

　　协会的政治意识形态附和了潘恩的政治意识形态。激进派工匠弗朗西斯·普雷斯（Francis Place）事后回忆说："伦敦通讯协会的所有主要成员都是共和派……他们都受到了托马斯·潘恩作品的教导。"这些协会也认同潘恩对英国现有制度的完全蔑视，对法国大革命的热情讴歌，以及他描绘的美国理想形象。一篇激进派短文敦促英国劳动者移居美国，那里"没有贵族来践踏农民的谷物，也没有傲慢的教士来榨取什一税"。许多18世纪90年代的激进派仍然坚持认为，他们只是要求恢复古老的盎格鲁—撒克逊宪法。但是这种观点逐渐被潘 [225] 恩对历史先例和权威的蔑视，以及他面向未来的观点所取代。[1]

---

[1]　Place Collection, Add. MSS 27, 808, f. 113; Seaman, "Democratic Societies," 209–216, 234–235; TS 11/965/3510A, PRO; Arthur Sheps, "Ideological Immigrants in Revolutionary America," in *City and Society in the 18*[th] *Century*, eds., Paul Fritz and David Williams （Toronto, 1973）, 232–234. *To the Parliament and People of Great Britain*, LCS Broadside, November 23, 1795; Hill, "The Norman Yoke;" "List of Toasts": TS 11/959/3505, PRO; Seaman, "Democratic Societies," 93–94; *Address of the British Convention Assembled at Edinburgh*（London, 1793）, 4–7.

潘恩声称,《人的权利》"用与英国传统不同的思考和表达方式写出"。潘恩以这种特有的方式将"思考和表达"结合起来。激进派协会的小册子、书面抨击、报纸和公开信件不仅模仿潘恩的政治思想,而且模仿他的文字风格。激进派宣传者学习潘恩的文字风格,坚决避免"学院化语言",坚持以"最小的容量"来表达主题。除了偶尔向古老的盎格鲁—撒克逊宪法致敬之外,他们一般都学习潘恩,避免提到"虫蛀的文献"或"发霉的羊皮纸文献",而是呼唤"上帝让所有人遵守的赠礼——理性"。这样的作品对激进派工匠来说并不容易。1792年,潘恩本人不得不帮助伦敦通讯协会没有经验的成员,将他们的想法付诸文字。[1]

在这些政治短文中,伦敦通讯协会和类似的团体接受并宣传了潘恩激进变革的语言,甚至在撰写的发言中包含了对旧词的重新定义:

共和派——希望提高本国公共福利的人。

民主派——人民权利和权力的支持者。

贵族派——希望维护少数人利益,牺牲多数人利益的人。

协会发现,最困难的是界定关键性词语"平等"的含义。他们一次又一次地被指责为"拉平派",其权利平等的诉求支持消除所

---

[1] Foner, *Complete Writings*, II, 348; Editor, *The Patriot*, to Thomas Hardy, June 14, November 22, 1792: TS 11/958/3503, PRO; *The Patriot*, I, 450; II, 110–111; Place Collection, Add. MSS 27, 811, f.6.

有社会差别，并使所有财产公有。但是毕竟工匠自己就是财产所有　　[226]
者。"我们曾经公开否认拉平财产的愚蠢观念"，一位演讲者在谢菲
尔德激进派的集会上说，"因为我们的财产是我们的劳动或才能的成
果，也许会遭受第一位入侵者的侵犯"。1795 年，伦敦通讯协会努力
消除这种政治－语言上的混淆，发表了一份声明，试图澄清对"平等"
一词的"基本误解"：

> 社会平等……由下面的内容组成：
>
> 1. 承认平等权利。
>
> 2. 存在确保这些权利的平等法律。
>
> 3. 平等和事实上的代表权，能够避免违反这些法律的行
> 为。……在其平等观念中，从未包括（也不包括杞人忧天者引
> 入的疯狂观念，认为他们能将无法无天和令人憎恶的观念植入
> 人的头脑）财产均等，或侵犯私有财产权。

或者如一份利兹的书面抨击所言，"是权利平等，而非财产
平等"。[1]

尽管有对财产权的关切，但是 18 世纪 90 年代激进运动的根源
在于对经济和社会状况的不满，这比当时美国的程度更加严重。每

---

[1]　TS 11/951/3495; TS 11/764/29, PRO; *Proceedings of the Public Meeting Held in Sheffield*,
（Sheffield, 1794），15; *To the Parliament and People of Great Britain*, LCS Broadside,
November 23, 1795; *Address of Leeds Constitutional Society*, Broadside, April 11, 1793: TS
24/3/30A, PRO.

个当时对这些激进协会起源的看法都强调，激发协会成员政治兴趣的是"人民陷入的悲惨与不幸状态"，"大量沉重而不必要的税收"，"压制性的游戏规则和破坏性的垄断"，以及其他导致"下层阶级陷入贫困、耻辱和重负"的原因。但是按照典型的潘恩风格，这些社会问题主要是由于政治体制的缺陷，而且选举改革被视为所有必要的社会变革的"基础性工作"。伦敦通讯协会在 1792 年解释说，"如果能够改变滥用权力的情况，那么其他的问题都将迎刃而解"：[1]

[228]

> 我们应当很快就发现我们的自由得到恢复，出版实现自由，法律得到简化，……税收减少，穷人能够获得更多生活必需品，……老年人得到更好地照顾，以穷人的饥饿为代价的奢华宴会不再经常出现。

这种将政治和社会改革联系起来的思路解释了为什么在无数支持潘恩的决议中，《人的权利》中的"社会章节"经常被单独提及。潘恩自己相信，他关于减税和社会立法的计划，而不是对英国宪法的攻击，导致政府在 1792 年以煽动叛乱罪起诉他。[2]

---

[1]   Place Collection, Add. MSS 27, 814, f. 29; *Proceedings of the Public Meeting Held in Sheffield*, 29–30; LCS Address, August 6, 1792: TS 11/958/3503, PRO; Pole, *Political Representation*, 477–478.

[2]   Draft resolution, Sheffield Society for Constitutional Information, March 14, 1794, MSS M.D. 251, Sheffield Central Library; Resolution of Manchester Society: TS 11/951/3495, PRO; Foner, *Complete Writings*, II, 479; *Appendix to the Second Report from the Committee of Secrecy*, 9: TS 11/964/3510, PRO.

关键是 18 世纪 90 年代的政治改革运动之下是深厚的社会不满和怨恨，它们随着时间的推移逐渐找到了清晰的表达方式。与美国的情况相比，潘恩式的激进主义很快转变成对整个英国社会体制的全面批评。当然，潘恩在《人的权利》中帮助促成了这种转变，但是到 18 世纪 90 年代中期，与法国的战争导致税收增加，而粮食歉收使食物价格上涨到了前所未有的水平，甚至潘恩的社会计划对一些激进派领导人而言也是不充分的。托马斯·斯宾塞（Thomas Spence）在伦敦赞善里（Chancery Lane）的书店出售了一系列小册子和书面抨击，认为只是议会改革无法解决 18 世纪英国的社会问题。斯宾塞坚持认为，"只有地主"是"人民的压迫者"，他提出了一个周密的计划，让土地归民选产生的教区政府所有，然后租给小块土地上的居民。与废除土地的私有产权相比，潘恩的社会计划的确很温和。"我听说斯宾塞提出了另一种'人的权利'，这比潘恩走得更远"，一 [230] 位斯宾塞为了宣传自己的观点而与之进行政治对话的人物说。斯宾塞回答说，"然而它应当走得更远。"[1]

除了一些忠实的追随者，斯宾塞的观点对 18 世纪 90 年代的激进运动没有产生多少直接的影响，虽然他的影响力在 19 世纪各种土地改革计划中表现了出来。对运动的社会计划产生更大影响的是约

---

[1] *Revolutions Without Bloodshed*（London, 1794）, 2–3; Allen Davenport, *The Life, Writings, and Principles of Thomas Spence*（London, 1836）; P.M. Kemp-Ashraf, ed., "Selected Writings of Thomas Spence 1750–1814," in *Life and Literature of the Working Class: Essays in Honour of William Gallacher*（Berlin, 1966）, 267–354; Thomas Spence, *The Restorer of Society, to Its Natural State*（London, 1801）; [Thomas Spence], *The End of Oppression*（London, nd）, 3: TS 24/3/16, PRO.

翰·塞尔沃尔（John Thelwall），他是丝绸商人之子，并且是 18 世纪
90 年代中期主要的激进派演讲者。与斯宾塞一样，塞尔沃尔依靠的
是潘恩所奠定的基础，他把潘恩称为"人的权利的伟大倡导者"。但
是塞尔沃尔提供了自己版本的《人的权利》，那就是《自然的权利》
（*Rights of Nature*）——每个公民有权公平分享社会积累的财富。塞尔
沃尔不仅公开炫耀他的激进主义——"我用平实的语言告诉你，我
是一个共和派，一个十足的无套裤汉"，而且是这些年来唯一一个质
疑潘恩对美国不加批判地赞美的激进派人物。"我听说你们有些缺乏
真正的无套裤汉的自由，"他在一封写给美国人的信中说，"你们太
尊重财产，太尊重宗教，太尊重法律。"他相信，美国人太喜欢"根
据人拥有的财产数量来决定对一个人的尊重程度"。[1]

　　18 世纪 90 年代的激进运动很快就遭到了皮特（Pitt）政府的压
制。到 1792 年底，潘恩已经由于煽动叛乱罪而受到了缺席审判并被
定罪，一批协会领导人和潘恩著作的出版者随后也受到了审判。（政
府对潘恩的政治原则和文字风格都非常不满：在审判中，首席检察
官告诉陪审团，"你们仔细考虑一下事情本身，以及用词和表达方
式"。）与此同时，政府鼓励成立效忠派俱乐部，负责传播反潘恩的

---

[1]　　Place Collection, Add. MSS 27, 808, f. 151; [John Thelwall], *Peaceful Discussion, and not Tumultuary Violence*… （London, 1795）, 9–10, 15; Thompson, *Making of the English Working Class*, 157–160; Charles Cestre, *John Thelwall* （London, 1906）; John Thelwall, *The Rights of Nature* （2nd ed., London, 1796）; Thelwall to "Dear Allum," February 13, 1794: TS 11/960/3497, PRO; [John Thelwall], *The Natural and Constitutional Rights of Britons* （London, 1795）, 83.

短文，焚烧无数的潘恩塑像，并组织暴民对伯明翰和曼彻斯特的激　　　[232]
进派领导人进行攻击。（一本效忠派小册子的结尾是一位"工人"告
诉自己的雇主："是的，主人！我感谢你向我解释这些；……因为我
不应当乐意看到一个法国人躺在我妻子身边，或者从我孩子的嘴里
夺走面包。"）1794 年，激进派赢得了一个巨大的胜利，当时哈代、
图克和其他人被伦敦的陪审团宣判无罪——哈代被一大群人在伦敦
的街道上簇拥着。但是在 1795 年大众激进主义的最后高潮之后，政
府颁布了两项法令，禁止大型的公共集会，更容易以叛乱罪之名给
人定罪，并且在之后的两年时间里镇压了群众运动。[1]

　　正如 E. P. 汤普森有力展示的那样，18 世纪 90 年代的激进主义
转入了地下，但没有被消灭。这些年的鼓动引发了 19 世纪英国激进
主义的主流——自我教育的传统，对政治体制的理性批评，共和主
义，支持国外的革命，对美国不加批判的美化，以及下层政治组织
的正当性。伦敦通讯协会的政治诉求变成宪章运动派的六点主张；
对享有特权的贵族的抨击，成为激进派社会学的基础。这种社会学
对比"生产"和"非生产"阶级，甚至当工业化使这种社会分析变
得越来越过时的时候仍然如此。潘恩的《理性时代》激发了世俗主
义传统和对现存的英国国教教会的敌意，但是它起源于激进派的理
念，即神职人员和教会是现存秩序的堡垒。伦敦通讯协会非常小心

---

[1]　　Boulton, *Languages of Politics*, 250; Thompson, *Making of the English Working Class*, 106,
114–116, 132–135, 145–147, 174–176; Black, *The Association*, 234–274; Sheffield *Register*,
August 22, 1793; Carl B. Cone, *The English Jacobins*（New York, 1968）, 149, 210–211; *Annual
Register*, 1795, 37, 43, 47.

地"避免所有宗教争论",但是弗朗西斯·普莱斯事后回忆说,"几乎所有的主要成员要么是自然神论者,要么是无神论者。"[1]

18世纪末美国和英国社会的显著区别是,潘恩的政治思想在美国很平常,在英国却是不合法的。在美国,潘恩式激进派的政治诉求到18世纪90年代时已经基本实现,而激发英国激进运动的社会不平等状况没有那么严重(至少在白人社会中如此)。《人的权利》的"社会篇章"在当时的美国几乎没有评论;因为大部分美国人似乎同意潘恩的观点,那就是这与新世界无关。

[233]

在美国,像杰斐逊这样的人很容易赞同《人的权利》的观点,但是在英国,哈代希望"令人尊敬"的改革者能主动领导改革运动,除了少数一些人之外,他们大都由于惧怕法国大革命或下层独立的政治活动而退缩。结果,英国社会在政治和社会方面出现两极化,而美国从未如此。对于托马斯·哈代这样的人来说,"整个政治世界基本上是格格不入和令人厌恶的"。这种两极化不可避免地会导致羽翼未丰的激进运动失败,但鼓励了幸存的激进传统转入地下。18世纪90年代的经历使《人的权利》成为"英国工人阶级运动的基础性文本",也使潘恩重新成为19世纪激进派心中的英雄,还使英国激进派的新世代附和约翰·塞尔沃尔的话语:"只要人们能说出那些造福人类的英雄的名字,只要无视对他的迫害,那么托马斯·潘恩的

---

[1] Thompson, *Making of the English Working Class*, 99, 179–185; Williams, *Artisans and Sans-Culottes*, 112; Thelwall lectures: TS 11/951/3495, PRO; Sheffield Constitutional Society to LCS, June 14, 1792: TS 24/9/6, PRO; Place Collection, Add. MSS 27, 808, ff. 115–116; 27, 814, f.30.

名字将在全世界回响。"[1]

三

潘恩在 18 世纪 90 年代初处于最佳状态——将激进观念带给了新的读者，对当时的制度进行了尖锐的批判，并提出了长远变革的诉求。作为对潘恩在作品中支持法国大革命的致敬，潘恩在 1792 年被选为法国国民公会议员，由此开启了潘恩一生中最神秘和最富有争议的时期。为什么国际革命的倡导者却在革命时期的巴黎被关进监狱？这既是由于潘恩的性格，也是因为法国的社会和政治状况与潘恩之前在英国和美国所经历的有巨大的差异。 [234]

在某种程度上，不可避免的意外事件塑造了潘恩的法国生涯。一位在政府运作中没有直接经验的人，担任国民公会议员完全超出了他的能力范围。潘恩作为一个不懂法语的外国人，再加上他的人际关系与跻身革命者上层，都阻碍他完全融入法国社会，限制了他对事件的感知，切断了他与巴黎无套裤汉的联系。无套裤汉与伦敦和费城的工匠类似，似乎是他的天然支持者。潘恩的激进主义是否适合法国语境也很成问题。他在英国或美国目睹的东西，无法与在外部有战争、内部有社会危机的时候运作一个革命政府的要求相比。他对在法国发生的事件的解释受到了他在美国经历的影响，他

---

[1] Williams, *Artisans and Sans-Culottes*, 72; Thompson, *Making of the English Working Class*, 90, 177–182; [John Thelwall], *The Tribune*, II（1795）, 181.

针对法国病症开的药方也只是学习新世界的模式。在某种程度上，潘恩在法国的问题来自他的政治激进主义与自由市场经济导向之间的张力，这在他的美国生涯时期也非常明显。在诸如共和主义和普选权的政治议题上，潘恩甚至比许多雅各宾派都更加激进。但是在1793 年的危机中，随着巴黎越来越多人要求为革命增加新的社会维度时，潘恩不愿意放弃自由放任主义主张，以及私有财产的神圣性，这些都是他带到法国的。

[235] 　　虽然到 1792 年时潘恩才深度卷入法国事务，但是他在革命初期就多次访问过巴黎。与直到 1790 年还担任美国驻法大使的杰斐逊一样，潘恩相信 1789 年的国民议会使法国变成了立宪君主制，废除了封建特权的残余，确立了自然权利原则，扩大了选举权，建立了一座"高楼大厦"。在 1790 年 1 月，潘恩从巴黎给埃德蒙·伯克写信："关于法国政治，……如果我们把革命与宪法区别开来，那么我们可以说，前者已经完成，后者也很有可能如此。"潘恩喜形于色，有一句话确实警示了伯克，"法国大革命肯定是欧洲其他革命的先驱"。[1]

　　潘恩早期关于法国大革命的观点主要不是来自事件的直接经验，而是来自他法国同伴的看法。潘恩不会讲法语，虽然他似乎理解口语中的习语。因此，他的朋友必须要么是像杰斐逊这样的美国人，要么是会说英语的法国人。他最密切的朋友包括 J. P. 布

---

[1]　Hawke, *Paine*, 178–179, 183, 200–203, 226–229; Sisson, *The American Revolution of 1800*, 106, 168–170; Paine to Edmund Burke, January 17, 1790（copy）, Gimbel Collection, American Philosophical Society.

里索·德·沃维尔（J. P. Brissot de Warville）、艾蒂安·克莱维尔
（Etienne Clavière）、孔多塞侯爵（Marquis de Condorcet），以及其他
在 18 世纪 90 年代初将成为国民公会中吉伦特派领袖的人。

　　在某种程度上，潘恩与这些人亲近很自然，不只是因为他们会
说英语。杰斐逊曾写道，"他在法国友谊的共同要素是对美国充满
善意"，这种说法对潘恩也适用。潘恩的法国朋友都分享了他对美
国的完美看法。布里索是沙特尔（Chartres）餐馆老板之子，在 18
世纪 80 年代已经成为"一名狂热的美国主义者"，同时是法国政治
和社会状况的批评者。他非常推崇 1776 年宾夕法尼亚州宪法，并
将美国革命视为"人类历史上的新纪元"，美国革命的榜样将激励
法国人改变自己的社会。对于布里索来说，美国人是一群生活在乡
村世外桃源的简单、纯正的人民，1787 年他帮助建立了法美协会　　[236]
（Gallo-American Society），致力于促进两国之间的贸易。[1]孔多塞与
潘恩在 18 世纪 90 年代初建立了深厚的友谊，他也同意潘恩其他法
国朋友的美国主义观点，将美国经验作为革新政府和组织平等社会

---

[1]　　Hawke, *Paine*, 228, 266; Lawrence S. Kaplan, *Jefferson and France*（New Haven, 1967），
21; Eloise Ellery, *Brissot de Warville*（Boston and New York, 1915），4, 49, 126−127, 133;
Selsam, "Brissot de Warville," 25−43; Robert C. Darnton, "The Gallo-American Society"
（unpublished B. Phil. Thesis, Oxford University, 1962）; J.P. Brissot, *New Travels in the United
States of America*, ed., Durand Echeverria（Cambridge, 1964），ix-xix; Durand Echeverria,
Mirage in the West（Princeton, 1957），152−158; Leonore B. Loft, "Brissot: Revolutionary and
Disciple of the *Philosophes*"（unpublished doctoral dissertation, Columbia University, 1971），
36−42; Joyce Appleby, "America as a Model for the Radical French Reformers of 1789,"
WMQ, 3 ser., XXVIII（April, 1971），274−285.

的范例。[1]

　　这些法国改革者很快就在巴黎迎来了美国的访问者。他们在 18
世纪 80 年代时把富兰克林和杰斐逊当朋友，现在也非常欢迎潘恩。
布里索一直都在热情赞扬《常识》，并且希望激发法国的公共舆论，
就像潘恩激发美国人一样。但是潘恩和法国朋友之间的密切关系甚
至比美国和他的相互欣赏更加深厚。他们都是世界主义者，去过很
多国家（布里索曾在 1788 年访问美国），都支持世界革命的理想。
他们所有人都批评奴隶制——布里索是法国黑人之友协会（French
Society des Amis des Noirs）的主要成员。他们都相信自由贸易是国
际合作与繁荣的工具，都对纸币持批判态度。与潘恩一样，布里索
和孔多塞都是自然神论者，相信人性的完美。他们都鄙视过去，几
乎不参考现有的欧洲制度，希望遵循美国模式的改革缔造一个新法
国，以权利平等、贸易自由和国际善意原则为基础。[2] 布里索讲英语
的事实是他本人与潘恩思想联系的例证，而不只是原因。

　　尽管潘恩和他的朋友们将成为吉伦特派，但是回到潘恩早期对
革命的参与来解读潘恩之后的“温和”立场将是错误的。他在一年
多的缺席之后，于 1791 年 4 月回到巴黎。潘恩与他的朋友孔多塞、

---

[1]　J. Salwyn Schapiro, *Condorcet and the Rise of Liberalism*（New York, 1934）, 76–79, 219–
230; Lakoff, *Equality in Political Philosophy*, 102–104.

[2]　Echeverria, *Mirage in the West*, 119–120, 144–145; Loft, "Brissot," 34–35, 169–
174, 201; Palmer, *Age of Democratic Revolution*, II, 55–56; Davis, *Problem of Slavery in the Age
of Revolution*, 138–44; Ellery, *Brissot*, 24–27, 42–45, 82, 144, 416; Schapiro, *Condorcet,* 87,
148, 161–162, 182, 266; Durand Echeverria, ed., "Condorcet's *The Influence of the American
Revolution on Europe*," *WMQ*, 3 ser., XXV（January, 1968）, 85–108.

布里索和克莱维尔一起, 成为罗兰夫人 (Madame Roland) 沙龙的
固定成员。在共和国的问题上, 潘恩比大多数著名革命人物走得更
远。虽然在罗兰夫人家中进行了关于用共和制来代替立宪君主制
的抽象讨论, 但这一时期的共和主义只是 "部分理想主义者的愿
望"。甚至像让·保罗·马拉特 (Jean Paul Marat) 这样的激进派
也相信, 共和制政府不适合人多地广的国家。马拉特要求废黜路
易十六, 但他希望出现一个摄政政权, 而不是废除君主制。与在
美国一样, 正是潘恩首先呼吁建立共和国。路易十六先是出逃,
然后在 1791 年 6 月被抓。潘恩、布里索、克莱维尔和年轻贵族阿
基尔·杜查泰莱 (Achille Duchatelet) 建立了一个协会来促进共和
主义, 并合作出版了一份短命的报纸《共和国》(*Le Républicain*)。潘
恩自己冒着不小的风险, 写了一份共和宣言, 由杜查泰莱的英国妻
子翻译成了法语, 并贴在了国民议会的门上——国民议会的议员非
常反感这一行为。[1]

潘恩于 1791 年 8 月离开巴黎, 直到第二年 9 月才回来。那时法
国的形势发生了根本变化。他的朋友布里索和罗兰夫妇现在是松散

---

[1]　Gita May, *Madame Roland and the Age of Revolution* (New York, 1970), 177–188, 194;
Ellery, *Brissot*, 113, 121; Albert Mathiez, *The French Revolution*, trans. Catherine A. Phillips
(New York, 1964), 121–122, 129, 205, 210; Robert Darnton, *Mesmerism and the End of the
Enlightenment in France* (Cambridge, 1968), 132–135; Louis R. Gottschalk, *Jean Paul Marat:
A Study in Radicalism* (New York, 1927), 75–77, 98–99, 106; Georges Lefebvre, *The French
Revolution*, trans. Elizabeth M. Evanson (2 vols.: New York, 1962), I, 174–175, 208; Moncure D.
Conway, "Adventures of Paine in London and Paris," *The Open Court*, VIII (July 12, 1894),
4144; Foner, *Complete Writings*, II, 517–520.

定义的政治团体吉伦特派的领导人。在 1792 年春，罗兰在国王统治下的吉伦特派内阁工作过，尽管他具有共和倾向。的确是吉伦特派和王室的非自然联盟，使法国在 1792 年 4 月对奥地利宣战。只有包括马克西米连·罗伯斯庇尔（Maximilien Robespierre）在内的少数政治领导人反对布里索所称的"人类反抗压迫者的战争"，嘲讽了欧洲人民将起来欢迎来自法国的"武装传教士"的观点。罗伯斯庇尔坚持认为，在发动对外战争之前必须要巩固国内革命的成果。[1]

[238]　　1792 年开始的战争撼动了法国的政治和社会基础。战争造成了经济混乱，暴露了国王的两面派行为，导致了革命政府的建立，为巴黎无套裤汉作为独立的力量登上全国政治舞台创造了条件。无套裤汉联合了工薪阶层、工匠、店主和小企业主，狂热地追求直接民主和人民主权，对富人充满敌意，并且相信私有财产应当按照城市消费者的利益来进行管控。无套裤汉受到的政治教育始于 1790 年和 1791 年，来自激进派知识分子发表的演说和创办的报纸。其中一位是潘恩的朋友尼古拉斯·德·博纳维尔（Nicholas de Bonneville），他是一位浪漫的革命者，创办了杂志《铁嘴》（*La Bouche de Fer*），鼓吹一种模仿早期基督教社会的共产主义。到 1792 年，他们对价格控制和公共就业的诉求，以及认为地方议会有权罢免选举出来的官员，使他们与吉伦特派和刚出现的反对派——雅各宾派都不一

---

[1]　M.J. Sydenham, *The Girondins*（London, 1961）, 101–107; Norman Hampson, *A Social History of the French Revolution*（Toronto, 1963）, 132–38; Ellery, *Brissot*, 231–232; Lefebvre, *French Revolution*, I, 217–225; May, *Madame Roland,* 201–212; George Rudé, *Revolutionary Europe*, 1783–1815（London, 1964）, 211.

样。但是当法国遭受军事失利, 以及吉伦特派摇摆于攻击君主制和在宫廷中争取更大权力之间时, 他们与无套裤汉之间的裂痕变得无法弥补。1792 年 8 月, 无套裤汉在巴黎的起义推翻了君主制。当普鲁士的军队入侵法国时, 成千上万的无套裤汉袭击了监狱, 杀死了好几百名"保皇党"囚犯。"九月大屠杀"使吉伦特派感到恐惧, 他们开始成为法律和秩序的维护者, 要求全国性政府离开巴黎。[1]

随着无套裤汉起义和囚禁国王, 法国君主制走向终结。作为激进派推动"第二次革命"的进一步标志, 立法议会在 1792 年 8 月授予 17 位极为不同的外国人荣誉公民, 包括潘恩、华盛顿和汉密尔顿, 还有英国废奴主义者威廉·威尔伯福斯 (William Wilberforce) 和波兰爱国者塔德乌什·柯斯丘什科 (Thaddeus Kosciusko)。之后 [239] 不久, 当国民公会举行选举时, 潘恩作为仅有的两位外国人之一当选。(另一个人是阿纳恰尔西斯·克洛特 [Anacharsis Cloots], 他是一位普鲁士贵族, 自称是人类的演说家, 相信法国作为一个普世性共和国, 在议会中应当有来自纽约、中国和阿拉伯的代表。) 此时潘恩正因为煽动叛乱罪而在英国受到起诉, 他前往加来 (Calais) 旅行。《人的权利》在法国已经广为传播, 在去巴黎经过的每一个镇上, 潘

---

[1] Rudé, *Revolutionary Europe*, 124; Soboul, *The Sans Culottes*; R. Cobb, "The People in the French Revolution," *Past and Present*, XV (April, 1959), 60–72; Palmer, *Age of Democratic Revolution*, II, 46–48, 105; Hampson, *Social History*, 147–153; Ellery, *Brissot*, 340. 关于 Bonneville, 参见 Georges Duval, *Histoire de la Littérature Révolutionnaire* (Paris, 1879), 254–304。

恩被尊为法国大革命的真正英雄。[1]

　　1792 年 9 月，潘恩成为国民公会议员，该机构的第一个官方行动就是宣布法国是一个共和国。潘恩以 55 岁的年纪成为国民公会中最年长的议员，由于他的法语水平和对法国国内事务了解有限，所以只能在议会进行审议时起很小的作用。他大部分时间都与吉伦特派的朋友们在一起，还与一小群英国流亡者和爱尔兰激进派每周在怀特酒店（White's Hotel）见面，讨论英伦三岛革命的可能性。在 1793 年初，潘恩移居巴黎郊区。在美国和英国，潘恩在上层和下层阶级的世界中游刃有余，在酒馆和沙龙中都感到宾至如归。他现在只与外国人和被左派称为贵族的法国人保持联系。与潘恩在美国和英国的经历形成鲜明对比的是，他与法国任何下层阶级都没有联系，这种情况有助于解释他很快遇到的困难。[2]

　　与在美国一样，潘恩认为自己在法国是居于党派之上的人物。当"党派暴力"出现在国民公会时，他在 1794 年说："我看不出他们在原则上有什么区别——除非是围绕权力的争执。我像在美国那样行事，不把自己与任何党派联系在一起，而是将自己完全视作国

---

[1]　Palmer, *Age of Democratic Revolution*, II, 54; Alfred O. Aldridge, *Man of Reason: The Lift of Thomas Paine*（Philadelphia, 1959）, 176; Alison Patrick, *The Men of the First French Republic*（Baltimore, 1972）, 176−178; Michael Walzer, ed., *Regicide and Revolution*（Cambridge, 1974）, 127; Hawke, *Paine*, 256−157.

[2]　Hawke, *Paine*, 259−262, 279−280; John G. Alger, *Englishmen in the French Revolution*（London, 1889）, 98; Foner, *Complete Writings*, II, 538, 表明潘恩在法国事务中扮演次要角色的事实，是国民公会议员的权威传记名录错误地宣称潘恩在 1806 年遭到暗杀。A. Kuscinski, *Dictionnaire des Conventionnels* (Paris, 1917), 414-415.

家之人。"然而在 1793 年的政治斗争中，潘恩的私人关系，他对世 [240]
界革命的兴趣，他自由放任主义的经济主张，以及对群众暴力的厌
恶，都使他更接近吉伦特派，而不是雅各宾派。在许多问题上，这
两个政治派别没有什么区别，尤其是与无套裤汉的激进主义相比。
但是在 1793 年，随着外国军队进入法国的土地，巴黎处于无套裤汉
支配的公社的统治之下，其他省份充斥着不满情绪，雅各宾派意识
到这种形势需要革命政府，甚至专制政府，他们愿意在自由放任主
义的经济观念上做出妥协，以满足无套裤汉的需求。此外，雅各宾
派的领导人比布里索和他的追随者们更加地方化，不会说英语，不
信任外国人，尤其不信任潘恩这样的外国革命者，因为他希望法国
人会致力于激发其他国家的革命。吉伦特派是具有世界主义眼光的
巴黎人，而且是大西洋沿岸的商业港口城市的代表，在观点上更加
国际主义。他们倾向于以美国人的眼光来看待法国大革命，相信立
刻结束革命只需要一部共和宪法。这种观点是潘恩所认同的。正如
他之后解释的那样：[1]

> 如果制定一部宪法，国家将有一个凝聚人民的纽带，每个
> 个人也将知道他要遵守的行为规范。但是没有宪法的话，一个
> 既无原则又无权威的革命政府将取而代之……

---

[1]　Foner, *Complete Writings*, II, 587, 1342–1343; Lefebvre, *French Revolution*, I, 214; II, 160;
Sydenham, *Girondins*, 208; Hampson, *Social History*, 157; Rudé, *Revolutionary Europe*, 133–138.

　　然而，在国民公会召开之初，潘恩没有被视作任何政治派别的成员。1792 年末，他进入了负责制定法国新宪法的委员会。这份文件主要是孔多塞的作品，具有共和与民主特征，虽然它包括了一个复杂的间接选举体制。潘恩曾经帮助起草《人权宣言》（Declaration of Rights），其中包括了对自由、平等和反抗压迫权利的保障，而且也重申了潘恩在美国支持的自由市场经济原则是自然权利：[1]

[241]

　　　　财产权利主要在于每个人能够自由处置自己的私人物品、资本、工资和产业。

　　　　所有公民都参与某种劳动、商业或农业；他能够制造、销售和运输每种产品……

　　　　在未经本人允许的情况下，任何人的财产都不能被剥夺，除非是法律允许和明确要求的公共需要，并且要有公正和基本的补偿。

　　除了在这个委员会服务之外，潘恩对议会事务的真正参与是在 1793 年初审判路易十六时。潘恩长期以来就反对死刑——这个立场源于贵格会从小对他的影响——潘恩敦促监禁国王，并在战争结束时将其流放到美国。他相信这样仁慈的案例不仅会影响欧洲其他地

---

[1]　Sydenham, *Girondins*, 149; Foner, *Complete Writings*, II, 558–559; Schapiro, *Condorcet*, 93–100.

方, 而且会在美国赢得支持。潘恩在议会的演讲——由翻译以法语宣读——使许多代表印象深刻, 一些人具体引用他的例证来投票反对处决。但是最后, 议会以微弱优势判处路易十六死刑, 并在1793年2月执行。潘恩也许不理解审判是吉伦特派和雅各宾派复杂的权力斗争的一部分, 判决结果严重挑战了吉伦特派对议会的控制。他的确与吉伦特派的朋友不同, 反对以公民投票表决的方式来决定国王的命运, 这次引人注目的投票表明, 他要么没有意识到公民投票的方式对吉伦特派的政治计划有多么关键, 要么他就像自己声称的那样, 是居于党派之上的人物。

　　然而在雅各宾派眼中, 潘恩反对处决路易十六使他与布里索周围的群体联系在一起, 这种印象在1793年4月得到进一步增强, 当时潘恩在让·保罗·马拉特案中出庭作证。这次审判是吉伦特派增强在议会中权力的最后尝试。马拉特在无套裤汉中很受欢迎, 他被吉伦特派指控要为九月大屠杀负责——早在1791年, 他就号召对王室家族和反革命分子进行报复, 并且要求没收富人的财产来帮助穷人。潘恩的证词是关于一个指控马拉特的次要问题, 它牵涉威廉·约翰逊 (William Johnson), 这位年轻的英国人在宣称马拉特扼杀自由之后, 试图在巴黎自杀。但是潘恩和马拉特之间的冲突的确发人深省。他们都以说人民的语言而自豪, 但是马拉特的语言与潘恩的非常不同。马拉特一直支持暴力, 并且将恐怖作为一件政治武器, 这与潘恩坚持革命必须严格遵守宪政形式形成了鲜明对比; 马拉特攻击富人, 并公开呼吁阶级敌意, 与潘恩相信共和社会首先需

[242]

要社会和谐形成对立。[1]

在处决国王和宣判马拉特无罪之后，潘恩很少再参与议会辩论了。在 1793 年的政治斗争按自己的轨道运行之后，他对法国的事件感到越来越失望。要是法国人接受一部类似美国的宪法，要是雅各宾派不向无套裤汉价格控制的诉求屈服，要是议会能够离开巴黎，远离越来越频繁的威胁议员的群众游行就好了，那么政治辩论就能够以和解精神进行。在 4 月份，潘恩在写给杰斐逊的信中表达了他的失望："如果这场革命严格按照其原则进行，那么将自由扩展到欧洲大部分地区是很有希望的；但是我现在放弃了这种希望。"

[243]

在 5 月份，数千名包围议会的无套裤汉要求控制价格，并强烈呼吁以叛国罪逮捕吉伦特派著名议员（吉伦特派主要成员的密友迪穆里埃将军叛逃到了奥地利）。此后，潘恩向丹东表达了自己的不满。他要求政府离开巴黎，远离"目前革命内部事务中混乱的不当行为"。他放弃了国际革命的希望，同意丹东的看法，"现在所有的希望都只局限在法国"。他谴责了针对吉伦特派朋友的"告发精神"。他再次展示了自己的信念，即法国人应当受美国经验的指导，用自由市场经济学来取代无套裤汉的"道德经济"，他坚决反对立法的价格控制：[2]

---

[1]　Walzer, ed., *Regicide and Revolution*, 59−66, 127−128, 208; Sydenham, *Girondins*, 139−142; Mathiez, *French Revolution*, 263; Hawke, *Paine*, 282; Gottschalk, *Marat*, 96−99, 121, 157−159.

[2]　Foner, *Complete Writings*, II, 1331, 1335−1336. 关于价格控制问题，参见 Hampson, *Social History*, 161−167，192−196；Sydenham, *Girondins*, 151−69; Williams, *Artisans and Sans-Culottes*, 41−44, 53−55; Soboul, *Sans-Culottes*, *passim*.

我也发现了巴黎出现的另一种尴尬情况，我们在美国时对此非常有经验。我的意思是固定产品的价格……在费城其他类似这样的管控之中，我们致力于管控盐价；结果市场上没有盐……此外，纸币与一年前的价值不同，当其数量增加时，其价值将下降……美国的纸币由于数量过多而贬值，在1781年，我花300美元才买了一双精纺长袜。

1793年6月2日，一大群巴黎人包围了议会，要求逮捕22名吉伦特派成员。潘恩的名字不在其中，但是丹东在门口见到他时，敦促他避险回家。在夏季时，潘恩的朋友们被逮捕并被押上断头台，他则待在郊外的家中，通过饮酒来舒缓紧张和绝望的情绪。"我很少去议会"，他之后写道，"去也只是为了出现一下；因为我发现很难参与他们的决定，而反对他们不仅无用，并且危险"。[1]

只是在10月份，潘恩的名字被加入受到叛国罪公开指控的议员名单上。他受到怀疑几乎是必然的，因为雅各宾派革命政府面临国内外的巨大危险，变得越来越不信任外国人。潘恩与吉伦特派的友谊，他的外国出身，他致力于世界革命，他明确反对1793年的事件，他不同意处决路易十六，这些都使他很容易受到攻击。12月，潘恩和克洛茨——两位外国议员——被逐出议会。克洛茨遭到处决，潘恩被逮捕并关进了现在是监狱的卢森堡宫（Luxembourg

[244]

---

[1] Palmer, *Age of Democratic Revolution*, II, 110; Williamson, *Paine*, 205–208; Hawke, *Paine*, 281–289.

Palace)。[1]

潘恩在卢森堡宫被关了 10 个月。美国驻法大使是之前的保守派批评者古维诺尔·莫里斯，他对潘恩的获释未做任何努力。当一群美国人以他的名义提出抗议时，议会议长回应说，潘恩不仅是一位英国公民——这个国家现在正与法国交战——而且尽管他在美国作为"自由的信徒"所做的贡献仍受重视，可是"他的才能还不理解（革命）已经彻底改变了法国"。潘恩被关在卢森堡宫的时候，先是阿贝尔派（Hebertists），然后是丹东和他的追随者，最后是罗伯斯庇尔都被押上了断头台。甚至在 1794 年雅各宾派倒台之后，潘恩还没有获释。直到新任美国大使詹姆斯·门罗到任后，他宣称潘恩是美国公民，然后才被释放——"世界公民"得到了国家公民原则的保护。[2]

在获释后不久，潘恩重新成为议会议员。与此同时，保守派反对[245] 去年雅各宾派统治的势头有增无减，在镇压了无套裤汉 1795 年 3 月和 5 月的大起义之后，巴黎的普通民众几乎完全从政治舞台上消失。政治向右倾斜的标志是议会在 1795 年通过了《共和三年宪法》(the Constitution of the Year III)，放弃了普选权原则，采用了一种非直选的复杂体制，并且对投票和担任公职都施加了财产资格限制。只有雅各宾派沮丧的余党对这些条款进行了微弱的抵抗。潘恩回到议会后

---

[1]　Hawke, *Paine*, 289–290; Palmer, *Age of Democratic Revolution*, II, 116–121; Isser Woloch, *Jacobin Legacy*（Princeton, 1970）, 8–10.

[2]　Conway, *Paine*, II, 109; Tighe Hopkins, The Dungeons of Old Paris（New York, 1897）, 175–189; Hawke, *Paine*, 296–306.

谴责这背叛了他珍视的政治平等原则。[1] 具有讽刺意味的是，潘恩在法国语境中是所谓的"温和派"，几乎独自批评了新宪法，重申了普选权原则。但是与往常一样，就政府的首要原则而言，潘恩的声音是明确、持续和坚定的。尽管有他孤独的批评，《1795 年宪法》还是由议会通过，一个新的立法机构选出，潘恩作为立法者的不愉快经历宣告结束。

四

尽管潘恩对法国的事件影响甚微，但是他在 18 世纪 90 年代中期的经历并没有完全失败。因为他能写出一生中最后两部伟大的小册子——《理性时代》和《土地正义论》。《理性时代》的写作开始于 1793 年，完成于潘恩关押在卢森堡监狱期间。1793 年秋冬兴起的去基督教化运动，促使潘恩寻找他宗教观点的大众读者。他声称"法国人民正在走向无神论"，他写作《理性时代》"以免在迷信、错误的政府体制和错误的神学毁灭之后，我们失去了正确的道德、人性和神学"。然而，这部作品使潘恩被视为异教徒和所有宗教的敌人。[2]

[246]

与自己的许多作品一样，潘恩在《理性时代》中并没有说出多

---

[1]　Hampson, *Social History*, 237–242; Woloch, *Jacobin Legacy*, 20; Foner, *Complete Writings*, II, 583–594.

[2]　Palmer, *Age of Democratic Revolution*, II, 115; Hampson, *Social History*, 200; Foner, *Complete Writings*, II, 1435–1437.

少全新的东西。他对自然神论信仰的表达很有说服力，但是缺乏原创性："我相信只有一个上帝，我期盼彼岸世界的幸福。我相信人的平等，还相信宗教义务主要在于行正义、好怜悯，并且努力使人类幸福。"他谴责现有的宗教体制是致力于"恐吓和奴役人类，还垄断权力和利益"，他坚持认为基督教的基本信条——启示、神迹、《圣经》的神启与理性不相容。他用自然和自然法取代《圣经》和启示，作为宗教知识的来源。"上帝的道就是我们所看到的创造，"潘恩声称，"在这个道里面，没有人的创作能够加以伪造和改变，上帝在向全世界每个人讲道。"上帝的权力在于"创造广袤的世界"，神圣的智慧在于宇宙"不可改变的秩序"，上帝的仁慈在于"他给地球带来的丰裕"。潘恩认为科学研究是"真正神学"的唯一来源，从而取代了"基督教的信仰体系"。

迄今为止，潘恩所说的话大部分都能被杰斐逊和富兰克林这样的人接受，思想更加激烈的欧洲自然神论者伏尔泰和休谟就不用说了。但即使在欧洲，大部分 18 世纪的自然神论者只是在上流社会的沙龙中表达自己的宗教观点，或者向受过教育的读者传播小册子。但是在 1795 年，潘恩出版了《理性时代》的第二部分。如果说第一部分比较概括，而且在批驳基督教信条时比较理性的话，那么第二部分就是以一种愤怒和嘲讽的口吻，逐条驳斥《圣经》。与往常一样，潘恩的写作风格适合大众读者阅读。"如果任何姑娘现在有孩子，"他问道，"说出甚至发誓她的孩子来自鬼魂，而且是一位天使告诉她如此，她会被人相信吗？"约拿（Jonah）的故事和鲸鱼是"适合讽刺的故事，如果它写出来是为了使人相信的话；或者是笑话，如果打

[247]

算试试多么容易轻信的话；如果能够相信约拿和鲸鱼，那么就能相信一切"。之前，潘恩谴责了所有现存的教会，现在他单独对基督教进行了最猛烈的攻击：

> 在一切创造出来的宗教体系中，再没有比这个被称为基督教的东西更能贬损上帝，对人类更缺乏教育作用，更加违反理性，而且更加自相矛盾的了。对于信仰来说太过荒谬，太不能使人相信，同实践也太不一致，所以它使人的心灵变得麻木，或者只能产生无神论者或宗教狂热分子。

"创世的《圣经》"而不是"愚蠢的教会《圣经》"，才是人们应当请教的知识。[1]

《理性时代》用多种语言重印了无数版本，成为最流行的自然神论著作。它使自然神论的观点在 18 世纪的精英和新的大众读者中得到普及，也赋予自然神论一种新的、进攻性的、明确的反基督教色彩。在潘恩之前，同时成为基督教徒和自然神论者是可能的，而现在这种宗教观点几乎站不住脚。《理性时代》帮助人们摆脱了对宗教体制的服从，正如潘恩的其他作品使读者重新思考他们的政治和社会立场。结果，这激起了欧洲和美国的教士以及虔诚教徒的巨大敌意。

在整个 19 世纪，只要是自由思想者和自然神论者聚集的地方，

---

[1]　Foner, *Complete Writings*, I, 464, 482, 487, 574, 600, 603; Hawke, *Paine*, 294.

潘恩就一定被奉为英雄。但是，潘恩的宗教和教会图景非常有限。他有关《圣经》的观点完全是字面意义上的，忽视了《圣经》的隐喻和神话性质。他将教会视为"权力的引擎"，并且是贵族制和专制统治的盟友——这种观点在法国和欧洲大部分国家很好理解，因为那里的教会享有法律特权，是政治现状的堡垒，但是不能容纳独立、自愿的信众，也不能容纳宗教复兴释放的改革动力。结果，《理性时代》同时激怒了宗教异见人士和英国国教徒，贵格会教徒和天主教徒。与潘恩同样厌恶宗教机构及其排场、权力和保守主义的人，也不能接受潘恩对《圣经》和基督教的拒绝。潘恩吸引并大大增强了世俗反教会激进主义的大众传统，但同时使自己疏离了福音派基督教激发的激进传统。[1]

[249]

与《理性时代》一样，潘恩最后的著名小册子《土地正义论》帮助塑造了一种影响 19 世纪激进主义的传统。他写作的背景是法国政府在 1796 年镇压了"格拉古"巴贝夫（"Gracchus" Babeuf）的平等派密谋，这是"近代时期第一场共产主义运动"。潘恩真心谴责巴贝夫，但是这场密谋使他首次超越了原有观点，即贫穷和经济不平等是由于人们才能的不同、政治体制的缺陷和不公平的税收导致的。

在之前所有的作品中，潘恩坚持保护私有财产，因为它是个人劳动的成果，与自由都是不可侵犯的自然权利。现在他区分了两种财产：一种是自然的赠予，尤其是土地，他称其为"人类的共同财

---

[1]　John Derry, *The Radical Tradition, Tom Paine to Lloyd George*（London, 1967）, 34–37.

产"；另一种是人类劳动创造的财产。的确，这种区分并不具有原创性——它隐含在约翰·洛克的作品中，许多 18 世纪的财产理论来源于此。然而，洛克只是在自然状态下才将土地界定为公共财产；在公民社会中，土地理当属于个人的私有财产。但是在洛克的观点 [250] 中潜藏着激进主义，这点被 18 世纪的作者们抓住和放大，比如英国的威廉·奥格尔维（William Ogilvie）和托马斯·斯宾塞，还有法国的巴贝夫，他们都坚持认为人们对土地拥有自然权利，大部分现有财产不是源于人的劳动，而是来自社会体制，因此能够为公共利益服务。在《土地正义论》中，潘恩认同这种传统。因为"积累的所有个人财产，超出了一个人亲自生产的产品，来源于生活在社会中"，他写道，"他应当把部分财产回馈给社会，因为它们都来自社会"。

在《土地正义论》中，潘恩处于张力之中，这比在其他文章中表现得更为明显。他一直希望团结所有阶层，共同追求公共利益，但又非常同情欧洲穷人的苦难。一方面，他认为财产平等既不可能，也不值得追求，并且直接向富人呼吁，认为个人财产的真正"保障"是减少贫富之间的差距；另一方面，潘恩极为激烈地谴责存在的经济不平等状况：

> 目前文明的状态既不公正，又面目可憎。这与它应有的样子截然相反，进行一场革命很有必要。富足和不幸的对比持续存在并抓人眼球，就像死人与活人联系在一起 …… 大部分贫穷代代相传，人们很难摆脱自己贫穷的状况 …… 欧洲各个国家数

百万人的状况比文明开始之前更加糟糕。

潘恩甚至认为在许多情况下，个人财富"是由劳动报酬过少造成的；其后果是劳动者老年时无法工作，雇主则非常富足"。

[251]　　但是当潘恩在这些评论中达到了经济激进主义的极限时，他就后退了。当斯宾塞将这种思考变为反对所有土地财产的武器，巴贝夫用它来攻击一般意义上的私有财产时，潘恩则坚持自己不想干预现有财产。正如小册子的全名所展示的那样，潘恩在全面攻击私有财产和完全接受现有秩序之间寻求一种中间立场："土地正义既反对农耕法，也反对土地垄断。"（"农耕法"平均分配现有财产，成为吉伦特派和雅各宾派共同的噩梦，其拥护者在 1792 年被判处死刑。）潘恩的真正建议其实很温和，与他愤怒的表达并不一致。他认为，每个土地所有者都要付给国家"地租"，国家以这些资金支付每个年满 21 周岁的人 15 英镑，"作为对引入土地财产体制所造成的自然继承损失的部分补偿"。这笔资金也能够为所有年满 50 周岁的人提供社会保障。与在《人的权利》中一样，潘恩主要强调的是减少贫困，而不是改变私有财产体制。

　　《土地正义论》1796 年出了法文版，第二年出了英文版，的确标志着对潘恩思想的背离，但是程度极为有限。像托马斯·斯宾塞这样更加激进的土地改革者认为小册子"非常令人失望"，抨击潘恩提出的"穷人微薄的津贴"是"令人鄙视和具有侮辱性的"，代替了"我们对土地威严而公正的占有"。但是由于潘恩的观点认为贫穷是文明而不是自然的产物，而且其中的一个原因是土地到了私人手中，所以《土地正义论》

使潘恩成为 19 世纪欧洲和美国土地改革运动的先驱之一。[1]

　　《土地正义论》在某种程度上是对平等派密谋的评论，证明潘恩 [252]
继续在 18 世纪 90 年代中期卷入法国的政治事务。他的确与从 1795
年 11 月到 1799 年底统治法国的督政府中的两位实权人物建立了密
切的关系：忠诚的反基督教人士拉雷韦利埃·勒贝尔（La Revellière-
Lépeaux）和狂热的弑君者与共和派巴拉斯（Barras）。在许多场合
中，潘恩写文章支持督政府的政策，并建议政府着手改善与美国的
关系。他写了一篇文章在美国广为流传，谴责 1794 年的《杰伊条约》
（Jay's Treaty）建立了英国和美国密切的商业关系，并在另一本由法
国政府出版的冗长小册子中，指出了英国财政体制的弱点。他也撰
文尖刻地攻击老友乔治·华盛顿，指责他听任自己在恐怖统治时期
法国的监狱中受苦。潘恩还匆忙刊文，为 1797 年 9 月反王党复辟的
果月政变（coup of Fructidor）辩护，认为它清除了议会中的右翼多
数，并暂时"巩固了法国的共和事业"。[2]

　　潘恩在 18 世纪接近尾声时的主要兴趣是他熟悉的东西——自然
神论和欧洲革命。1797 年 1 月，他加入了神学慈善家协会（Society
of Theophilanthropists），该协会支持督政府倡导的一种自然神论，拉

---

[1]　Lefebvre, *French Revolution*, II, 175–176; Mathiez, *French Revolution*, 211, 306; K.D.
Tönnesson, "The Babouvists: From Utopian to Practical Socialism," *Past and Present*, XXII
（July, 1962）, 60–76; Foner, *Complete Writings*, I, 605–21; Schlatter, *Private Property*, 174–177;
Larkin, *Property in the Eighteenth Century*, 128–130, 196–197; T. Spence, *The Rights of Infants*…
To Which are Added… *Strictures on Paine's Agrarian Justice*（London, 1797）, 3, 11, 14–16.

[2]　Georgia Robinson, *Revelliere-Lepeaux, Citizen Director*, 1753–1824（New York, 1938）, 117;
Foner, *Complete Writings*, II, 568, 594–606; 690, 719; Woloch, *Jacobin Legacy*, 65-66, 76-83, 274.

雷韦利埃·勒贝尔尤其提倡将它作为天主教的替代选择。鉴于政府
允许它在巴黎和各省的宗教场所中活动，神学慈善家协会吸引了很
多共和派参加他们的简单仪式，并唱慈善圣歌。上帝存在、灵魂不
朽和黄金法则是其基本的宗教教义。运动的影响力在 1798 年达到顶
峰，然后衰落，最终在拿破仑统治时期遭到镇压。虽然它一度在官
员和知识分子中间挑战了天主教，但是从未建立起群众基础。（当拉
雷韦利埃·勒贝尔告诉塔列朗，他希望神学慈善家协会取代天主教
成为法国的宗教时，这位愤世嫉俗的政客回应说："你们所做的一切
是使自己上吊自杀，并且在第三天复活。"[1]）

[253]

　　潘恩这些年来关注的另一件事是在法国之外发动共和革命，
尤其是在英伦三岛。他长期与像爱德华·菲茨杰拉德勋爵（Lord
Edward Fitzgerald）这样的爱尔兰激进流亡者保持联系，《人的权利》
在爱尔兰也广为流传。潘恩利用自己在督政府中的影响力，敦促法
国为爱尔兰人起义提供军事援助。他的呼吁得到了巴拉斯和拉雷韦
利埃·勒贝尔的支持，他们都遵守吉伦特派的传统，是扩张主义者
和国际革命的拥护者。但是法国在 1798 年"入侵"爱尔兰失败，而
且当拿破仑政变在 1799 年推翻了督政府时，潘恩与政府的联系中
断了。当杰斐逊在 1801 年成为美国总统时，潘恩重新启动了长期
搁置的返回美国的计划。他仍然对法国的事件进程感到失望，并保
持了对美国的完美想象。他曾为美国的完美形象在欧洲的流行做出

---

[1]　　Albert Mathiez, *La Théophilanthropie et le Cult Décadaire*（Pairs, 1904）; Robinson,
Revelliere-Lepeaux, 161–181; Conway, *Paine,* II, 294.

了巨大贡献。当英国改革者亨利·雷德黑德·约克（Henry Redhead Yorke）访问巴黎时，潘恩告诉他：

> 这不是一个适合诚实之人生活的国家；他们不理解任何有关自由政府的原则，最好的方式是将其留给他们自己……我知道世界上只有美国是共和国，这是适合你我这样的人的唯一国家。

在 1802 年，65 岁的潘恩最终实现了自己的愿望，回到了美国。[1]

五

虽然潘恩离开美国已经 15 年时间了，但是他很难被忘记。他 18 世纪 90 年代的所有作品都已经在美国重印。在 18 世纪 90 年代初，[254] 各种政治信仰的美国人都对潘恩的作品很感兴趣。《人的权利》的两部分内容都在美国广为流传，并被联邦主义者和杰斐逊派的许多报纸摘录。1791 年的一份报纸声称，《人的权利》"在当今的美国，与《常识》在 1776 年时同样受欢迎"。在 1791 年纽约坦慕尼协会（Tammany Society）举行的独立日纪念活动上，祝酒辞就包括："路易十六和法

---

[1] Rudé, *Revolutionary Europe*, 212; Moncure D. Conway, "The Paine Club in Paris," *The Open Court*, VIII（August 30, 1894）, 4199–4202; Conway, *Paine*, II, 301–302, 443–444. Cf. A. W. Smith, "Irish Rebels and English Radicals," *Past and Present*, VII（April, 1955）, 78–85; W.E.H. Lecky, *A History of Ireland in the Eighteenth Century*（5 vols.: London, 1902–03）, III, IV, *passim*.

国的爱国者"与"贵族制的灾难——《常识》和《人的权利》的作者"。
诗人菲利普·弗伦诺（Philip Freneau）"由于阅读潘恩先生的《人的
权利》"而创作了这些赞美的诗句：[1]

> 他充满男子气概的篇章中的理性唤醒了我，
> 潘恩再次进入了倾听的世界；
> 从理性出发，他带来了大胆的改革，
> 通过提高人的地位，他摧毁了国王的统治……

　　直到 1793 年之后，随着路易十六被处决，战争在欧洲爆发，华
盛顿总统宣布中立，法国大革命成为美国政党政治中的议题。联邦
党和共和党在欧洲发生的事件中看到了自己对美国的担忧——对于
联邦党来说，法国大革命是过度民主和社会拉平的危险例证；对于
共和党来说，法国人是共和主义理想的捍卫者，任何反对法国大革
命的人都是君主主义者。[2] 1793 年发生了无数支持法国大革命的群
众游行。在费城，法国歌曲在街头传唱，红帽子（bonnet rouge）处
处可见，酒馆中的人为法国大革命干杯。这一年也出现了民主－共
和协会，其决议将支持法国大革命和捍卫国内的共和主义联系在一
起。纽约和费城的协会由"每个阶层的公民"组成，在工匠中吸引

---

[1]　Philadelphia *Federal Gazette*, cited in New York *Packet*, May 26, 1791; New York *Journal*,
July 13, 1791; New York *Daily Advertiser*, May 27, 1791.

[2]　Banning, "The Quarrel With Federalism," 330–332; Richard J. Buel, *Securing the
Revolution*（Ithaca, 1972）, 36–42; Young, *Democratic-Republicans of New York*, 207, 349–350.

了大批追随者，他们对支持法国大革命尤其热情，而且从 18 世纪 70 年代起就对潘恩非常认同。1793 年，纽约工匠和店主总会（General Society of Mechanics and Tradesman）祝酒庆祝法国军队和"工匠托马斯·潘恩……"的成功。[1]

民主协会对法国的热情的确超过了对潘恩本人的热情。在潘恩被囚禁于卢森堡监狱，完全对法国发生的事件感到失望时，宾夕法尼亚的民主协会则祝愿"山岳派（雅各宾派）：给专制带上脚镣，让自由之光从山顶鼓舞和照亮整个世界"。然而，潘恩仍然是协会的英雄；他的确被"认为是协会的鼻祖"。也许有些夸张，但《人的权利》确实比其他任何著作在协会中流传更广，成员们都支持潘恩的国际主义，支持他对共和主义的强烈信念和对贵族制与君主制的敌视。与潘恩在《人的权利》中所做的一样，协会重新界定了"民主"一词的含义，只是将其作为共和主义的同义词使用，指的是建立在人民意愿基础上的政府。有关法国大革命的意识形态冲突使潘恩受到很多联邦主义者的厌恶，但是民主和工匠组织仍然尊敬他：[2]

这是诚实的汤姆·潘恩的成功：

---

[1]   Charles D. Hazen, *Contemporary American Opinion of the French Revolution*（Baltimore, 1897）, 164–172; Watson, *Annals of Philadelphia*, I, 180; Eugene P. Link, *Democratic-Republican Societies*, 1790–1800（New York, 1942）; Baumann, "Democratic-Republicans," 441–449; Young, *Democratic-Republicans of New York*, 395; New York *Journal*, January 5, 1793.

[2]   Democratic Society of Pennsylvania, Minutes, May 1, 1794, HSPa; Link, *Democratic-Republican Societies*, 104; Foner, ed., *To Light the Torch of Truth*（manuscript copy）, 242, 247, 737; *New York Journal*, July 8, 1795.

祝愿他享受自己解释的生活，

我们永远不能忘记人的公正权利

因为它们将把英国朋友从深不可测的皮特手中拯救出来。

[256] 民主协会到 1795 年就基本消失了，但是它们的大部分组织和意识形态被吸收进了发展中的杰斐逊派共和党中。潘恩在 18 世纪 90 年代中期的共和党中仍然是"近乎圣人般的人物"。面对联邦党的攻击，共和党的报刊为他辩护，并重印了他对《杰伊条约》的批评。潘恩的作品强烈迎合了共和党中的反英"狂热"，以及杰斐逊派将联邦党的形象塑造为亲英的"贵族"，认为他们希望削弱共和政府，并蔑视普通民众。甚至潘恩对乔治·华盛顿的攻击也没有影响他在共和党中的地位，毕竟对总统的猛烈抨击是 1796 年反对派舆论的标准内容。比如费城的《曙光》（*Aurora*）认为"华盛顿的名字"已经成为"政治不公"和"合法腐败"的同义词，所以对他的离任表示欢迎。[1]

最终使共和党人与潘恩渐行渐远的是《理性时代》。在 18 世纪 90 年代中期，潘恩的自然神论小册子在美国已经出了 17 版，销售了

---

[1] Young, *Democratic-Republicans of New York,* 366, 579; Donald Stewart, *The Opposition Press of the Federalist Period*（Albany, 1969），chs. 6–7, 528, 544; Norman V. Blantz, "Editors and Issues: The Party Press in Philadelphia, 1789–1801"（unpublished doctoral dissertation, Penn State University, 1974），160–168, 181; Banning, "Quarrel With Federalism," 368–370; Margaret Woodbury, "Public Opinion in Philadelphia, 1789–1801," *Smith College Studies in History*, V（October, 1919），25.

好几万册。自然神论曾经主要局限在受教育阶层和一小部分理性主
义工匠中，结果，现在变成了一场民众运动。之前的自然神论者满
足于私下讨论信仰，而新的自然神论者组织兴起于18世纪90年代，
非常富有进攻性，而且热衷于向外传播。他们通过小册子和演讲的
方式，直接攻击组织化的基督教。《理性时代》成为美国自然神论者
的"圣经"，潘恩则成为他们心中的英雄。伊莱休·帕尔默（Elihu
Palmer）之前是循道宗牧师，也是这些年来最杰出的自然神论组织
者，对他而言，潘恩是"无畏的理性拥护者，是专制、偏执和偏见
的坚定敌人……也许是地球上迄今为止最有用的人"。[1]

在18世纪90年代中期，整个美国出现了一股对宗教"不忠"
和冷漠的浪潮。约瑟夫·普里斯特利牧师于1794年移居宾夕法尼
亚，结果发现全州到处都是"不信上帝的人"。普里斯特利本人属于 [257]
一位论派（Unitarian），更加正统的基督教徒认为他很危险。他支持
自由意志原则，反对像三位一体和基督神性这样的"非理性"基督
教信条。但是普里斯特利不同意潘恩否认《圣经》是神意被发现的真
理，而且他非常警惕《理性时代》被"很多人阅读"，因为它"在这
里已经产生了巨大的影响"。帕尔默的演讲在纽约和费城吸引了大批
听众，肯塔基、俄亥俄和田纳西的定居者中的无宗教信仰者声名狼

---

[1] Morais, *Deism*, 65, 120–132; Samuel Bernstein, "The Subject of Revolution in Post-Revolutionary America," *Stüdien uber die Revolution* (Berlin, 1969), 191–192; G. Adolf Koch, *Republican Religion* (New York, 1933), 71–87.

藉。[1]宗教不忠行为公然扩散，比法国大革命时期更加严重，使得大批基督教神职人员转向保守主义。这不仅发生在新英格兰地区支持联邦党的加尔文派教徒中，也发生在坚定支持共和党的循道宗教徒、浸礼会教徒和长老会教徒中。在整个美国，基督教神职人员准备参加捍卫信仰的斗争。[2]

当杰斐逊自己的宗教信仰成为 1800 年大选中的政治议题时，他的支持者们赶忙将杰斐逊与潘恩进行切割。一位共和党人在一份弗吉尼亚的报纸上评论说，虽然《常识》已经成为"美国革命的《圣经》"，《人的权利》同样值得称赞，但是"潘恩先生对我们最神圣的宗教的攻击……不是公共问题"，因为杰斐逊"从未做过这样的攻击"。在世纪之交，自然神论不是唯一的，甚至不是最重要的"共和宗教"。杰斐逊执政是依靠循道宗、浸礼会和长老会教徒的选票，始于 1800 年的宗教复兴增加了他们的热情。潘恩进一步成为共和党的麻烦而不是财富。纽约的一个杰斐逊派协会决定："希望他的《人的

---

[1] "Correspondence of John Adams and Mercy Warren," *Collections*, Massachusetts Historical Society, 5 ser., IV（1878）, 376; John T. Rutt, ed., *The Theological and Miscellaneous Works of Joseph Priestley*（2 vols.: London, 1832）, I, pt. 2, 272–276; Morais, *Deism*, 156, 174; Albert Post, *Popular Freethought in America*, 1825–1850（New York, 1943）, 19–27.

[2] Gary B. Nash, "The American Clergy and the French Revolution," *WMQ*, 3 ser., XXII（July, 1965）, 392–412; James H. Smylie, "Clerical Perspectives on Deism: Paine's *The Age of Reason* in Virginia," *Eighteenth-Century Studies*, VI（Winter, 1972–73）, 203–220; Young, *Democratic-Republicans of New York*, 404, 568–570.

权利》流芳百世，但是希望他的《理性时代》从未面世。"[1]

潘恩最后 7 年的故事很简短。他于 1802 年秋抵达美国，被联邦 [258]
党报刊骂得狗血喷头。一位波士顿记者称潘恩是"一位撒谎、酗酒
和冷酷的宗教不忠者，享受和沉浸于混乱、毁灭、流血、抢劫和谋
杀，他的灵魂对此感到愉悦"。对于联邦党来说，潘恩是攻击和为难
杰斐逊，并重新提出总统的宗教问题的便利武器。但是也有许多共
和党人拒绝欢迎他。他的老友塞缪尔·亚当斯在 18 世纪 90 年代时
是法国大革命的热情支持者，他发表了一封公开信，指责潘恩"为
宗教不忠辩护"。本杰明·拉什拒绝会见他，当他在华盛顿旅行时，
旅店老板拒绝为他服务。

起初，潘恩得到了费城、纽约和华盛顿共和党组织的热情接
待，并多次赴白宫拜访杰斐逊。杰斐逊仍然很喜欢潘恩。在 1801
年，他为潘恩回美国提供了一艘公用船，并补充说他发现美国人回
到了 1776 年原则，潘恩为这项事业"不断付出，并与美国人一样努
力"。但返美后不久，潘恩在共和党报刊上发表了一系列信件，重新
表达了他对约翰·亚当斯和乔治·华盛顿的敌意。潘恩似乎沉浸在
过去的问题中，他对联邦党领导人的强烈抨击并不符合杰斐逊努力

---

[1] "A Scots Correspondent," Richmond *Examiner*, November 21, 1800; William
Gribbin, "Republican Religion and the American Churches in the Early National Period," *The
Historian*, XXXV（November, 1972）, 61–74; Heimert, *Religion and the American Mind from
the Great Awakening to the Revolutio*n, 538–541; Paul Goodman, *The Democratic-Republicans of
Massachusetts*（Cambridge, 1964）, 86–96; Stewart, *Opposition Press*, 396–400, 407; Russell B.
Nye, *The Cultural Life of the New Nation*（New York, 1960）, 213–215; Young, *Democratic-
Republicans of New York,* 404.

培育的政治和解精神。潘恩的朋友威廉·杜安（William Duane）是《曙光》的编辑，还是一位英国激进派，由于政治观点而被迫离开英国。他警告潘恩不要发表这些信件。"我明确地告诉他，"杜安向杰斐逊解释说，"他将被唯一尊重他，或至少不恨他的政党抛弃——他所有的作品都将变得无用——甚至他的名声也将被毁掉。"但是潘恩拒绝接受建议，然后杰斐逊平静地解除了他们之间的关系。[1]

[259]　　在生命中的最后岁月里，潘恩把大部分精力投入到宗教写作中。他在《希望》（*The Prospect*）上发表了17篇文章，这是一本由伊莱休·帕尔默主编的自然神论杂志。与往常一样，他直言不讳地攻击基督教。"暗示的写作方式之前被使用在这类主题上"，他解释说，"制造了怀疑，但没有证明有罪。所以直言不讳十分必要"。整体而言，他的作品只是重复了《理性时代》中的观点，但不时也展现出传统风格和敏锐深刻。一篇文章才华横溢地谴责了康涅狄格州的《蓝色法规》（Blue Laws）：[2]

　　　　安息日（Sabbath）一词意味着休息；在那一天要停止劳动，但是愚蠢的康涅狄格州《蓝色法规》却带来了另外的劳动，因

---

[1]　Dumas Malone, *Jefferson the President: First Term*, 1801–1805（Boston, 1970）, 192–200; Jerry W. Knudson, "The Rage Around Tom Paine: Newspaper Reaction to his Homecoming in 1802," *New-York Historical Society Quarterly*, LIII（January, 1969）, 34–63; Miller, *Sam Adams*, 393–396; Foner, *Complete Writings*, II, 908, 915–917, 1433; Koch, *Republican Religion*, 131–133; Worthington C. Ford, ed., "Letters of William Duane," *Proceedings*, Massachusetts Historical Society, 2 ser., XX（1906–1907）, 279.

[2]　Foner, *Complete Writings*, II, 788–789, 804, 1426.

为该法要求人们在安息日那天从日出坐到日落, 这是很艰苦的工作 …… 沮丧的康涅狄格州的加尔文教徒 …… 除了教堂什么都看不见。阳光对他来说毫无乐趣。大自然的欢乐声音徒劳地呼唤着他。他对上帝创造的一切都听不到、说不出和看不见。这就是康涅狄格州的安息日。

潘恩在生命的最后岁月里, 在共和党的报刊上偶尔发表一些有关当时政治问题的文章。他强烈支持购买印第安纳——潘恩的确最早建议美国不仅要购买新奥尔良港, 还要购买整个印第安纳领土, 表明了他对美利坚帝国发展的持续兴趣。潘恩在这里坚定地处于共和党思想的主流中, 但有时他也与杰斐逊派的 "左翼" 合作——他们希望法国大革命的民主潮流能够扩展和增强。在一些州, 激进杰斐逊派和保守杰斐逊派的冲突聚焦于改革法律体制的要求。改革者们诉诸民众对律师的敌意, 要求减少法律职业的权力, 削弱法官解释法律的能力, 新法典应当避免拉丁文用语, 将英国的判例从美国法庭中 [260] 清除。

1805 年, 潘恩发表多篇文章, 支持宾夕法尼亚州的司法改革运动。他的朋友威廉·杜安和由另一位英国激进派流亡者约翰·宾斯 (John Binns) 领导的边远地区的共和党人, 要求召开大会, 恢复 1776 年《宾夕法尼亚州宪法》(它在 1790 年被大幅修改), 并对司法体制进行影响深远的变革。潘恩比其他任何作者都更有效地宣传了他们的观点, 他的文章在《曙光》刊载, 并且以小册子的形式由杜安 – 宾斯派进行传播。潘恩重申了他对 1776 年州宪法的推崇, 认为它"没有从英国政府照搬任何东西"，并"符合《独立宣言》的精神"，因为与1790年修改后的州宪法相比，它没有对投票权进行财产资格限制。潘恩支持简化司法体制的运动，提出在许多案件中不使用律师，允许由商人、农民或工匠组成的仲裁委员会解决每个行业中的争端，而不必上法庭。[1] 潘恩关于路易斯安那和宾夕法尼亚政治的作品，在某种程度上是他30年前在美国革命时期的思想主题的顶点或重申——支持商业扩张，加上强烈的民主平等主义。

与其他大部分州一样，司法改革运动在宾夕法尼亚州失败。在潘恩再次成为宾州激进杰斐逊派发言人的短暂时刻之后，他变得默默无闻。他最后的岁月充满了"孤独的个人不幸"。他与原来几乎所有的伙伴和朋友疏远，并再次开始酗酒。潘恩退休后居住在新罗谢尔的农场里，然后与一批在纽约市及附近居住的朋友们待在一起。在他生命的最后时刻，拜访潘恩的人主要来自"移民中的劳动阶层"。他在1809年去世。6位吊唁者参加了他的葬礼——博纳维尔夫人（Madame Bonneville）和他的两个儿子，他们在潘恩返美几年之后来到美国，还有一位贵格会教徒和两位黑人。除了一首充满敌意的幽默讽刺诗歌发表在联邦党的报纸上，他的去世在美国的舆论中几乎没有引发关注。[2]

[261]

---

[1]　Foner, *Complete Writings*, II, 963, 992–1004; Hawke, *Paine*, 362; Stewart, *Opposition Press*, 391–392; Kim T. Phillips, "William Duane, Revolutionary Editor," （unpublished doctoral dissertation, University of California, Berkeley, 1968）, 180–184; Ellis, *The Jeffersonian Crisis*, 161–175.

[2]　Hawke, *Paine*, 384–397; Koch, *Republican Religion*, 137-138; Philadelphia *United States Gazette*, November 16, 1809.

　　为什么美国拒斥并遗忘了潘恩？当然，作为一名强烈反基督教的自然神论者，潘恩比任何人对《圣经》的批评都多，他选择了一个最糟糕的时刻回到美国——此时宗教正在复兴，而且美国在新世纪开始时流行强烈的虔敬主义。"这是欧洲文明和美国文明的基本区别"，历史学者威廉·麦克劳林（William McLoughlin）写道，"政教分离不是由无神论哲学高喊'消灭那些卑劣小人'所推动，而是由福音虔敬派高喊'宗教自由'所推动"。在 19 世纪欧洲非常普遍的反教权主义和世俗主义从未在美国找到合适的土壤，这部分是因为在革命之后，这里没有拥有大量财产的官方教会和制度化的特权需要抨击，部分是因为新教教会并不是现有秩序的维护者，而是美国社会许多改革浪潮的来源。在英国，反教权理性主义是整个 19 世纪劳工激进思想的主要成分；在美国，社会的批评者更多使用新教复兴论和基督至善论的语言，而不是自然神论理性主义的语言。[1]

　　在某种程度上，对潘恩态度的真正谜团不是他为什么遭到了猛烈的抨击，而是为什么几乎没有人站出来为他辩护。潘恩作为美国革命激进层面的象征，他不被认可是因为此时的激进潮流已经退去了吗？潘恩的美国——激进的支持者主要来自城市工匠——不再存在了吗？不幸的是，我们对 19 世纪初美国的激进思想知之甚少，无法明确回答这类问题。然而，司法改革运动的支持者主要来自宾夕 [262]

[1]　William G. McLoughlin, "Pietism and the American Character," *American Quarterly*, XVII（Summer, 1965）, 166–169; Palmer, *Age of Democratic Revolution*, I, 193; Herbert G. Gutman, "Protestantism and the American Labor Movement: The Christian Spirit in the Gilded Age," *American Historical Review*, LXXII（October, 1966）, 74–101.

法尼亚的乡村地区和其他州，这一点非常明显。司法改革者引用潘恩带有民主色彩的作品比其他任何作者的作品都多，但是他们要么忽视，要么不了解潘恩的经济观点。

对于工匠来说，他们看起来没有脱离 1800 年到 1830 年间美国的社会秩序。这些年来的美国社会和政治似乎比英国对工匠和下层阶级参与政治的态度更加开放。在法国和英国，工匠和无套裤汉在 1792 年开始参与政治，结果在 18 世纪 90 年代末被强行驱逐。但是在美国，革命时期参与政治的工匠仍然留在政治领域中。他们继续寻找在政治中自我表达的机会，而且发现杰斐逊派的政治领导人的意识形态与他们比较一致。相比之下，在英国，像托马斯·哈代这样的人对整个政治体制都非常抵触和敌视，而且大批英国工人被剥夺了选举权，在 19 世纪初处于"政治和社会相隔离"的状况中。这种疏离对英国工人阶级意识的形成非常关键。潘恩对贵族制、君主制和英国政治社会不平等状况的批评，成为这种意识的必要组成部分。[1]

但是这种批评与美国有什么关系？美国人不仅已经实现了英国激进派追求的政治目标——广泛的选举权、共和政府、没有制度化的法律特权，而且点燃英国激进主义的对社会的不满在这里并不常见。但这并不意味着美国社会不存在社会问题。1806 年，美国发生

---

[1] Ellis, *Jeffersonian Crisis*, 252–259; Montgomery, "The Working Classes of the Pre-Industrial City," 13; Williams, *Artisans and San-Culottes*, vi; Thompson, *Making of the English Working Class*, 157, 175–181.

了著名的鞋匠熟练工反对雇主的罢工，结果罢工的领导者被审并被　[263]
判有罪，这象征着政治民主和共和主义没能解决的问题。但是潘恩
对审判保持沉默；的确，他的共和主义设想了摆脱阶级冲突的民主
秩序，可并不适合解决罢工提出的经济问题。

然而，美国的政治体制甚至此时就能吸纳不满的欧洲激进派
的力量和人才。在美国拒斥潘恩与给 18 世纪 90 年代离开英国的潘
恩式激进派提供机会之间，的确形成了强烈的对比。威廉·杜安、
约翰·宾斯和许多其他离开英国的人比法律领先一步，成为杰出的
共和党编辑与党派要员。约瑟夫·盖尔斯（Joseph Gales）是另一
个例子，他在 1794 年到美国之前，是谢菲尔德宪法协会（Sheffield
Constitutional Society）的灵魂人物；到美国后，他成为罗利市
（Raleigh）《记录》（Register）杂志的编辑、罗利市市长和 19 世纪初
杰斐逊派政治的主要人物。像盖尔斯这样的人保留了他们潘恩式的
共和理想，但是认为这种理想已经在美国实现了。美国也非常能够
接受像杜安和盖尔斯这样的潘恩式人物，他们没有犯宗教不忠的
罪，而潘恩却因此被排斥。[1]

---

[1]　Richard J. Twomey, "Jacobins and Jeffersonians: Anglo-American Radicalism in the
United States, 1790–1820"（unpublished doctoral dissertation, Northern Illinois University,
1974）; Ray Boston, "The Impact of 'Foreign Liars' on the American Press（1790–1800）"
Journalism Quarterly, L（Winter, 1973）, 722–730; Robert N. Elliott, Jr., *The Raleigh Register*,
1799–1863（Chapel Hill, 1955）, v-vi, 5–41; William E. Ames, *A History of the National
Intelligencer*（Chapel Hill, 1972）, 73–86.

六

1809 年 8 月，潘恩去世后不久，生于英国的纽约市编辑詹姆斯·奇塔姆（James Cheetham）写信给潘恩长期以来的朋友乔尔·巴洛，索要未来在潘恩传记中可能使用的信息。巴洛祝他好运，但是认为纪念潘恩的时机还不成熟。"他自己的作品是他生命中最珍贵的东西，它们现在还没有被阅读。只要大部分美国读者目前的感受持续下去，他们只会认为潘恩是个酒鬼和自然神论者。"13 年之后，有人请求托马斯·杰斐逊允许出版他写给潘恩的一封信件。"不能，我亲爱的先生，这个世界不允许，"杰斐逊回答说，"捅了这个马蜂窝的话会蜇伤我的脑袋！"[1]

[264]

巴洛和杰斐逊的评论表明，在潘恩死后的短时间内，美国人还没有做好善待潘恩的准备。但是从 19 世纪 20 年代中期开始，名副其实的潘恩复兴出现了。1825 年，纽约市举行晚宴纪念潘恩诞辰（1 月 29 日），之后年年如此。到 19 世纪 30 年代，纪念潘恩诞辰的晚宴也在波士顿、费城、辛辛那提（Cincinnati）和奥尔巴尼举办。1834 年，在对潘恩的热情达到顶点时，700 多人在城市沙龙参加了纽约诞辰晚宴之后的舞会。潘恩似乎再次成为一位受欢迎的

---

[1] Charles B. Todd, *The Life and Letters of Joel Barlow*（New York, 1886），236–239; Conway, *Paine*, II, 310–311n.

人物。[1]

　　纪念潘恩诞辰的都是些什么人？纪念潘恩对他们意味着什么？晚宴与美国历史上首次具有阶级意识的劳工运动密切相关。劳工发言人的意识形态附和了潘恩式共和主义的前提——相信自然权利和人类至善，并坚信如果没有人为特权，共和政府将确保所有阶级共享经济富裕。与这些观念结合在一起的是劳动价值论的早期版本，以及宣称工人有权占有"自己所有的劳动成果"。这些观点来自之前30年"李嘉图社会主义者"（Ricardian Socialists）的影响——像英国人帕特里克·科尔库姆（Patrick Colquhoum）、威廉·汤普森（William Thompson）和约翰·加里（John Gary），以及他们的美国信徒科尼利厄斯·布拉切利（Cornelius Blatchely）和托马斯·斯基德莫尔（Thomas Skidmore）。但是其基本的社会观点让人想起了潘恩对"生 [265] 产"和"非生产"阶级的区分及其推论，那就是后者通过不公平的税收和经济特权，剥夺了前者的一部分劳动成果。

　　一些早期的劳工领导人的确超越了潘恩的观点，开始攻击现有的私有财产制度。斯基德莫尔是一位康涅狄格州出生的老师、科学家和机工，他很推崇潘恩的作品，精心提出了一个计划，即国家通过对财产进行再分配，基本上能够确保经济平等。斯基德莫尔小册子的标题是"人的财产权利"（*The Rights of Man to Property*），对潘恩

---

[1]　我受惠于约翰·詹茨（John Jentz）先生的一篇未发表的文章，他是纽约城市大学的一名研究生，"The Celebration of Tom Paine's Birthday, 1825–1844"；*Workingman's Advocate*, February 7, 1835; Post, *Popular Freethought*, 155–59。

表示了敬意，同时表明需要超越潘恩式共和主义来追求平等。[1]

按照一位学者的说法，潘恩"激发了"早期劳工运动的"想象力"。对于"一位工匠"而言，潘恩是"高贵的爱国者，他比当时任何作者都更能使人的思想从偏见和迷信的束缚中解放出来"。这是"美国人……的耻辱，他们没有公正地纪念他"。正如最后一句所揭示的那样，这位"工匠"不是一位本土出生的美国人，事实上，他是一位苏格兰裔移民。仔细观察对潘恩诞辰的纪念就会发现，主要的组织者几乎全是在英国出生的人。对潘恩的怀念在威廉·卡弗（William Carver）这样的人中间最为强烈，他是刘易斯镇人，于1794年来到美国，并在潘恩的最后岁月中与他成为朋友；另外还有乔治·休斯顿（George Houston），他曾因自己的反教权作品而在英国坐牢；以及乔治·亨利·埃文斯（George Henry Evans），他是一位印刷学徒工，于1820年移民美国，在"政府和宗教方面都是一个激进派"。1825年的诞辰纪念晚宴由卡弗和本杰明·奥芬（Benjamin Offen）组织，后者是一位自学成才的鞋匠，刚从英国移居过来。这次晚宴按照多年前在"伦敦不知名的小酒馆"中举行的第一次潘恩纪念晚宴的模式进行。吉尔伯特·威尔（Gilbert Vale）组织了集体捐款，于1839年在新罗谢尔为潘恩立了一座雕像，威尔是一位移民教

[266]

---

[1]　Edward Pessen, *Most Uncommon Jacksonians*（Albany, 1967）, 103-110; Maurice F. Neufield,"Realms of Thought and Organized Labor in the Age of Jackson," *Labor History*, X(Winter, 1969）, 5-43; Louis H. Arky, "The Mechanics' Union of Trade Associations and the Formation of the Philadelphia Workingmen's Movement," *PaMHB*, LXXVI（April, 1952）, 143-148; Ronald L. Meek, *Studies in the Labor Theory of Value*（London, 1958）, 125-128; David A. Harris, *Socialist Origins in the United States*（Assen, The Netherlands, 1966）, 10-11, 91-99.

师和测量员，还在 1841 年出版了一本潘恩的传记。[1]

19 世纪 30 年代几乎所有主要的潘恩派都是热情的自然神论者；在大部分情况下，接受《理性时代》的反宗教观点仍然会把自己与潘恩联系在一起。虽然许多纪念晚宴由劳工组织负责，但是祝酒辞和演讲会更多地讨论宗教问题，而不是更大的社会关切。在一次晚宴上，一个祝酒辞称《理性时代》是"太阳底下包含最多真理的一部著作"。祝酒辞通常会纪念像乔治·华盛顿和本杰明·富兰克林这样的美国英雄，还有从西蒙·玻利瓦尔（Simon Bolivar）到威廉·泰尔（William Tell）这样的外国反叛者，也会纪念自由教育这样的共和主题，还会纪念法国大革命。勇敢的世俗主义者通常会得到特别的赞扬——理查德·卡莱尔（Richard Carlile）于 19 世纪 20 年代曾因出版自然神论方面的著作而在英国坐牢，阿布纳·尼兰（Abner Kneeland）因"亵渎上帝"的罪名在马萨诸塞州被起诉，以及像伏尔泰和休谟这样的 18 世纪反教权人物。在 19 世纪 30 年代中期，坦慕尼协会大厅负责组织纪念潘恩的晚宴，以努力争取工人的选票，官方的祝酒辞变得更加普遍——"平等权利、自由讨论、新闻出版、人民"——但祝酒辞仍然具有自然神论的风格。[2]

[1] Burce G. Laurie, "The Working People of Philadelphia 1827–1853" (unpublished doctoral dissertation, University of Pittsburgh, 1971) , 41; "A Mechanic," *Workingman's Advocate*, February 6, 1830; Jentz, "Celebration," 16–18; Frank Thistlethwaite, *America and the Atlantic Community: Anglo-American Aspects*, 1790–1850 (New York, 1963 ed.) , 59–60, 68–69; F.W.Evans, *Autobiography of a Shaker* (Mt. Lebanon, New York, 1869) , 10–11, 16, 26.
[2] *Workingman's Advocate*, February 6, March 6, 1830; February 16, 1833; February 7, 1835; *The Correspondent*, February 2, 9, 1828.

最困扰潘恩派的问题是美国社会中越来越明显的"教士统治"。神职人员导致了这样的事实——"某个时期，没人能够认可 [潘恩的] 作品，甚至不能以赞扬的口吻提到他的名字，因为一旦这样做就会感受到民众的敌意"。停止在星期日投递邮件的安息日运动尤其警示了潘恩派成员，他们认为这是"教会和国家结盟"的第一步。潘恩纪念晚宴上的祝酒辞讽刺了宗教的复兴和福音派的布道。一次费城的晚宴指出："他们最大的本钱就是地狱和魔鬼。通过这些恐吓人民，使他们失去理智和金钱。"他们用典型的自然神论术语称赞"理性的帝国"，并且希望有朝一日"教堂将 …… 变成科学的圣殿，哲学家比牧师更能得到珍视"。[1] 与他们的英雄不同，潘恩纪念晚宴上的演讲者似乎处于守势，并且爱往回看。他们更加关注 18 世纪的宗教争论，而不是当时紧迫的社会和经济问题。

[267]

对于纪念潘恩诞辰的人们来说，他首先是宗教迫害之邪恶影响和自由知识分子之美德的象征，不受"迷信"的约束。虽然至少费城和纽约的劳工运动领导人是自然神论者（他们中的许多人受到了罗伯特·欧文 [Robert Owen] 世俗主义的影响），可是很难相信大部分城市工人同意这些宗教观点。在"教会和国家结盟"的问题上，潘恩派确实得到了官方的民主党的支持，他们秉持严格的杰斐逊式立场，主张政教分离，反对安息日主义，并谴责他们的对手辉格党是"宗教政党"。但是大部分劳工组织明显对宗教问题保持沉默。在

[1]　*Workingman's Advocate*, February 11, 1832; February 9, 1833; February 15, 1834; *The Correspondent*, February 9, 1828; *An Oration Delivered by Joseph W. Pomroy, on the Birthday of Thomas Paine*（Philadelphia, 1838）, 10; Jentz, "Celebration," 21–26, 37–38.

19 世纪 30 年代，福音派新教主义是比潘恩式自然神论远为典型的宗教气候，即使在劳工运动内部也是如此。[1]

不幸的是，我们对早期劳工运动仍然知之甚少，无法准确说明潘恩式理性主义传统在之后数年中的发展。最近的研究表明，1837 年到 1842 年的经济危机不仅严重削弱了劳工组织，而且使本土出生的基督教工人乐于接受福音派复兴主义、本土主义、禁酒运动和安息日运动，削弱了 19 世纪 30 年代普遍存在的阶级意识，使工人们 [268] 因为宗教和族裔原因而发生冲突。本土主义和福音主义的高涨淹没了世俗主义传统和对潘恩的纪念。的确，虽然对潘恩诞辰的纪念持续到 19 世纪 40 年代之后，但是在自由思想者和世俗主义者中间对潘恩的怀念甚至比之前更加少见。唯一的例外是土地改革运动，其领导人包括乔治·亨利·埃文斯，它仍然引用潘恩的《土地正义论》，支持他们自由宅地的诉求和"人民对土地的权利"。埃文斯在 1850 年的潘恩纪念晚宴上声称，《土地正义论》是"构建民主和社会共和国的杰出材料"。[2]

甚至在自由思想者中，传统的潘恩派支持者也消失了。本土产

---

[1]　Laurie, "Working People," 41–43; Lee Benson, *The Concept of Jacksonian Democracy* (Princeton, 1961), 193–196; Pessen, *Most Uncommon Jacksonians,* 111; Walter Hugins, *Jacksonian Democracy and the Working Class* (Stanford, 1960), 134–135; John F.C. Harrison, *Quest for the New Moral World* (New York, 1969), 42, 86–87.

[2]　David Montgomery, "The Shuttle and the Cross: Weavers and Artisans in the Kensington Riots of 1844," *Journal of Social History*, V (Summer, 1972), 411–446; Pessen, *Most Uncommon Jacksonians,* 149; *Workingman's Advocate*, February 1, 1845; Helene S. Zahler, *Eastern Workingmen and National Land Policy*, 1829–1862 (New York, 1941), 52n.–53n.

生的自然神论运动到 1850 年几乎消亡，但它得到了新一代反教权移民的继承。1859 年，《大西洋月刊》（*Atlantic Monthly*）称潘恩对大部分美国人来说是"唯一模糊的阴影"，只有一个"自称是微小而陈旧的'自由派'派别"仍然重视对潘恩的纪念。英国移民和 1848 年革命后的德国流亡者支配了这些"自由派"集会。一次在辛辛那提举行的生于英国的"宗教不忠者"集会上，蒙丘尔·康威作为潘恩最好传记的作者，介绍了潘恩的作品。康威之后回忆说："潘恩对他们来说超过了有神论教会的建立者；他是宗教自由的先行者和倡导者；对于这些自由思想者而言，他的作用就像乔治·福克斯（George Fox）之于贵格会，约翰·卫斯理（John Wesley）之于循道宗。"来自德国的 1848 年革命支持者也经常引用潘恩，攻击"王权和教权"，并且反对本土主义、禁酒法、安息日法和其他利用国家权力来提升福音派基督教文化影响的举措。对潘恩诞辰的纪念直到 19 世纪 80 年代和 90 年代仍然在德裔美国人中举行，最终在世纪之交结束。演讲者们经常哀叹在一片潘恩努力服务过的土地上，只有移民还在怀念他。[1]

[269]

　　那么，什么是潘恩留下的遗产？在英国，他为"工人阶级激进主义提供了词汇和是非标准，以及对过去的解释和对未来的期望"，

---

[1]　"Thomas Paine's Second Appearance in the United States," *Atlantic Monthly*, IV（July, 1859）, 15; Mark O. Kistler, "German-American Liberalism and Thomas Paine," *American Quarterly*, XIV（Spring, 1962）, 81–91; *Celebration of the 119th Anniversary of the Birthday of Thomas Paine*（Cincinnati, 1856）; Moncure D. Conway, *Autobiography, Memories and Experiences*（2 vols.: Boston and New York, 1904）, I, 304–305.

而且提供了美国的乌托邦形象，这一形象在英国激进派中间直到 19 世纪 80 年代都没有受到严重挑战。几乎每个 19 世纪英国工人阶级激进派都深受潘恩的影响。[1] 在美国，美国革命的共和遗产也激励了 19 世纪的劳工和激进意识形态。激进派不仅诉诸革命来使自身的变革诉求合法化，而且抓住共和平等主义来攻击权力和财富的高度集中，要求重建美国社会。讽刺的是，潘恩的共和语言弥漫于 19 世纪的美国文化中，但是潘恩本人却遭到遗忘。劳工激进分子纪念 7 月 4 日，自称是革命英雄的继承者，但就连他们都将潘恩从革命先驱的名单上除去。共和与民主思想来自杰斐逊，无需增加潘恩激进反教权思想的负担。只有在那些愿意完全接受他——他的政治作品与宗教作品的人中间，潘恩仍然是一位英雄。

然而，潘恩对美国人的自我形象和政治表达与诉求社会语言做出了巨大贡献，所以无法被彻底遗忘。两位与 19 世纪民主传统联系最密切的总统——安德鲁·杰克逊和亚伯拉罕·林肯（Abraham Lincoln）都是潘恩的崇拜者。杰克逊的民主理念和他对政教分离的坚持，也许解释了他相信潘恩值得"在所有热爱自由的人心中"占有一席之地的事实。林肯在 19 世纪 30 年代阅读《理性时代》之后，仍然是潘恩的崇拜者和某种程度上的宗教怀疑论者。杰克逊和林肯都不是那种由于上流社会对潘恩的敌意而胆怯的人。沃尔特·惠特曼（Walt Whitman）也不是这种人，他之前是一名工匠，于 1877 年

[270]

---

[1] Derry, *Radical Tradition*, 32; London *Daily Herald*, June 25, 1932; Norman J. Gossman, "Republicanism in Nineteenth Century England," *International Review of Social History*, VII（1962），47–62; Henry Pelling, *America and the British Left*（London, 1956）.

在费城发表了一篇纪念潘恩诞辰的讲话。尤金·V. 德布斯（Eugene V. Debs）坚持认为，美国的社会主义传统来自潘恩。在 19 世纪结束之际，当西奥多·罗斯福（Theodore Roosevelt）称潘恩是一个"粗俗的小无神论者"时，仍然有潘恩的崇拜者对此进行了强烈抗议。

今天，潘恩看起来仍然"有意义"，不仅是由于他的革命国际主义和对现行制度的反抗，而且由于他的现代观念、理性主义和对人性的信心。他相信摆脱过去的负担，重建制度以便"通过低调而规范的运作，使革命能力范围之内的所有事情都得以实现"的可能性。我们希望，过去和将来的人们都能同意潘恩的信念："两场革命共同拥有的东西就是有目的地生活。"[1]

---

[1]　Dixon Wechter, "Hero in Reverse," *Virginia Quarterly Review*, XVIII（Spring, 1942）, 253; Floyd Stovall, *Walt Whitman: Prose Works*（2 vols: New York, 1963）, I, 140−141; Paul M. Angle, ed., *Herndon's Life of Lincoln*（New York, 1930）, xiv, 102, 355−356; Foner, *Complete Writings*, I, 368; Hawke, *Paine*, 200.

致 谢

在开展研究并写作这本书的过程中，许多人为我提供了建议、[313]
批评和鼓励，我感到有义务，也非常高兴有机会向他们表示感谢。
我最需要感谢的是北伊利诺伊大学（Northern Illinois University）的
阿尔弗雷德·扬（Alfred Young）教授。在过去几年里，扬教授向
我分享了他在美国革命研究方面的渊博学识，多次提供了建议和鼓
励，使我得以接触他对革命时期工匠的重要研究，他还仔细阅读了
本书的书稿。他的评论使我精炼和重新思考了书中许多方面的观
点。他无私地向我分享了他的观点和材料，成为学术合作与慷慨大
方的典范。

我还要感谢罗格斯大学（Rutgers University）的沃伦·苏斯曼
（Warren Susman）教授，他多次与我详细讨论了分析美国激进主义和
托马斯·潘恩生平的问题，并仔细阅读了本书的两稿。我的好友，
城市学院（City College）的伦纳德·利吉奥（Leonard Liggio）和帝 [314]
国州立学院（Empire State College）的弗雷德·西格尔（Fred Siegel）
从自己的研究项目中抽出时间阅读这本书，并向我分享他们在 18 世
纪政治和社会史方面的渊博知识。加州大学洛杉矶分校（University

of California, Los Angeles）的加里·纳什（Gary Nash）慷慨地允许我阅读他有关革命时期费城贫困状况的未发表著作，并向我提供了关于费城职业和工资的打印出的数据，这是他在完成自己著作时搜集到的。辛辛那提大学（University of Cincinnati）的约翰·K.亚历山大（John K. Alexander）向我提供了他关于对18世纪费城贫困状况态度的论文，还向我慷慨提供了他在自己的研究中搜集到的提及潘恩的报纸名单。

我也要感谢大卫·霍克（David Hawke）和奥德丽·威廉姆森（Audrey Williamson），他们都允许我阅读潘恩的手稿和迄今为止出版的传记。斯蒂芬·J.罗斯沃姆（Stephen J. Rosswurm）向我提供了他关于革命时期费城下层阶级政治的重要硕士论文；我的朋友，布鲁克林学院（Brooklyn College）的埃德温·伯罗斯（Edwin Burrows）向我提供了他正在写作的关于阿尔伯特·加勒廷（Albert Gallatin）的章节，并评论了这本书的初稿。普林斯顿大学（Princeton University）的阿诺·迈耶（Arno Mayer）向我提供了他关于中产阶级下层的未发表论文，他的同事罗伯特·达恩顿（Robert Darnton）允许我阅读他在牛津大学完成的关于法美协会的未发表的硕士论文。我的叔叔，林肯大学（Lincoln University）的菲利普·S.方纳向我提供了他即将出版的关于民主—共和协会的档案集。我也感谢罗伯特·穆奇（Robert Mutch）和大卫·戈登（David Gordon），他们与我讨论了如何解释18世纪美国经济的问题；约翰·杰伊学院（John Jay College）的理查德·M.安德鲁斯（Richard M. Andrews）和哥伦比亚大学（Columbia University）的伊瑟·沃洛（Isser Woloch）都就潘恩在法国的经历提出了重要的建议。

在赴英国进行研究的时候，我有幸能够与乔治·鲁德、E. J. 霍布斯鲍姆和 E. P. 汤普森讨论潘恩和他的生平，并从他们关于 18 世纪英国下层阶级史的广博知识中获益良多。读过本书就会明白，我对潘恩生平的理解受到了这三位学者著作的深刻影响。 [315]

许多朋友阅读了本书的初稿，我想要感谢他们付出的时间和提供的建议，他们是安格斯·卡梅伦（Angus Cameron）、莱昂·芬克（Leon Fink）、伊丽莎白·福克斯－吉诺维斯（Elizabeth Fox-Genovese）、尤金·吉诺维斯（Eugene Genovese）、赫伯特·古特曼（Herbert Gutman）、小休伯特·哈蒙德（Hubert Hammond, Jr.）、迈克尔·梅里尔（Michael Merrill）、大卫·蒙哥马利（David Montgomery）、理查德·莫里斯（Richard Morris）、马克·奈森（Mark Naison）、埃里克·珀金斯（Eric Perkins）、乔纳·拉斯金（Jonah Raskin）、艾伦·希夫曼（Allan Schiffman）、詹姆斯·P. 申顿（James P. Shenton）、迈克尔·华莱士（Michael Wallace）、阿瑟·王（Arthur Wang）、迈克尔·韦斯（Michael Weisser）和戈登·伍德（Gordon Wood）。

这本书所做的许多研究是在一年中完成的，感谢美国学术团体协会（American Council of Learned Societies）提供的资助，使我得以从教学任务中抽身。纽约城市大学（City University of New York）的教员研究奖励计划提供的夏季资助使我得以完成研究。我还要感谢访问的各大图书馆的工作人员，尤其是大英博物馆、英国国家档案局、纽约历史协会、宾夕法尼亚历史协会、费城图书馆公司和美国哲学协会的工作人员。我要特别感谢斯特凡斯夫人（Mrs. Steffans），她是美国哲学协会吉贝尔收藏品的保管人，还要特别感谢图书馆公司的斯蒂芬妮·芒辛女士（Ms. Stephanie Munsing）和玛丽·科里女士（Ms. Marie Korey）提供的帮助。

马克·赫希（Mark Hirsch）那时是城市学院的学生，在 1974 年夏季出色地完成了我的研究助理工作，罗伯特·阿克斯（Robert Achs）在图书馆公司拍摄了书中插图需要的材料。我还想感谢哈丽特·塞伦金（Harriet Serenkin），她是牛津大学出版社杰出的助理编辑，以及我的编辑谢尔顿·迈耶（Sheldon Meyer），当我告诉他要停下另一本已经与牛津大学出版社签约著作的写作，转而写这本书时，他并未表示异议。我要感谢林恩·加拉福拉（Lynn Garafola）出色的编辑工作，并且以多种方式帮助和鼓励我完成本书。

我把这本书献给我的父亲杰克·D. 方纳（Jack D. Foner），他以自己的一生践行了托马斯·潘恩生活和理想中最美好和最值得敬佩的东西。

索 引

（以下页码均为原书页码，即本书边码）

Adams, Abigail, xviii, 122
Adams, John, xviii, 71, 73, 74, 115,
119, 127-28, 139, 150, 162, 202, 258;
and *Common Sense*, xi, xviii, 79,
81, 82, 120, *il. 121*, 122, 123; gov-
ernment, theories of, 122-23; Rush
influenced by, 136; *Thoughts on
Government*, *il. 121*, 122
Adams, Samuel, xviii, xix, 71, 73, 74,
115-16; and *Age of Reason*, 118,
258; and Deane affair, 159-60
Addison, Joseph, 15, 84
Agrarians: in politics, 185, 186, 190,
194, 195, 202; republicanism, 100-5,
124
Aitken, Robert, 38
"Alarm, The," broadside, 125
Albany, 115, 169, 264
Alford, 2
Allen, Ethan, 141
American Philosophical Society, 110
Anglicans, 59, 112, 113, 135, 230, 249
Anglo-Saxons, idealized view of, 103,
127, 224, 225
Apprentices, 29, 43-45, 48-50, 63, 65,
126, 134
Aristocracy, radical criticism of, 124-
26, 133, 134
Aristocrat, definition of, 225
Arnold, Benedict, *il. 55*, 163
Artisans, xvii, 28-29, *il. 30, 31, 32-34*,
il. 35, 36-43, 47, 51, 113, 116, 134,
135, 184; and banking, 195-96; and
Constitution, 205-7, *il. 208, 209*;
economic interests, 146, 147; Eng-
lish, 220-22, 226, 262; Jefferson's at-
titude toward, 102; in militia, 63-
65; organizations of, 38-39; Paine's
view of, 96, 99, 100; in politics, 41,
57-63, 68, 108, 185-87, 262; and
price control, 171-73, 179-80; and

radicals, 117, 178; republicanism,
100-3
Atlantic Monthly, 268
Aurora, 256, 258, 260
Austria, French war with, 237-38

Babeuf, François (Gracchus), 249-51
Bacon's Rebellion, 89
Bailyn, Bernard, xiv
Baltimore, 162, 202, 205
Bank of England, 8
Bank of North America, 106, 183,
192-203; Paine and, 192, 197-203
Bank of Pennsylvania, 182, 184
Bank of the United States, 194
Banks, 27
Bank War, 184, 200; of Jackson's time,
194, 195
Baptists, 257
Barlow, Joel, 51; on Paine's writings,
263-64
Barras, Vicomte de, 252, 253
Bell, Robert, 74
Beverly, Mass., 151
Bevis, John, 7
Bible, Paine's attitude toward, 80-
81, 83, 117, 118, 246-47
Biddle, Owen, 173, 174; Paine as clerk
to, 161; as radical, 109, 115, 116,
131, 134
Binns, John, 260, 263
Blacks, 63, 261; cultural life, 48
Blatchely, Cornelius, 264
Bolingbroke, Henry St. John, Vis-
count, 8, 101, 104
Bolivar, Simon, 266
Bonneville, Madame, 261
Bonneville, Nicholas de, 238
Bordentown, N.J., 192, 203
Boston, 24, 53, 97, 115, 205, 264;
blockade of, 71; food riots, 148,

Boston (*cont.*)
151; price control, 169; Stamp Act
riot, 55
Boston Tea Party, 71
Bouche der Fer, La, 238
Bradford, William, the younger, 60,
66, 193, 204
Bridge, iron, 199, 204, 213
Brissot de Warville, Jacques Pierre,
132, 235-36, 237, 240, 242
Bryan, George, 112, 135, 184, 185,
205, 206
Burgh, James, 7, 9-19, 11
Burke, Edmund, 99, 199; letter from
Paine, 235; Paine's replies to, 83,
95, 97-98, 214-16; *Reflections on
the Revolution in France*, 213-14
Bute, John Stuart, 3d Earl of, 59

Cadwalader, Gen. John, 173
Calais, 239
Canada, American invasion of, 86
"Candidus," pseud., 125
Cannon, James, 185; broadside to
militia, 129, *il. 130*, 135; in Council
of Safety, 134, 141; as radical, 109,
115, 116, 119, 122, 125-26, 128, 129,
131, 133, 143
Capitalism: before Revolution, 25-
26, 44; in Revolution and later,
26-27, 69, 105
Carlile, Richard, 266
Carpenter's Company, 39
Cartwright, John, 212-13
Carver, William, 265
"Cassandra," pseud. of Cannon, 125
Catholic Church, 214, 249, 252; oppo-
sition to, 12, 72, 81, 113
Charles II, 127
Charleston, S.C., 188, 205
Chartists, 230
Cheetham, James, 263
Church of England, *see* Anglicans
Cincinnati, 264, 268
Class, social, 99, 124; conflict, 88, 89,
122, 135
Clavière, Etienne, 235, 236, 237

Cloots, Anacharsis, 239, 244
College of New Jersey (later Prince-
ton), 113
College of Pennsylvania (later Uni-
versity of Pennsylvania), 184-85;
Paine's honorary degree, 185
Colquhoun, Patrick, 264
Commonwealthmen, 8-9, 90, 98
Concord, battle of, 63, 82
Condorcet, Marquis de, 235, 236, 240
Connecticut, 179; Blue Laws, Paine
on, 259
Conspiracy of the Equals, 249, 251
Constitution, U.S., 34, 103, 204-6
ratification celebration, 206-7, *il.
208, 209*
Constitutional Convention of Penn-
sylvania (1776), 129, *il. 130*, 131, 152
Constitutional Information Society
(Sheffield), 220-21, 263
Constitutionalist party, 135, 141, 152,
163, 179, 180, 184-87, 194-97, 202,
203
Constitutional Society, 164, 165-66
Continental Association, 71, 163
Continental Congress, 73-74, 108, 109,
136, 141, 142, 158, 160, 164, 174, 185,
192; devaluation of currency, 179;
First, 56, 68, 71-72; Paine's position
in, 160-61; and price control, 150
Conway, Moncure D., 268
Cordwainer's Company, 39
Cordwainer's Fire Company, 43, 115
Cornwallis, Charles, Lord, surrender
of, 187, 191
Council of Censors, 180
Country party, 8, 9, 75, 101, 105, 159,
190, 195
Coxe, Tench, 102
Cromwell, Oliver, 112, 114
Crowds (mobs), 53-56, 97-98
Currency: Bank of North America
and, 192-93; devaluation, 179; in-
flation, *see* inflation; Morris' policy
on 179-80; Paine's ideas on, 149-50,
160, 173-74, 190, 197-98, 200; paper,
145, 149-50, 152, 160, 162, 173-74,
192, 194, 197-200, 236; shortage, 25

Danton, Georges Jacques, 181, 243, 244; letter from Paine, 243
Deane, Silas, controversy on, 158-61, 164
Debs, Eugene V., 270
Declaration of Independence, 86, 131
Defoe, Daniel, 15, 84
Deism, 115, 116-18, 129, 230, 236, 256, 257, 266-67, 268; of Paine, 117, 118, 246-47, 252, 259, 261
Delancey, James, 110
Delaware, 162
Democracy, use of word, xv, 90, 91, 217, 225, 255
Democratic party, 267
Democratic-Republican Societies, 254-55
Deutsche Gesellschaft, 46
Dickinson, John, 60, 61, 66, 108, 137; in Continental Congress, 71-72, 73
Dissenters, 249; political rights, 3, 9, 214, 215
Dover, 2, 4
Duane, William, 258, 260, 263
Duchatelet, Achille, 237
Dumouriez, Gen. Charles François, 243
Dunmore, John Murray, Lord, 86

Edward II, 151
Egalitarianism, 62, 66, 87, 89-90, 100, 103, 106, 188, 191; property and, 123-25; Smith's view of, 156
Empire, use of word, 80
England, 3-4; American trade with, 25, 33-34, 186, 205; Civil War, 64, 114, 143; constitution, 75, 76, 120, 122, 125, 215; immigration from, 147, 265, 268; India ruled by, 80; mobs in, 97-98; monarchy, Paine's criticism of, 76, 81, 216-17; non-importation agreements against, 59-63, 71, 74, 148; opposition to, 59-63; Paine returns to, 211-13, 222, 224-25; Paine's opinions on, 72, 139-40, 216-17; Parliament, see Parliament; political and economic conditions, 4, 6, 8-11; price control movements,

147, 152; radicals and reformers, 212-13, 218-22, il.223, 224-26, 228-31, 262, 269
Engrossers, 146, 151, 152, 153, 158, 159, 171
Entrepreneurs, 41-42, 196
Equality, use of word, 123-24, 225-26; see also Egalitarianism
"Eudoxus," pseud., 125
Evangelical movement, 111-12, 114, 116-17, 137-38, 159, 267, 268
Evans, George Henry, 265, 268
Excise, opposition to, 13

Falmouth, Me., 86
"Farmer of Virginia, A," pseud., 169
Farmers, 96, 134, 149, 162, 174; artisans hostile to, 186; economic interests, 146, 147; in politics, 185; republicanism, 101-3; see also Argarians
Federalists, 205, 254-58, 261
Ferguson, James, 7
Findley, William, 185, 194, 195
Fitzgerald, Lord Edward, 253
Food: prices, 148-49, 161-62, 164-65; regulations on sale of, 164
Food riots, 146, 147, 148, 151, 168
Forestallers, 146, 151, 153, 154, 164, 165
"Forester, The," pseud. of Paine, 119, 126-27
Fort Wilson riot, 176, il.177, 178, 184
Fox, Charles James, 99, 213
Fox, George, 268
France, 62; American admired in, 235-36; in American Revolution, 141, 162, 189; Constitution (1795), 144, 245; in Deane affair, 158, 160; Directory, 252, 253; Fructidor anti-royalist coup, 252; National Assembly, 235, 238; Paine's first visit, 189; Paine's second visit, 211-12, 251-53; see also French Revolution; war with Austria, 237-38
Franklin, Benjamin, 16, 38, 39, 47, 55-56, 80, 112, 116, 128, 166, 196, 203, 204, 246, 266; "Club of Honest

Franklin, Benjamin (*cont.*)
Whigs," 7; and *Common Sense*, 85;
Paine's connections with, 72, 74; in
Paris, 189, 236; in Philadelphia
politics, 57-60, 63; *Poor Richard's
Almanack*, 36, 38; popular admira-
tion of, 34, 36; on price control,
152; song attributed to, 207
Freedom, Paine's definition of, 143
Free trade, 146, 152, 160, 170, 171,
174, 236
French Revolution, 10, 99, 102, 103,
117, 118, 213, 220; American reac-
tions to, 254-55, 257, 258; Burke's
Reflections on, 213-14; constitution
drafted, 240; Declaration of Rights,
240-41; Louis XVI tried and exe-
cuted, 241-42, 244, 254; National
Convention, 231, 234, 235, 239-45;
Paine in, 181, 211, 212, 231, 234-45;
Paine's imprisonment, 244-45, 252,
255; in *The Rights of Man*, 215;
September Massacres, 238, 242
Freneau, Philip, 254
Friendly Sons of St. Patrick, 46
Friends, *see* Quakers

Gage, Gen. Thomas, 34
Gales, Joseph, 263
Gallo-American Society, 236
Galloway, Joseph, 58, 59, 71, 73, 110
General Society of Mechanics and
Tradesmen, New York, 255
George I, 12
George II, 12
George III, 12, 131
Georgia, 122
Germans in America, 48, 50, 53, 57,
64, 127, 128, 163, 187, 268
Girondins, 235-44, 251, 253
Government: Adams' theories of, 122-
23; Paine's theories of, 122, 132,
134, 216-19; society distinguished
from, 92-93, 216; unicameral legis-
lature, Paine's ideas summarized,
201-2
Grafton, Duke of, 4
Gray, John, 264

Great Awakening, 111, 112
Greene, Gen. Nathanael, 139, 153

Hall, John, 10
Hamilton, Alexander, 21, 238
Hammond, Bray, 198
Hardy, Thomas, 221, 222, 230, 231,
262
Harrington, James, 7, 123
Hartz, Louis, 199
Hawley, Joseph, 86
Hebertists, 244
Henry, Patrick, xix, 73
Hobsbawm, Eric, xv
Hogarth, William: cockfight, *il.49;
Gin Lane, il.5*
Hollis, Thomas, 213
Houston, George, 265
Howe, Gen. Sir William, 140
Hughes, John, 58, 110
Human nature: deist and evangelical
views of, 117; Jefferson's view of,
103; Paine's view of, 90-92, 103
Hume, David, 151, 246, 266
Humphreys, Whitehead, 110, 173
Hutchinson, Thomas, 55

Indentured servants, 43-45, 48-50, 126,
134, 143
Independence: opposition to, 74, 108,
120; Paine's ideas on, 77-78; radical
support of, 126-28
India, 80
Indians, protection from, 58
Individualism, 88-89
Inflation, 27, 145, 150, 158, 160, 161,
178, 179; paper money as cause,
152, 162, 173-74
Intolerable Acts, 61
Ireland: immigration from, 147; up-
rising fails, 253

Jackson, Andrew, 194, 195, 269, 270
Jacobins, 234, 238, 240, 241, 242, 244,
245, 251, 255
Jay's Treaty, 252, 256
Jefferson, Thomas, 73, 99, 116, 192,
204-5, 231, 269; ambassador to

France, 235, 236; on inflation, 152; letter from Paine, 242-43; manufacturing, attitude toward, 102, 104; Paine compared with, 103-5; Paine's relationship with, 257, 258, 264; president, 253, 257; religion, 246, 257, 258; republicanism, agrarian, 100-5, 124; *Notes on the State of Virginia*, 101
Johnson, Samuel, 13
Johnson, William, 242
Journeymen, 29, 42-43, 48, 63, 64
Junius, pseud., letters, 12-13, 15, 84

Kirkbridge, Col. and Mrs., 192
Kneeland, Abner, 266
Kosciusko, Thaddeus, 238

Laborers, 43-48, 63, 100; in England, 218-22
Labor movement, 264-68
Lafayette, Marquis de, 204
Laissez-faire, 146, 148, 152-55, 159, 162; Paine and, 146, 153-55, 181, 234, 240
Lancaster, Pa., 168-69
Land reform, 251, 268
La Revellière-Lepeaux, Louis Marie, 252, 253
Laurens, Henry, 83, 159, 160
Laurens, John, 189
Laws: legal reform movement, 259-60, 262; Paine's ideas on, 199, 260
Leather workers, petitions on price control, 171, 172
Lee, Gen. Charles, 112
Lee, Richard Henry, 73, 150, 159, 160
Lee family, 189
Levellers, 10, 143
Lewes, 3, 4, 10, 15, 72, 265; political unrest in, 12-14
Lexington, battle of, 63, 82
Lincoln, Abraham, 269-70
Livingston, Robert R., 189
Locke, John, 88; theory of property, 40, 94, 249-50
London, 56, 62, 125, 147, 220, 265; Paine in, 2-4, 6, 10-11, 15, 154, 213

London Corresponding Society (LCS), 221-22, 224-26, 230
Louis XVI, 237, 238; trial and execution, 241-42, 244, 254
Louisiana Purchase, 259
Lower class, 45-52, 108, 137-38
Loyalists, 133, 166, 185; *Common Sense* criticized by, 120, *il.121*
Lutherans, 163
Luxury, meaning of, 158-59
Lynd, Staughton, 100, 103

Macaulay, Catherine, 9
McKean, Thomas, 66, 128
McLoughlin, William, 261
Macpherson, C. B., 143
Madison, James, 90, 103, 122, 124, 153, 203; and class conflict, 88, 89; manufacturing, attitude toward, 102
Malthus, Thomas R., 105, 156-57
Manufacturing, 113, 117, 137-38, 180; Jefferson's attitude toward, 102, 104; Paine's interest in, 104, 105
Marat, Jean Paul, 237, 242
Marie Antoinette, 83
Marshall, Christopher, 151, 166, 168; as radical, 109, 111, 114-15, 119, 128, 129
Marshall, John, 199
Martin, Benjamin, 6
Mason, George, 133
Massachusetts, 151
Matlack, Timothy, 141, 166, 174, 176; as radical, 109-11, 115, 116, 122, 128, 131, 134
Mechanics, *see* Artisans
Merchants, 21, 23-27, 32-34, 37, 39-40, 68, 162, 179, 184; and Bank of North America, 193, 196-97; independence opposed by, 74; in politics, 57, 59-61, 185; and price control, 146, 148, 149, 151, 152, 153, 169-71, 174, 180
Methodists, 257, 268
Military service, avoidance of, 63, 65, 66
Militia, 63-66, *il.67*, 108, 116, 120, 134,

Militia (*cont.*)
138; Cannon's broadside to, 129,
il.130, 135; Committee of Privates,
65, 115; in Fort Wilson riot, 176,
178; petitions for rights, 64-66; and
price control, 165, 172; voting qual-
ifications, 64, 123, 126, 128
"Mobility," pseud., 164-65
Mobs (crowds), 53-56, 97-98
Money, *see* Currency; Inflation
Monopolizers, 146, 152, 158, 160, 164,
165
Monroe, James, 244
Moral economy, 146, 147, 157, 162,
173, 180-81, 184, 243
Morris, Gouverneur, 56, 244; critic-
ism of Paine, 85
Morris, Robert, xx, 27, 158, 162, 166,
176, 184, 202, 204; and Bank of
North America, 192-95; in Deane
affair, 160, 161; financial policy,
179-80, 184, 186; Paine's alliance
with, 182, 183, 184, 188-92; price
control opposed, 164, 170, 173,
174
Morris, staymaker, 2

Napoleon, 252, 253
National debt, 104-5, 190, 194
Navigation Acts, 25
Negroes, *see* Blacks; Slavery
Newcastle, Duke of, 13
New England, 73, 80, 150, 151
New Jersey, 162
New Rochelle, N.Y., 265; Paine's
home, 192, 260
Newton, Isaac, 154
Newtonian science, 6, 7
New Windsor, N.Y., 151
New York, 96, 139, 141-42, 179, 205,
255, 258, 260, 264
Non-importation, 59-63, 71, 74, 148
Norfolk, Va., 86

Offen, Benjamin, 265
Ogilvie, William, 250
Olive Branch Petition, 73-74
Ollive, Samuel, 3

Owen, David, 63
Owen, Robert, 267

Paine, Elizabeth Ollive (second Mrs.
Thomas), 3, 12, 15
Paine, Mary Lambert (first Mrs.
Thomas), 2
Paine, Thomas: deism, 117, 118, 246-
47, 252, 259, 261; economic theories,
146, 154-58, 160-61, 181-82, 183-84;
English cartoons against, *il.232, 233*;
iron bridge, 199, 204, 213; Jefferson
compared with, 103-5; literary style,
xv-xvi, 82-86, 214-15; republican-
ism, xix, 11-12, 75-106, 120, 122;
slavery opposed, 73, 89, 127; social
welfare program, 93-94, 98, 217-19,
251
Paine, Thomas, Biography: birth and
childhood, 1-2; marriages, 2, 3, 15;
collector of excise taxes, 2-4, 13-15;
moves to America, 3, 15-17, 71-72;
editor of *Pennsylvania Magazine*,
72-73, 104; as radical, xix-xx, 106,
107, 108, 115, 118-19, 124-29, 131,
132, 188, 261-62; in Revolution, 131,
138-44, 188-90, 192, 197; in price
control movement, 161, 166, 173-74,
il.175, 176, 178, 181, 243; clerk of
Pennsylvania Assembly, 184, 188;
with Robert Morris, 182, 183, 184,
188-92; in France, first visit, 189;
and Bank of North America, 183,
192, 197-203; returns to Europe,
204, 211; in England, 211-13, 222,
224-25; tried for sedition, 228, 229;
in France, 211-12, 251-53; *see also*
French Revolution; returns to
America, 212, 253-54, 257-58;
American opinions on, 254-58, 261-
63; death, 261; influence after his
death, 263-70
Paine, Thomas, writings: *The Age of
Reason*, xiii, 81, 118, 211, 230, 245,
259, 270; analysis of, 245-47, 249;
quoted, 246-47; response to, 247,
il.248, 249, 256-57, 266; *Agrarian
Justice*, xiii, 94, 245, 268; analysis

of, 249-52; quoted, 250; on Bank of North America, letters, 197-99; *The Case of the Officers of Excise,* 14-16, 72, 96, 149; *Common Sense,* xi-xii, xv, 10, 72, 106, 107, 109, 126, 127, 131, 139, 142, 149, 160, 190, 192, 204, 209, 211, 216, 236, 254, 257; analysis of, 74-87; criticism of, 119-20, *il.121,* 122-23; quoted, 76-78, 81-85, 90-94; success of, xi, 79, 86-87; *The Crisis,* 99, 139-40, 149, 160, 161, 190, 192; quoted, 139-41; *Dissertation on Government: the Affair of the Bank; and Paper Money,* 197; *Dissertation on the First Principles of Government,* 94; "The Forester," pseud., 119, 126-27; in France after Revolution, 252; in last years, 259-60; on Pennsylvania constitution, 141-44, 189; *Public Good,* 189, 192, 204; *The Rights of Man,* xiii-xv, 10, 83, 87, 92, 100, 105, 144, 202, 211, 212, 221, 225, 239, 251, 253, 254, 255, 257; analysis of, 214-20; quoted, 95-99, 181, 215-18; response to, 219-20, 228-31; on tariff, letters, 191

Palmer, Elihu, 256, 257, 259
Paper money, *see* Currency, paper
Paris, 213, 253; *see also* France; French Revolution
Parliament, 59, 101, 154; criticism of, 8, 9, 215; House of Lords, Paine's comments on, 95, 217; reform, movement for, 219, 220, 221, 228; representation in, 4, 212
Parties, political, 88, 201
Patriotic Society, 61, 63
Peace of Paris, 186
Peale, Charles Willson, 52, 96, 142, 166, 173, 174, 176, 184; as radical, 109, 115, 116
Penn, Thomas, 57
Penn family, 57, 58, 127, 184
Pennsylvania, 147, 148; Assembly, 57, 58, 61, 65, 115, 122, 126, 127, 131, 163, 164, 178, 179, 184-85; Paine as clerk, 184, 188; constitu-

tion, 125; revised (1776), 131-36, 141-44, 164, 260; Constitutional Convention, 129, *il.130,* 131, 152; Council of Safety, 134, 141; currency, 149, 194; Declaration of Rights, 133; legal reform movement, 260, 262; politics, 57-59, 112
Pennsylvania Journal, 124
Pennsylvania Magazine, 72-73, 96, 104
Philadelphia, 71, 73, 79, 95, 97-100, 142, 147, 185, 205, 258, 264; amusements and sports, 48-52; amusements forbidden, 163-64; artisans, *see* Artisans; British evacuation of, 163; British occupation of, 61, 140, 141, 163; Carpenter's Hall, 39; Committee of Observation and Inspection, 126, 151; Committee on price control, 166, *il.167,* 168-74; Constitution, ratification of, celebrated, 206-7, *il.208,* 209; crowds and riots, 53-54, *il.55,* 56; deism in, 117-18; description of, 19-21, 23-24, 68-69; evangelical movement in, 111-12; fairs, 50; French Revolution admired, 254-55; House of Employment, 46; inflation in, 162, 163; lower class, 45-52, 108; map, *il.18;* May Day and New Year celebrations, 50; Paine arrives in, 71-72; Paine leaves, 204; politics, 56-63, 68-69, 107-9; poverty, 45-48; radicals, 108-11, 113-19, 124-29, 131-38, 178, 187-88; shop, *il.22*
Pietism, 261
Pitt, William, the younger, 229
Place, Francis, 224, 230
Pocock, J. G. A., xiv-xv
Popery, *see* Catholic Church
Portland, William Cavendish Bentinck, Duke of, 99
Portugal, trade with, 80
Poverty, 45-48, 124; in England, 219; Paine's views on, 94-98, 250
Presbyterians, 58, 59, 60, 66, 111-15, 135, 163, 185, 257
Price, Richard, 7, 9

Price control, 106, 114, 137, 145-53, 158-62, 164-66, il.*167*, 168-74, il.*175*, 178-80; Citizens' Plan, 173-74; Committee on, 166, il.*167*, 168-74; in French Revolution, 243; Paine's interest in, 161, 166, 173-74, il.*175*, 176, 178, 181, 243; Philadelphia convention on, 178-79

Priestley, Joseph, 7, 9, 98, 256-57; objects to *The Age of Reason*, 248, 257

Property: distribution of, 89, 123-24; Locke's theory of, 40, 94, 249-50; Paine's views on, 94, 234, 241, 249-51; power and, 123-25, 133; rights of, 226; voting qualifications, 57, 64, 123, 125, 143, 144

Proprietary party, 57-60

Prospect, The, 259

Protestantism, 81, 91, 117, 257, 261, 267, 268

Puritanism, 163

Quaker party, 57-61, 63

Quakers, 46, 73, 111, 112, 135, 163, 166, 193, 249, 261, 268; Paine a Quaker, 3-4, 241; in politics, 53, 57, 59; radicals disowned by, 109, 114, 116

Quebec Act, 72, 113

Radicals: in American Revolution, xviii-xx; in England, 212-13, 218-22, il.*223*, 224-26, 228-31, 262, 269; Paine as symbol for, 261-63, 269; in Philadelphia, 108-11, 113-19, 124-29, 131-38, 178, 187-88

Radical Whigs, 8-10, 115

Randolph, Edmund, 85

Rationalism, 115, 117, 261

Reed, Joseph, 60, 66, 72, 108, 112, 135, 174, 176, 178, 185

Religion: freedom of,' 113; in oath for Constitutional Convention delegates, 129; Paine's creed, 246

Républicain, Le, 237

Republicanism, 10, 75, 109, 113, 117, 124; in France, 236-37; Jeffersonian

agrarian), 100-5, 124; luxury and virtue in, 158-59; of Paine, 11-12, 75-106, 120, 122; urban, 100-3; use of word, xv, 120, 217, 225, 255

Republican party (after 1776), 135, 180, 184, 185, 193, 194, 196, 203, 254, 256-59

Republican party, Jeffersonian, 103, 255-56, 259, 260, 262

Republican Society, 164

Revolution, American, xvii-xviii, 10, 20, 23, 41, 43, 68, 86, 112, 114, 115, 137, 157, 163, 187, 269; beginning of, 73-74; end of, 191, 192; finance in, 149; France as ally, 141, 162, 189; French admiration of, 235; inflation in, 162; Paine's attitude toward, 99-100; Paine's influence on, 86; Paine's service in, 131, 138-44, 188-90, 192, 197; surrender of Cornwallis, 187, 191

Rhode Island, 191-92

Ricardian Socialists, 264

Richardson, Samuel, 15, 84

Rittenhouse, David, 38, 56, 73, 74, 166, 174, 185; in Council of Safety, 134, 141; as radical, 109, 115, 116, 117, 119, 131; as scientist, 116

Roberdeau, Gen. Daniel, 131, 138, 166, 190

Robespierre, Maximilien, 237, 244

Roland de la Platière, Jean Marie, 237

Roland de la Platière, Jeanne, xvi, 236, 237

Roosevelt, Theodore, 270

Rush, Benjamin, 6, 73, 74, 176, 204, 207, 209, 258; and *Common Sense*, 74, 84, 109; ideas changed, 136-38; and price control, 150, 151, 162, 164, 178-79; as radical, 109, 111, 113-15, 119, 129

Rush, John, 114

Sailors, 45, 48, 53, 54, 165

Sandwich, 2, 4

Sans-culottes, 234, 238, 240, 242, 243, 245, 262

Science: interest in, 20, 38, 51, 103, 116; Paine's interests, 6-7, 100, 203-4
Scotch-Irish, 58, 112-13
Scott, George Lewis, 7
Sheffield, 220-21, 224, 226
Shipbuilding, 205
Shippen, William, 51
Shoemakers, 171, 172; strike (1806), 156, 262-63
Simpson, Stephen, 115
Skidmore, Thomas, 264, 265
Slavery, 43-44, 48-50, 89, 126, 134; abolition of, 44, 184; opposition to, 73, 89, 127, 236
Smilie, John, 185, 194, 195, 203
Smith, Adam, 153-56, 158, 160, 170, 182, 198-99; *The Wealth of Nations*, 153-55, 198
Smith, Thomas, 131
Social welfare, Paine's program for, 93-94, 98, 217-19, 251
Société des Amis des Noirs, 236
Society, government distinguished from, 92-93, 216
Society for Constitutional Information (SCI), 213, 220, 221
Society for Political Inquiries, 204
Society for the Promotion of Manufactures, 207
Sons of Liberty, 58, 115
South Sea Bubble, 197
Spence, Thomas, 228-29, 250, 251
Spinning jenny, 104, *il.104*
Stamp Act, 55, 58, 112, 116
Steele, Richard, 15
Strikes, 42-43, 181, 262-63
Swift, Jonathan, 5, 84

Talleyrand, Charles Maurice de, 252-53
Tammany Society, New York, 254, 266
Tariff, 191-92; Paine's letters on, 191
"Taxation populaire," 146, 147
Taxes, 59, 60, 148-50; in Paine's welfare program, 218; and poverty, 98; voting related to, 144
Taylor's Company, 39, 42, 118

Tea Act, 61
Tell, William, 266
Tennent, Gilbert, 112
Theaters suppressed, 163-64
Thelwall, John, 229, 231
Theophilanthropists, 252-53
Thetford, 1, 2, 4
Thompson, E. P., xvii, 146, 230
Thompson, William, 264
Thomson, Charles, 60, 61, 71-72, 108
Tooke, John Horne, 9, 213, 230
Tories, 96-97, 108, 140, 162, 163, 176, 178, 188
Townshend acts, 59
Trade card, *il.33*
Tyler, Wat, 217-18

Unitarians, 257
United Company for Promoting American Manufactures, 47, 104, 115

Vale, Gilbert, 266
Valley Forge, 141
Vermont, 122, 141-42
Virginia, 120, 126, 150, 178, 179; Declaration of Rights, 133; western land claims, 189, 192
Virtue in republicanism, 158-59
Voltaire, François Marie Arouet, 246, 266
Voting qualifications: of militia, 64, 123, 126, 128; Paine's views on, 142-44, 245; property, 57, 64, 123, 125, 143, 144; in revised constitution of Pennsylvania, 132

Washington, George, 73, 99, 192, 203, 238, 254, 266; and *Common Sense*, 86; criticism of, 256; Paine turns against him, 252, 256, 258; and price control, 151; in Revolution, 139, 140, 141, 163, 188, 189, 190; *The Rights of Man* dedicated to, 215
Washington (city), 258
Wealth: inflation associated with, 162-63; Paine's views on, 94-96, 250

Webster, Noah, 124
Webster, Pelatiah, 170
Wesley, John, 268
West Indies, trade with, 34, 59, 60, 71, 161
Whigs, xviii, 14, 60-61, 63, 66, 90, 108, 109, 120, 122, 123, 151, 185, 213; in Continental Congress, 71-72, 73; Pennsylvania constitution of 1776 opposed by, 135, 138; radical, 8-10, 115
Whig Society, 142
Whitefield, George, 112, 118
Whitehill, Robert, 185, 194
Whitman, Walt, 270
Wilberforce, William, 238
Wilkes, John, 11, 12, 15, 62, 220
"Wilkes and Liberty," 11, 97

William the Conqueror, 76
Willing, Thomas, 27, 164, 193
Wilson, James, 150, 176, 197; house attacked, "Fort Wilson riot," 176, il.177, 178, 184
Wollstonecraft, Mary, 213
Wyvill, Rev. Christopher, 212, 219

York, Pa., 141

Yorke, Henry Redfield, letter from Paine, 253
Yorkshire, 213
Yorkshire Association, 212
Young, Thomas: and Pennsylvania constitution, 141-42; as radical, 109, 115-16, 118, 119, 122, 125-29, 133, 134, 143